조선초기 관인 연구

조선초기 관인 연구

한충희 지음

혜안

조선초기 관인연구를 본격적으로 시작한 것은 2014년 11월에『朝鮮의
覇王 太宗』(계명대학교출판부)을 출판한 직후부터였다. 그러나 관인연구가
시작된 것은 1981년에 발표된「朝鮮初期 議政府研究」(계명대학교 역사학과
석사학위논문)에서 그 일부로 의정부의 최고 관직인 영, 좌, 우의정의 재직기
간과 정치활동을 조명하면서부터였고, 이후 2014년까지 조선초기의 특정
관인을 주제로 하거나 관직연구, 가계연구에 수반된 40여 편의 연구에서[1]
계속되었다.

이러한 연구에서 조선초기 국가통치와 양반사회의 핵심이 된 것이 '官人'이
었음을 절감하게 되었고, 시간이 허용된다면 조선초기(태조~성종대)의『관
찬사료』에 기록된 모든 관인을 체계적으로 정리할 생각을 가지게 되었다.

그러던 중 2008년 9월~2009년 8월까지 재직중인 계명대학교로부터 '研究
年'의 혜택을 받게 되었고, 이를 계기로 관인연구의 기초 작업으로『조선왕조
실록』태조 1년~성종 25년 조에 관직에 재직하거나 관직에 재직하였던
관인과 관직에 재직하였을 것으로 추측된 관인의 명단을 파악하고 이들의
가계 등 성분과 관력·활동이 기재된 자료를 조사·수집하면서 연구년이
종료될 때까지 관인의 관력을 정리하였다.

---

1) 관인을 주제로 하거나 관인이 논급된 주요 연구는 이 책 서장의 주 1) 참조.

이로부터 2012년까지 틈틈이 관인의 관력을 정리하기도 하였지만 강의, 학생지도, 관인 이외의 연구에 분주한 관계로 그 진도가 지지부진하였고, 2013년 2월 정년퇴직과 함께 그간 미루어 두었던 '태종연구'의 정리에 매진하여 완료하게 될 때까지 관인연구는 중단될 수밖에 없었다. 그러다가 2015년에 관인연구를 다시 시작하여 2016년까지 관인 이력의 정리를 마쳤고, 2017년부터 정리된 관인의 이력을 토대로 관인의 가계와 출신을 보완하여 2018년에 그 일부를 발표하였고,[2] 2020년에는 『조선초기 관인 이력』(도서출판 혜안)으로[3] 간행하였다.

이 책의 구성에서 1부 4장은 2020년 간행한 『조선초기 관인 이력』을 중심으로 관인의 성분을 분석하고 2~4부 8장은 관련연구와 『조선왕조실록』 등 자료를 참고하면서 인사제도와 관인 관력, 관인의 경제기반과 혼인, 관인과 정치운영과의 관계를 체계화하면서 종합적으로 정리하였다.

나의 생애를 돌이켜 볼 때 교수(1981~2012)와 명예교수(2013~2024, 현재)로서 생활한 44년의 총 결산이 전년에 간행한 『조선 중·후기 정치제도와 정치』와 이 『조선초기 관인 연구』가 아닌가 한다. 그간에 공들여 정리한 글을 출판하게 되어 감회가 새롭다.

그간의 연구에 매진할 수 있도록 건강과 평안의 은혜를 주신 하느님께 감사와 찬미를 드립니다. 아울러 직장생활과 퇴직 이후에도 글을 읽고 쓰는

---

2) 한충희, 「조선초기 관인연구 1-『조선왕조실록』 기재 姜, 高, 具, 權氏를 중심으로-」, 『조선사연구』 27.
3) 『조선초기 관인 이력』은 총 669쪽(본문)으로 원칙적으로 1392(태조 1)~1494년(성종 25)에 걸쳐 관찬자료인 『조선왕조실록』을 위시하여 『국조문과방목』, 『8도(군현)읍지』 선생안, 『문집』, 『동문선』 등과 『국조인물고』 등에 수록된 16,500여 명(성관확인자 14,300여 명, 성관불명자 2,200여 명)의 생몰년, 본관, 부·조, 출사로, 관력을 성관과 성씨 순으로 정리하였다.

일에 전념하면서 가정에 소홀하였음에도 불구하고 항상 평안함을 누리게 해 준 가족에게 고마운 마음을 전합니다.

2024년 3월 30일
계명대학교 사학과 명예교수
明齋 한충희

제2부 人事制度와 官人官歷

제4부 官人·家門과 政治運營

표 차례

서 장

1) 문제의 제기

官人은 엄밀히는 官職을 제수 받고 京外의 각급 官廳에 근무하는 사람을 뜻한다. 그렇지만 관직에 근무하다가 졸하거나, 각종 사유로 퇴직 또는 피죄된 사람 즉, 前職者도 넓게는 관인에 포함시킬 수 있다고 생각된다.

관인은 직급에 따라 堂上官(정1~정3품 通政大夫, 折衝將軍), 堂下官(정3通訓大夫, 禦侮將軍~종4품), 參上官(정5~종6품), 參下官(정7~종9품), 출신에 따라 文班, 武班, 雜職, 근무지에 따라 京官, 外官 등으로 구분되면서 국왕을 모시고 그 지위와 직임에 따라 경외의 정치를 지휘하고 담당하였다. 즉 正1品職인 領·左·右議政과 正2品職인 判書, 從2品職인 觀察使·節度使(육군, 수군은 정3품 당상)가 左·右贊成, 參判, 正 이하와 府尹·僉節制使 이하를 지휘하면서 국정을 운영하였다.

이러한 관인의 지위와 기능에서 정부에서는 관인의 선발과 관리에 심혈을 기울였다. 또 양반가문과 사대부들도 家格을 유지하고 영향력을 행사하기 위하여 관인의 지위(관직)를 획득하고 관력을 기록하기 위하여 노력하였다. 그 소산물이 곧 『조선왕조실록』 등의 관인기사와 가문별로 편찬된 『족보』 등의 관직기록이 아닌가 한다. 이 점이 바로 『조선왕조실록』과 『족보』가 국가와 민간에 의해 작성된 관인기록의 양대 산맥이 될 수 있었다고 하겠다.

이처럼 관인이 조선왕조의 정치에 끼친 역할, 가문의 성쇠에 끼친 영향과 관련되어 특정 관직을 대상으로 하거나 통치기구, 가문연구와 관련되어 지금까지 많은 연구가 있었다.[1] 또 관인관계 기록을 보면 그 정확도에

1) 이 중 저자의 연구성과는 다음과 같다.
　韓忠熙, 1980·1981, 「朝鮮初期 議政府研究」 상·하, 『한국사연구』 31·32.
　한충희, 1981, 「朝鮮初期 六曹研究-制度의 確立과 實際機能을 중심으로」, 『대구사학』 20·21.
　한충희, 1984, 「朝鮮初(태조 2년~태종 1년) 義興三軍府研究」, 『계명사학』 5.
　한충희, 1985, 「朝鮮初期 判吏·兵曹事研究」, 『한국학논집』 11.
　한충희, 1987, 「朝鮮初期 承政院研究」, 『한국사연구』 59.
　한충희, 1987, 「朝鮮初期 六曹研究 添補-六曹와 統治機構와의 관계를 중심으로-」, 『대구사학』 33.
　한충희, 1990, 「朝鮮初期 議政府 舍人·檢詳의 官人的 地位-舍人·檢詳의 歷官과 그 機能의 分析을 중심으로-」, 『(경북대)역사교육논집』 13·14.
　한충희, 1990, 「朝鮮初期 六曹正郎·佐郎의 官人的 地位-그 歷官과 機能의 分析을 중심으로-」, 『한국학논집』 17.
　한충희, 1992, 「朝鮮初期 六曹研究」, 고려대학교 대학원 박사학위논문.
　한충희, 1994, 「朝鮮初(태조 2년~태종 1년) 義興三軍府研究」, 『계명사학』 5.
　한충희, 1995, 「朝鮮初期 淸州韓氏 永矴(~1417이전, 知郡事贈領議政)系 家系研究-歷官傾向과 通婚圈을 중심으로-」, 『계명사학』 6.
　한충희, 1995, 「朝鮮 世祖代(1455~1468) 宗親研究」, 『한국학논집』 22.
　한충희, 1996, 「朝鮮初期 六曹參議研究」, 『한국학논집』 23.
　한충희, 1996, 「朝鮮初期 儀賓研究」, 『朝鮮史研究』 5.
　한충희, 1997, 「朝鮮初期 韓山李氏 穡(一種德, 種學, 種善)系 家系研究」, 『계명사학』 8.
　한충희, 1998, 「朝鮮初期 六曹와 統治體系」, 계명대학교출판부.
　한충희, 1998, 「潛邸期(1367~1400) 太宗研究」, 『대구사학』 56.
　한충희, 1999, 「上王期(세종즉위, 1418~세종 4, 1422) 太宗研究」, 『대구사학』 58.
　한충희, 1999, 「朝鮮初·中期 廣州李氏 蔚派 家系研究」, 『한국사연구』 8.
　한충희, 2000, 「朝鮮 世宗代(세종 5~14년) 摠制研究」, 『조선사연구』 9.
　한충희, 2000, 「朝鮮 太宗代(정종 2년~세종 4년) 摠制研究」, 『李樹健敎授停年紀念 韓國中世史論叢』, 논총간행위원회.
　한충희, 2001, 「朝鮮初期 六曹屬衙門研究 1-官員의 性分·官歷과 官職의 地位를 중심으로-」, 『조선사연구』 10.
　한충희, 2001, 「朝鮮 太宗王權의 政治的 基盤研究」, 『대구사학』 63.
　한충희, 2002, 「朝鮮 成宗代 三司官員의 性分·官歷과 官職的 地位 1-堂上官과 正品職을 중심으로-」, 『朝鮮의 政治와 社會』, 集文堂.
　한충희, 2002, 「朝鮮 成宗代 三司官員의 性分·官歷과 官職的地位 2-從品職을 중심으로-」, 『조선사연구』 11.
　한충희, 2003, 「朝鮮前期 晉州姜氏 啓庸派 家系研究」, 『조선사연구』 12.

있어 『조선왕조실록』 등 관찬인 경우는 의심의 여지가 없지만, 『족보』 등
사찬의 경우는 『족보』의 기능과 관련되어 사실여부의 검증이 요청된다고
본다.

그러나 막상 관인과 관련된 자료를 검토하니 이와 관련된 자료의 수는
물론 그 양이 헤아리기 어려울 만큼 방대하였다. 『조선왕조실록』, 『국조문과
방목』, 340여 『군현읍지』 先生案, 『국조인물고』와 개인 『문집』 등에 수록된
碑銘 등을 볼 때 관직에 재직하였음이 확인되거나 관인이었을 것으로 추측된
조선초기(태조 1~성종 25) 관인이 총 15,000여 명[2]이었다. 이 위에 자료의

한충희, 2004, 「朝鮮初期 正3~正6品 淸要職硏究」, 『조선사연구』 13.

한충희, 2005, 「朝鮮初期 承政院注書 小考」, 『대구사학』 78.

한충희, 2007, 『朝鮮初期 官衙硏究』, 국학자료원.

한충희, 2007, 「朝鮮初期 議政府堂上官硏究」, 『대구사학』 87.

한충희, 2007, 「朝鮮初期 集賢殿官硏究」, 『조선사연구』 16.

한충희, 2008, 『朝鮮初期의 官職과 政治』, 계명대학교출판부.

한충희, 2009, 「朝鮮 成宗代 議政府硏究」, 『계명사학』 20.

한충희, 2010, 「朝鮮中期 議政府堂上官硏究」, 『한국학논집』 41.

한충희, 2011, 『朝鮮前期의 議政府와 政治』, 계명대학교출판부.

한충희, 2013, 『朝鮮의 覇王 太宗』, 계명대학교출판부.

한충희, 2014, 「단종대 문·무과 급제자연구-식년·별시 문과급제자를 중심으로」, 『조선사연구』 24.

2) 15,000여 명은 조선초기 관찬자료에서 전·현직 관인이었음이 확인된 수가 13,000여 명(정확히는 13,023명)이고, 관인이라고 추측된 수(수직첩·환고신·환직첩자)가 2,000여 명(정확히는 2,162명)이었다(구체적인 내용은 졸저, 2020, 『조선초기 관인 이력』, 도서출판혜안 참조). 이 중 葛~吉氏 27성씨 관인 888명을 제시하면 다음과 같다(성씨에 있어 여진과 왜 귀화인과 관련된 巨, 昆, 果, 管氏는 성씨로 보기 어렵지만 일단 성씨로 파악한다(〈 〉는 본관 불명자이다, 졸고, 2017, 「조선초기 관인연구 1-『조선왕조실록』 기재 姜, 高, 具 權氏를 중심으로 -」, 『조선사연구』 27, 3쪽 주9)에서 전재).

葛氏 1〈1〉	景氏 1〈1〉	仇氏 10〈9〉
甘 4〈3〉	庚 2〈2〉	丘 10〈3〉
姜 117〈148〉	高 90〈49〉	鞠 1〈0〉
康 60〈46〉	昆 1〈1〉	權 310〈105〉
江 1〈1〉	孔 9〈5〉	琴 13〈7〉
强 1〈1〉	公 4〈3〉	奇 13〈9〉

한계상 파악되지 아니한 수를 고려하면 총 관인의 수는 적어도 6만여 명 이상일3) 것으로 추측된다. 이러한 관인의 수와 그 각각의 성분과 관력을 파악하는 데는 단독으로 연구할 경우 장기간의 시간이 소요될 것이 자명하기에 '조선초기 모든 관인'을 대상으로 한 연구가 없었을 것이다.4)

2) 연구방법

본서는 지금까지에 걸친 관인을 주제로 하거나 관인이 포함된 연구5)를 참고하고,『조선왕조실록』의 관인관계 기사를 주로하여 관찬자료인『국조문과방목』, 8도 300여 군현『읍지』, 사찬자료인『진주강씨대동보』등 100여 가문의『족보』,『국조인물고』, 卞季良 등 30여인의『문집』등에 수록된 관인관계 기록을 검토·종합하고 정리하여 간행한 졸저, 2020,『조선초기 관인이력』(도서출판 혜안)을 토대로 조선초기 관인을 종합적으로 검토할 것이다.

巨 2〈2〉	果 1〈1〉	岾 6〈4〉
甄 1〈1〉	郭 63〈33〉	계 888 (본관자 443,
堅 1〈1〉	管 1〈1〉	불명자 445)
慶 22〈6〉	具 41〈14〉	

3) 본서의 파악시기가 1392~1494년의 103년간이고,『경국대전』에 규정된 경외 문·무관직만 하여도 총 5,844직(문반직이 1507(경직-701〈정직 510, 체아직 96, 무록직 95〉, 외직-806〈관찰사 8, 수령 329, 역관 43, 교관 334, 수령관 45, 기타 45)직이고, 무반직이 4,437(경직-3839〈정직 834, 체아직 3,005〉, 외직-498직)이었다(한충희, 2006,『조선초기의 정치제도와 정치』, 계명대학교출판부, 134쪽〈표 4-8〉, 141쪽〈표 4-10〉, 161쪽〈표 4-12〉, 195쪽〈표 5-5〉, 196쪽〈표 5-6〉에서 종합). 관인의 평균재직기간을 10여 년으로 추정하면 103년의 기간에 62,000여 명(5,844/10.3=62,193)이 재직한 것으로 계산된다. 실제로는 이보다 훨씬 많은 관인이 존재하였을 것으로 추측된다.
4) 저자의 경우 관인 명단의 파악에 1년여가 소요되었고, 그 각각의 성관, 가계, 관력 등을 위에서 제시한『조선왕조실록』등과『족보』에서 파악하는데 4년여가 걸렸고, 파악된 자료의 입력에 1년여가 소요되는 등 자료의 정리에만 6년여가 걸렸다. 이러한 자료조사와 정리에 기울인 노력은 출판하게 된 주요 요인이 되었다.
5) 연구 성과는 앞 주1) 참조.

먼저 관인의 구분을 살피고, 이어 관인의 성분을 성씨·성관, 출사로, 본인과 부조의 최고 관력으로 구분하여 검토하고, 다음으로 인사제도와 관인관력을 관계의 획득·승자, 관직의 제수·체직, 관계·관직의 몰수·파직과 환급·복직, 관력을 검토할 것이다. 그 다음으로 관인의 경제기반과 혼인을 검토하고, 또 그 다음으로 공신·추요직 관인과 정치운영 및 거족가문과 추요직·정치운영을 검토할 것이며, 마지막으로 이러한 내용을 정리하면서 조선초기 관인의 특징을 제시할 것이다.

이 책은 서장, 본론 4부 12장, 결어의 총 14장으로 구성되어 있다. 서장에서는 연구의 문제를 제기하고 연구방법을 제시할 것이다.

제1부 '관인의 성분'에서는 관인의 구분과 성분을 4장으로 구분하여 고찰할 것이다. 제1장 '관인(관직)의 구분'에서는 관직구조연구를 참고하면서 관인을 재직 시기, 근무지, 출신, 관직지위, 녹봉수급여부로 구분하여 現職(顯)官·前職(卿)官, 경관·외관, 문관·무관·잡류, 당상관·당하관·참상관·참하관·산관, 녹관·무록관으로 구분하여 살필 것이다. 제2장 '관인의 성씨와 성관'에서는 졸저『조선초기 관인 이력』(이상 졸저로 약기)에 수록된 관인을 대상으로 姓氏와 姓貫을 관인 확인자·추측자와 鉅族·非鉅族성관자로 구분하여 살필 것이다. 제3장 '관인의 출사로'에서는 졸저에 수록된 관인을 대상으로 출사로를 문과, 무과, 음서, 천거, 기타로 구분하여 살필 것이다. 제4장 '관인과 관인 부조 최고 관직'에서는 졸저에 수록된 관인을 대상으로 관인과 관인 부조의 관력을 당상관, 당하관, 참상관, 참하관, 기타, 불명으로 구분하여 살필 것이다.

제2부 '인사제도와 관인 관력'에서는 4장으로 구분하여 인사제도와 관인 관력과의 관계를 살필 것이다. 제5장 '관계와 관직의 획득'에서는 인사제도 관련연구(이하 관련연구)를 참고하면서 白身과 散官(관계보유자)의 관계와 관직의 획득을 문산계·무산계 등 官(散)階別과 관인(당상·당하·참상·참하관)으로 구분하여 살필 것이다. 제6장 '관인의 관계 승자와 관직 체직'에서는

관련연구를 참고하면서 관계의 승자와 관직의 체직을 散官(산계자)·관인과 平遷·昇遷·左遷으로 구분하여 살필 것이다. 제7장 '관인의 파직·복직과 관계· 관직의 회수·환급'에서는 관련연구를 참고하면서 관인의 파직·복직과 관계· 관직의 회수·환급으로 구분하여 살필 것이다. 제8장 '관인의 관력과 추증'에 서는 관인 중 관력을 자세하면서도 체계적으로 파악할 수 있는 30여~10여 명씩을 표집하여 문과·무과 급제자와 음서·천거·기타자로 구분하여 각각의 관력과 그 특징을 살피고 贈諡·贈職 등 追贈을 살필 것이다.

제3부 '관인의 경제기반과 혼인'에서는 2장으로 관인의 경제기반과 혼인 (가문)을 고찰할 것이다. 제9장 '관인의 경제기반'에서는 『경국대전』과 『조선 왕조실록』 등의 자료를 참고하면서 관인의 경제기반을 사전·직전·녹봉·노 비·가옥·기타로 구분하고, 세조 2년에 단종복위를 도모하다가 피죄된 관인 들의 몰수토지 자료 등 『조선왕조실록』과 『경국대전』을 중심으로 살필 것이다. 제10장 '관인의 혼인'에서는 『문집』을 남긴 40여 명의 문과급제자, 청주한씨 등 거족 4가문, 현풍곽씨 등 비거족 4가문을 표집하여 관인의 혼인연령과 본가와 배우자의 가계를 관련시키면서 관인의 혼인상과 그 특징을 살필 것이다.

제4부 '관인·가문과 정치운영'에서는 2장으로 거족성관 관인과 추요직 및 정치운영과의 관계를 고찰할 것이다. 11장 '추요직 관인·공신과 정치운영' 에서는 공신과 의정·판서·승지·대사헌·대사간의 성분을 검토한 졸고[6]를 참고하면서 이들이 조선초기의 정치운영에 끼친 영향을 살필 것이다. 제12장 '거족가문과 추요직·정치운영'에서는 거족가문의 추요직 점유를 살피고 이 와 관련시켜 거족가문이 조선초기의 정치운영에 끼친 영향을 검토할 것이다.

---

6) 그 연구는 다음과 같다.
  1980·1981, 「조선초기 의정부연구」, 상·하, 『한국사연구』 31·32.
  1998, 『조선초기 육조와 통치체계』, 계명대학교출판부.
  1987, 「조선초기 승정원연구」, 『한국사연구』 59.
  2004, 「조선초기 정3~정6품 청요직연구」, 『조선사연구』 13.

결어에서는 위에서 고찰한 1~12장의 내용을 정리하고, 이를 토대로 조선초기 국정운영을 주도한 관인과 국가의 성격이 어떠하였는가를 제시할 것이다.

부록에서는 이 글의 이해를 높이기 위해 조선초기 중요관아와 관직, 또 관인성분 분석의 토대가 된 관인확인자와 추측자 성씨·성관, 관인확인자 출사로, 관인 최고 관직, 관인부조 최고 관직을 각각 표로 정리하여 제시할 것이다.

이러한 연구를 통하여 조선초기의 예상 관인 60,000여 명(이상)의 25%(미만)정도에 한정되기는 하나 조선초기 관인의 성분과 관력 등이 천착되고 지금까지에 걸친 관인연구를 보완하면서 관인의 실체가 구체적이고도 깊이 있게 규명됨과 동시에 조선초기 정치사연구를 심화시키는 한 토대가 될 것이다. 다시 관인의 치죄, 사면, 복권과 관련된 형정이 규명되면서 조선초기 인사행정연구를 심화시키는 한 토대가 될 것이다. 또 관인이 조선양반사회의 토대가 된 가문의 위세(浮沈, 家格)와 어떻게 연관되었는가가 규명되면서 조선 양반사회연구를 심화시키는 한 토대가 될 것이라고 생각된다.

이 책의 토대가 된 저자의 중요한 연구는 다음과 같다.

『조선초기 관인 이력』, 2021, 도서출판 혜안.

『조선초기 정치제도와 정치』, 2006, 계명대학교출판부.

「조선 세조~성종대의 加資濫發에 대하여」, 1985, 『한국학논집』 12.

「조선초기 관인연구 1-姜, 高, 具, 權氏를 중심으로-」, 2018, 『조선사연구』 27.

「조선초기 관직구조연구」, 2004, 『대구사학』 75 / 『조선초기 관직과 정치』 (2008, 계명대학교출판부)에 새수록.

「조선초기 蔭敍의 실제와 역할-樞要職 역임자와 鉅族출신사관자의 역관 분석을 중심으로-」, 1995, 『한국사연구』 91.

제1부

官人의 性分

제1장 官人의 區分

관인은 그 근무시기에 따라 現職·前職(啣)官, 근무지에 따라 경·외관, 출신에 따라 문·무관 및 잡류, 직위에 따라 당상·당하·참상·참하관, 녹봉의 지급유무에 따라 녹·무록관 등으로 구분된다.[1] 여기에서는 이와 관련하여 관인을 현직관과 전직관, 경관과 외관, 문관·무관과 잡류, 당상·당하·참상·참하관, 녹관과 무록관으로 구분하여 살펴본다.

1. 現職官과 前職(啣)官

현직관인-現(顯)官은 현재 경외의 각급 관아에서 근무(재직)하고 있는 관인인데, 이에는 문관·무관·잡류와 당상관으로부터 참하관, 녹관·무록관이 있다. 전함관-전직관인은 관직에 종사하다가 公私와 年老로[2] 인해 퇴직한 관직자이다. 전함관에는 정1품 영의정으로부터 종9품 참봉까지의 각급 관직이 있다.

---

1) 한충희, 2018, 「조선초기 관인연구 1-『조선왕조실록』 기재 姜, 高, 丘, 權氏를 중심으로」, 『조선사연구』 27, 2~3쪽. 문관은 『경국대전』 권1, 이전 경관직과 외관직, 무관은 『경국대전』 권4, 병전 경관직과 외관직에 등재된 관직에 제수된 관인이고, 잡류는 내시부관과 액정서관 등이다.

2) 관인은 나이가 70세가 되면 퇴직(致仕)하도록 규정되었고, 국정운영 등과 관련되어 소수 최고위 관직자가 几杖을 받고 계속 근무하였다.

2. 京官과 外官

경관은 수도인 漢城府에 소재한 각급 관아에 재직한 관인과 경외에 소재한 開城府 및 諸陵(왕릉)에 근무하는 관인이다. 경관에는 정1품관인 영·좌·우의정과 영중추부사·영돈령부사(각1명) 이하 종9품관인 成均館學諭 3명, 承文院·校書館副正字 각 2명, 奉常寺 등 參奉 52명의 총 510명이 있었다.[3]

3) 종1~종9품 正職 관인의 소속 관아와 인원은 다음의 표와 같다(종친·의빈 제외, 졸저, 2006, 『조선초기 정치제도와 정치』, 계명대학교출판부, 115~116쪽 〈표4-2〉, 161쪽 〈표 4-12〉에서 종합).

	관직			관직			관직	
	소속관아	계		소속관아	계		소속관아	계
정1품관	의정·돈령·중추부	5	정4	종친·의빈, 의정부, 사헌부·홍문관·성균관·통례원·세자시강원, 훈련원·諸司	47	종7	돈령부, 제시·감·원·창·고·서, 5위·세자익위사	428
종1	동상	5	종4	충훈·의빈·중추, 의금·한성·개성부, 홍문관, 제시·감·원, 5위도총부·5위	115	정8	의정부, 홍문·예문·교서관, 상서·승문원, 5위·세자익위사	32
정2	동상, 육조·한성부	16	정5	의정부·육조·사헌부·사간원·홍문관·성균관·세자시강원,제시·감·원·사·창, 5위·세자익위사	52	종8	돈령부, 제시·감·원·창·서·고, 5위	645
종2	돈령·중추부, 육조·한성부·사헌부·개성부	17	종5	돈령·중추·충훈·의빈부, 의금·한성부·개성부, 홍문·교서관, 제시·감·원·고, 5위도총부·5위·세자익위사	206	정9	홍문·성균·교서·예문관, 제시·감·원·서, 5위·세자익위사	80
정3당상	돈령·중추부, 육조·승정원·사간원·홍문관·장예원·훈련원	27	정6	육조·사헌부·사간원·홍문관·장예원·성균관·승문원·세자시강원·제서, 5위·세자익위사	86	종9	돈령부, 성균·교서관, 제시·감·원·서, 5부, 제릉, 5위	2,200
정3하	돈령부, 홍문관·제시·감·원, 5위	33	종6	돈령·개성부, 홍문관, 제시·감·원·사·창·서·고, 5부, 5위·세자익위사	314	계	(직계아문, 육조속아문, 제릉)	4,349

외관은 외방에 소재한 각급 관아에 근무하는 관인이다. 외관에는 1도의
정치·군사·사법을 총관한 종2품관인 관찰사 8명으로부터 종9품관인 훈도·
심약·검률·역승 330명의 총 805명이 있었다.[4]

3. 文官·武官과 雜類

조선초기의 관인은 그 출신과 관련되어 크게 문관, 무관, 잡류로 구분된다.
관인은 출신에 따라 문반직과 무반직, 잡류직에 제수되는데 그 관계와 관련되
어 문반은 제한을 받지 않고 정1품계인 大匡輔國崇祿大夫와 정1품직인 領,
左, 右議政에까지 승진(제수)되지만 무반은 정3품 당상관계인 折衝將軍이
상한이었고(종2품계인 嘉善大夫 이상은 문·무관 공통), 잡류는 정3품 通訓大
夫와 禦侮將軍이 상한이었다.[5]

종3	동상, 사헌부·사간원·성균관·세자시강원, 훈련원·5위	35	정7	한성부·승정원, 홍문·예문·교서관, 승문원, 세자시강원, 5위·세자익위사	24			

4) 종2~정9품 정직 관인의 소속 관아와 인원은 다음의 표와 같다.

	관직			관직			관직	
	소속관아	계		소속관아	계		소속관아	계
종2	8도(관찰사·병마절도사), 4부윤부	18	정4	5도수군우후	5	종6	141현(현감), 25 도역, 72학관(교수)	238
정3당상	8도(수군절도사)	7	종4	2부윤부소윤, 82군, 18병마만호진, 54수군만호진	156	종9	257학관(훈도), 5역학관(한학3, 왜학2), 8도심약16·검률9, 18역승도, 18도승진	323
정3하	4대도호부, 20목	24	종5	8도도사, 종성부판관, 35현(현령), 2수운판관	46	계	8도, 330군현, 47역, 18진	671
종3	44도호부, 12수군첨절제진, 5도병마우후	61	정6	2도병마평사	2			

5) 『경국대전』 권1, 이전 경관직.

문관은 문과, 음서, 천거, 서리로 出仕(仕官)하여 『경국대전』 吏典에 규정된 경외 관직에 재직하는 관인이다. 문관은 정1품관인 영·좌·우의정 각1명 등 5직으로부터 종9품관인 참봉·훈도 414직 등 1,506직이 있었다.[6]

무관은 무과, 음서, 천거, 군사로서 출사하여 『경국대전』 병전에 규정된 경외 관직에 재직하는 관인이다. 무관은 정1품관인 영중추부사 1명으로부터 종9품관인 5衛 副司勇 1,939명의 3,839명이 있었는데,[7] 이 중 5위관은 정3품관 상호군 9명으로부터 부사용 1,939명까지의 3,236명중 정직은 772명에 불과하고 그 외의 2,464직이 체아직이었다.[8]

잡류는 궐내에 소재한 內侍府와 掖庭署에 근무하는 환관과 工曹 등에 재직하는 장인인데 환관에는 종2품관인 尙膳 1직으로부터 종9품관인 尙苑 5·副司掃 9직의 91직이 있었고, 장인에는 정6품관인 典樂 1직으로부터 종9품관인 工作 13·司勘 1·烹夫 7·保驥 1·副典聲 23·志道 1·副愼獸 3직의 직이 있었다.[9] 잡류는 내시부 상위직 일부를 제외하고는 모두 체아직이었다.[10]

---

6) 앞 〈표 4-8〉, 〈표 5-5〉에서 종합.
7) 졸저, 2006, 조선초기의 정치제도와 정치, 계명대학교출판부, 161쪽 〈표 4-12〉. 그중 5위 관직은 다음과 같다(『경국대전』 권4, 병전 경관직 5위).

정3품 상호군 9	종5 부사직 123	정8 사맹 16
종3 대호군 12	정6 사과 15	종8 부사맹 483
정4 호군 12	종6 부장 25, 부사과 176	정9 사용 42
종4 부호군 54	정7 사정 5	종9 부사용 1,939
정5 사직 14	종7 부사정 309	합계 3,236

8) 졸저, 앞 『조선초기 정치제도와 정치』, 160쪽 주 209).
9) 환관과 장인직은 다음의 표와 같다(『경국대전』 권1, 이전 내시부·잡직조에서 종합)

	환관			잡직				
	내시부	액정서	계	공조	교서관/교서관·사섬시·조지서	사용원	상의원	사복시
종2	상선2		2					
정3	상온2 상차1		3					
종3	상약2		2					

4. 堂上官, 堂下官, 參上官, 參下官

당상관은 정1~정3품 당상관직에 재직하는 관인이다. 그러나 관계자에 있어서도 당상관 등은 『경국대전』에

정1품은 大匡輔國崇祿大夫이고 (중략) 정3품은 (문반은) 通政大夫이고 종친은 明善大夫이며 의빈은 奉順大夫이다. * 이 모두는 당상관이다.11)

정4	상전2		2					
종4	상책3		3					
정5	상호5		5					
종5	상탕4		4					
정6	상세4	사알1/사약1	6					
종6	상촉4	부사약1	5			재부1		안기1
정7	상훤4	사안2	6					
종7	상설6	부사안3	9			선부1	공제4	조기1
정8	상제6	사포2	8					
종8	상문6	부사포3	9	공조1	사준1/공조4	조부2	공조1	이기1
정9	상갱6	사소6	12			임부2		
종9	상원5	부사소9	14	공작2	사감1/공작2	팽부7	공작3	보기1
계	63	28	91	3	2/6	13	8	4

10) 『경국대전』권1, 이전 경관직 내시부. 모두 체아직이지만 그중 일부는 장번이었는데 구체적인 관직은 명기하지 않았지만 "4품이하는 문무관의 예에 따라 가계하고 3품 이상은 특지로 제수한다"고 하였고 종2품직인 상선과 정3품직인 상온·상차는 모두 1직이고, 종3품직인 상약은 2직이었음에서 상선·상온·상차는 장번직으로 추측된다.

	(잡직)						
	군기시	선공감	장악원	소격서	장원서	도화서	계
정6			典樂1				1
종6			부전악2		신화1	선화1	6
정7			전율2				2
종7	공제5		부전률2		신과1	선회1	15
정8			선음2		신금1		3
송8	공조2	공조4	부전음4	상도1	부신금1	화사1	23
정9			전성10		신수3		13
종9	공작2	공작4	부전성23		부신수3	회사2	40
계	9	8	36	1	10	5	103

라고 한 것과 "(通禮院의 장관인) 左通禮는 당상관에 승자한다(저자 보)"[12]라고 한 등에서 官職과 官階가 혼용되고 있다. 그러나 관계자는 관직자와 다르고, 또 본서에서는 관인을 관직자에 한정하였기에 여기에서는 관계자는 제외한다. 또 당하관, 참상관, 참하관에 있어서 참상관과 참하관은 명확하지만 당하관과 참상관에 있어서는 혼용되기도 하나 종4품 이상에 승진하기 위해서는 수령을 거칠 것이 규정되었고,[13] 관계를 볼 때 정3품~종4품은 '某某大夫階'와 '某某將軍階'이고 정5품~종6품계는 '某某郞階'와 '某某校尉階'였음에서[14] 당하관은 정3품~종4품관이고 참상관은 정5~종6품관으로 명확히 구분되고 있다. 이에 따라 여기에서는 당상관, 당하관, 참상관, 참하관으로 구분하여 고찰한다.

1) 堂上官

당상관은 중앙과 지방의 최상위 관아의 장관과 차관으로서 그 관아사를 총관하거나 僚屬을 지휘하면서 장관을 보좌하였다. 당상관에는 정1품직인 영·좌·우의정(각1명)으로부터 정3품직인 掌隷院判決事(1명)·水軍節度使(9명) 등의 102명이 있었다.[15] 그중에서도 핵심이 된 관인은 3公6卿으로 불리는

---

11) 『경국대전』권1, 이전 경관직 관계 正1品 大匡輔國崇祿大夫 (중략) 正3品 (文班則)通政大夫 宗親則明善大夫 儀賓則奉順大夫 '以上堂上官.
12) 『경국대전』권1, 이전 경관직 통례원 左通禮陞堂上官.
13) 『경국대전』권1, 이전 경관직 承文院官員寫字吏文特異者 弘文館官員 諸道敎官及遞兒職外 非經守令者 不得陞四品以上階-兵曹同.
14) 그 관계는 다음과 같다(『경국대전』권1, 이전 ; 권4, 병전 관계조).

	문산계	무산계		문산계	무산계
정3하	通訓大夫	禦侮將軍	정5	通德郞 通善郞	果毅校尉 忠毅校尉
종4	朝散大夫 朝奉大夫	定略將軍 宣略將軍	종6	宣敎朗 宣務郞	勵節校尉 秉節校尉

15) 『경국대전』권1, 이전 경·외 관아(관직) ; 권4, 병전 ; 권1, 경·외 관아(관직)에서

영·좌·우의정(각1명)과 이·호·예·병·형·공조판서(각1명) 및 道伯으로 불리는 觀察使(8명)였고, 정1~종2품 관인도 宰相으로 통칭되면서[16] 국정운영의 중추가 되었다.

2) 堂下官(정3~종4)

당하관은 중앙의 館閣[17]과 諸寺·監·倉·司와 지방의 大都護府·僉節制使鎭 등의 장관과 차관이고, 중앙의 의정부 등 최상위 관아의 요속인데, 그 아문을 총관하거나 요속을 지휘하면서 장관을 보좌하였다. 당하관에는 정3품 여러 寺·監 正과 5衛 上護軍 등 66명~종4품 시·감 僉正과 5위 副護軍 등 203명의 총 424명이 있었는데, 이 중 51직은 체아직이고 13직은 무록직이었다.[18]

3) 參上官(정5~종6)

참상관은 중앙과 지방의 諸署·庫 등과 縣 등의 장관과 6조·관각·시·감 등의 요속인데 그 아문에 소속된 하위 요속과 이속을 지휘하면서 사무를 총관하였다. 참상관에는 정5품관 의정부검상·육조정랑과 5위 司直 등 119명으로부터 종6품관 제시·감·창 主簿와 5위 副司果 등 582명의 1,203명이 있었다.[19]

종합.

16) 재상은 협의로는 백관을 총령하며 국정을 총관하는 의정부의 장관인 영·좌·우의정을 시칭한다. 또 의정부의 차관인 左·右贊成과 3관인 左·右參贊은 여타 재상과 구분되어 2宰와 3宰로 불리기도 한다(재상과 2재·3재의 용례는 『조선왕조실록』 참조).

17) 관각은 왕명의 제찬과 교육 등 문한을 관장하는 藝文館, 成均館, 承文院, 校書館이다.

18) 『경국대전』 권1, 이전 경·외 관아(관직) ; 권4, 병전 ; 권1, 경·외 관아(관직)에서 종합.

19) 동 상조.

4) 參下官(參外, 정7~종9)

참하관은 중앙과 지방 관아의 최하위 요속인데, 그 아문에 소속된 이속을 지휘하고 상위 요속을 보좌하면서 사무를 관장하였다. 참하관에는 정7품 漢城府參軍·成均館博士 등 32명으로부터 종9품 제·시·감·창·고·서 參奉과 5위 副司勇 등 3,768명의 5,509명이 있었다.[20]

5. 祿官과 無祿官

祿官은 녹봉을 받는 관직인데, 職田과 1년에 4번 녹봉을 받는 正職,[21] 직전을 지급받지 못하고 근무 때에만 녹봉을 받는 遞兒職이 있다. 정직 관인은 관인 중 가장 격이 높았는데, 정1품 영·좌·우의정(각1명)으로부터 정9품 참봉 등 3,793명의 6,802명이 있었다.[22] 체아직은 경비절감을 도모하면서 근무자를 확보하는 제도로서[23] 총 3,102직이 있었는데 대다수인 3,004직이 군직이었고 문관에는 97직이 있었다.[24]

---

20) 동 상조.

21) 직전은 정1품 110결로부터 정·종9품 10결이 지급되었고, 녹봉은 제1과(정1품) 중미14석(춘·추 각4석, 하·동 각3석)·전미2석(춘·하각1석)·황두23석(춘12·동11석)·소맥10석(하·추각5석)·주6필(춘·동각2필, 하·추 각1필)·정포15필(춘·하·추각4필, 동3필)·저화10장(춘)으로부터 제18과(종9품) 조미 8석(춘·하·추·동 각2석)·전미1석(춘)·황두2석(춘·동)·소맥1석(추)이 지급되었다(종1~정9품에게 지급된 직전과 2~17과에게 지급된 녹봉은 『경국대전』권2, 호전 제전조와 녹과조 참조).

22) 『경국대전』권1, 이전 경·외 관아(관직) ; 권4, 병전 ; 권1, 경·외 관아(관직)에서 종합.

23) 체아직의 용례는 이재룡, 1967, 「조선시대 체아직에 대한 고찰-서반체아를 중심으로-」, 『역사학보』35·36합호 ; 申幼兒, 2013, 「조선전기 체아직 연구」, 서울대학교 대학원 사회교육과 역사전공 교육학박사학위논문, 9~13쪽 참조.

24) 졸저, 앞 책(2006), 120쪽 〈표 4-13〉.

無祿官은 직전은 물론 녹봉을 받지 못하는 관인인데, 이는 관리의 廉謹을 장려하기 위한 제도로서 정직 관인이나 체아직 관인이 공사죄를 범하거나 근무성적이 나쁠 때 파직되면서나 貶黜되면서 제수되었다.[25] 무록관에는 3품 司饔院提擧 2직으로부터 8품 氷庫(1)·司圃署(4) 別檢 5직까지의 95명이 있었다.[26] 지금까지 고찰한 관인구분을 종합하면 다음의 표와 같다.

<표 1-1> 조선초기 관인 구분[27]

		정1~정3당상관	정3당하~종4	정5~종6	정7~종9	합계(%)	비고
근무지	경관	74	251	808	5,114	6,344	
	외관	28	173	395	395	927	
	계	102	414	1,203	5,509	7,271	
출신	문관	61	374	630	639	1,704	
	무관	41	150	563	3,132	3,886	
	잡류	0	0	10	1,738	1,748	
	계	102	524	1,203	5,509	7,338	
직위고하	당상관	102				102	
	당하관		424			424	
	참상관			1,203		1,203	
	참하관				5,509	5,509	

25) 졸저, 2023,『조선 중·후기 정치제도와 정치』, 도서출판 혜안, 〈표 2-16〉에서 종합.
26)『경국대전』권1., 이전 경관직. 동서에 규정된 무록관은 다음의 표와 같다.

	제거(3품)	제검(4)	별좌(5)	별제(6)	별검(8)	계		제거(3)	제검(4)	별좌(5)	별제(6)	별검(8)	계
사옹원	2	2				4	조지서				4		4
수성금화사		4	6	3		13	활인서				4		4
예빈시		2	2	2		6	장원서				3		3
전설사		1	2	2		5	사포서				3	4	7
전연사		1	2	2		5	와서				3		3
전함사		1	2	2		5	호조				2		2
교서관			2	2		4	형조				2		2
상의원			2	2		4	소격서				2		2
군기시			?	2		4	사축서				2		2
내수사			2	2		4	도화서				2		2
빙고			1	2	1	4	합계	2	11	23	54	5	95
귀후서				6		6							

27)『경국대전』권1, 이전 경·외관 ; 권4, 병전 경·외관조에서 종합.

	계	102	424	1,203	5,509	7,271	
녹봉	녹관*	102	411	1,041	5,169	6,802	*체아직포함
	무록관	0	13	162	340	469	
	계	102	424	1,203	5,509	7,271	

제2장 姓氏와 姓貫

조선초기의 관인은 그 가계를 보면 부나 부조가 고위관직을 역임하면서 명문으로 이름을 떨친 鉅族家門[1]의 자손이거나 하위관직을 역임하거나 출사하지 못한 한미한 가문의 자손이다. 여기에서는 이와 관련하여 조선초기 관인 15,185명(종친 489명 포함)을 성씨별과, 성관(거족성관과 비거족성관)별로 구분하여 파악한다.

1. 姓氏

조선초기에 『조선왕조실록』 등에서 관직에 재직하였거나 관직에 재직하였을 것으로 추측되는 성씨 관인은 전자가 姜氏 등 110성씨 511본관 13,023명이고, 후자가 강씨 등 110성 2,162명으로 총 260성씨 15,185명이었다.[2]

이 중에서 양자를 합해 100명 이상의 관인을 배출한 성씨가 다음의 표와 같이 姜氏 등 30성씨 12,454명이고, 99~50명을 배출한 성씨가 高氏 등 16성씨 1,154명이고,[3] 49~10명을 배출한 성씨가 慶氏 등 37성씨 1,026명이며,[4]

---

1) 거족의 개념과 거족으로 분류된 성관은 이태진, 1975, 「15세기 후반기의 '鉅族'과 名族意識」, 『韓國史論』 3, 237~253쪽 참조.
2) 뒤 〈별표 1〉에서 종합.

3) 성씨별 인원은 다음의 표와 같다(뒤 〈별표 1〉에서 종합.

	확인된 관인 수	추측된 관인 수	합계		확인된 관인 수	추측된 관인 수	합계
康氏	48	11	59	元氏	57	11	68
郭氏	38	13	51	劉氏	42	15	57
南氏	88	4	92	兪氏	51	18	69
裵氏	85	0	85	任氏	75	15	90
邊氏	54	8	62	田氏	44	13	57
沈氏	70	14	84	陳氏	55	4	59
楊氏	65	8	73	河氏	71	13	84
梁氏	72	12	84	합계	989	165	1,154
禹氏	74	6	80				

4) 성씨별 인원은 다음의 표와 같다.

	확인된 관인 수	추측된 관인 수	합계		확인된 관인 수	추측된 관인 수	합계
慶氏	23	0	23	愼氏	21	3	24
孔氏	8	5	13	魚氏	20	0	20
具氏	43	0	43	嚴氏	17	9	26
仇氏	10	0	10	呂氏	25	3	28
丘氏	11	0	11	廉氏	11	5	16
琴氏	12	0	12	王氏	28	4	32
奇氏	13	0	13	魏氏	10	0	10
羅氏	35	9	44	伊氏	19	0	19
浪氏	16	1	17	印氏	9	1	10
魯氏	11	5	16	丁氏	26	10	36
都氏	10	4	14	朱氏	25	10	35
童氏	33	1	34	周氏	26	8	34
馬氏	15	2	17	池氏	33	6	39
孟氏	11	2	13	秦氏	6	9	15
潘氏	12	0	12	車氏	28	14	42
方氏	15	0	15	蔡氏	29	9	38
房氏	10	0	10	卓氏	14	1	15
白氏	46	0	46	波氏	13	0	13
卜氏	33	3	36	平氏	16	1	17
奉氏	14	2	16	表氏	9	1	10
昔氏	9	2	11	咸氏	20	3	23
宣氏	15	1	16	玄氏	17	5	22
薛氏	23	0	23	皇甫氏	10	2	12
偰氏	10	0	10	합계	882	144	1,026
蘇氏	12	3	15				

〈표 2-1〉 조선초기 100명 이상 관인 배출 성씨[5]

	확인된 관인 수	추측된 관인 수	합계		확인된 관인 수	추측된 관인 수	합계
康氏	213	53	266	柳氏	230	34	264
高氏	92	33	125	尹氏	377	82	459
權氏	312	21	333	李氏	2,509	212	2,721
金氏	1,918	342	2,260	林氏	98	31	129
盧氏	109	19	28	張氏	196	96	292
文氏	81	25	106	全氏	80	30	110
閔氏	161	11	172	鄭氏	547	63	610
朴氏	750	165	915	曺氏	111	16	127
徐氏	103	33	136	趙氏	385	38	423
成氏	91	19	110	崔氏	595	109	704
孫氏	92	20	112	韓氏	219	42	261
宋氏	203	36	239	許氏	124	16	140
申氏	165	32	197	洪氏	205	38	243
辛氏	98	26	124	黃氏	158	33	191
安氏	259	96	355	합계	10,646	1,808	12,454
吳氏	165	37	202				

9명 이하를 배출한 성씨가 葛씨 등 166성씨 362명이었다.[6]

100명 이상을 배출한 전주이씨 등 30성씨의 관인수가 위의 표에서 총

---

5) 뒤 〈별표 1〉에서 발췌.
6) 그 성씨는 다음과 같다(( )는 인원수, 성씨불명자 포함).
   葛 氏(1), 甘(4), 强(1), 江(1), 巨(3), 介(2), 儉(10, 甄(2), 堅(3), 庚(2), 景(2), 古(1),
   昆(1), 公(6), 果(1), 管(1), 鞠(1), 吉(6), 南宮(6), 多(1), 段(2), 答(1), 唐(4), 陶(1), 豆(2),
   藤(6), 莫(1), 滿(1), 萬(3), 望(2), 梅(5), 明(2), 牟(4), 毛(1), 睦(8), 門(1), 卜(9), 佛(1),
   沙(1), 舍(1), 史(3), 斜(1), 賓(1), 司空(2), 撒(2), 三甫(1), 尙(2), 生(1), 葉(4), 所(2),
   壽(1), 升(1), 承(1), 時(2), 信(1), 阿(3), 艾(2), 也(2), 陽(1), 亦(2), 延(9), 永(1), 英(1),
   甯(1), 迎(1), 芮(3), 玉(9), 兀(1), 龍(7), 亏(2), 牛(1), 右(1), 雲(1), 袁(2), 原(1), 庾(9),
   陸(5), 殷(6), 乙(1), 尼(1), 里(2), 離(1), 而(2), 因(2), 仁(1), 引(1), 者(9), 刺(1), 資(1),
   蔣(3), 將(2), 章(1), 莊(1), 裝(1), 箸(1), 赤(2), 錢(7), 正(1), 井(3), 齊(1), 諸(2), 照(5),
   鳥(1), 早(2), 宗(2), 鍾(1), 佐(1), 主(1), 重(3), 之(3), 智(3), 知(1), 晉(1), 鑌(2), 叱(1),
   澄(1), 節(2), 處(1), 千(1), 撤(1), 詹(1), 帖(1), 肖(2), 抄(2), 秋(1), 春(1), 黜(1), 出(1),
   充(2), 沈(1). 稱(1), 他(2), 朶(1), 灌(1), 探(1), 塔(1), 湯(1), 太(6), 土(5), 堆(1), 退(1),
   把(2), 八(2), 浦(1), 皮(9), 何(1), 旱(1), 哈(1), 項(1), 海(1), 奚(4), 賢(1), 鉉(2), 夾(3),
   邢(4), 好(9), 胡(1), 扈(2), 忽(1), 化(1), 和(1), 回(2), 懷(1), 孝(1), 厚(1), 欣(1).

12,454명으로 분석 대상 관인 15,075명의 83%를 점하였고, 그중에서도 250명 이상을 배출한 이씨(2,721명), 김씨(2,260), 박씨(915), 최씨(704), 정씨(610), 윤씨(459), 조씨(423), 안씨(355), 권씨(333), 장씨(292), 강씨(266), 유씨(264), 한씨(261) 등 12성씨가 9,863명으로 65%를 점하였다.

그런데 이씨 등 12성관의 유래와 가문전개를 보면 가장 많은 관인을 배출한 李·金·朴·崔·鄭씨는 신라에서 유래되어 고려조 이래로 번창한 성씨였고,[7] 權·張·尹·柳·安·趙·韓씨는 신라말~고려초에서 유래되어 고려조 이래로 번창한 성씨였다.[8] 이를 볼 때 성씨의 역년과 관인 배출수는 밀접히 관련되었다고 하겠다. 또 현재 우리나라의 성씨별 인구와 비교해 볼 때도 관인을 많이 배출한 성씨와 인구가 일치함을 볼 수 있다.[9]

한편 여진과 왜 귀화인의 성씨를 보면 이씨 97·김씨 49·동씨 35명과 평씨는 16명이나 되었고, 그 외가 123성씨 302명 등 총 499명이나 되었다.[10]

---

7) 『典故大方』 권1, 만성시조편.

8) 동 상조.

9) 2015년 한국의 성씨인구 중 60만 이상인 상위 18성씨별 인구수와 성관별 배출관인수를 대비시켜 보면 다음의 표와 같이 대부분이 포함되고 柳氏(관인 12위 264·인구 21위 478,990)와 홍씨(관인 15 243·인구 20위 558,853)도 그 다음이다(단위 명, 인구수 순, 비고는 관인 수 순서, 앞 〈표 2-1〉, 국가통계포털에서 종합).

성씨	인구수	관인수	비고	성씨	인구수(%)	관인수(%)	비고
김	10,689,995	2,260	2	한	773,404	261	13
이	7,306,828	2,721	1	오	763,281	202	16
박	4,192,074	915	3	서	751,704	136	20
최	2,333,927	704	4	申	741,081	197	17
鄭	2,151,879	610	5	권	705,941	333	9
姜	1,176,847	266	11	황	697,171	191	18
趙	1,055,567	423	7	안	685,639	355	8
윤	1,020,547	459	6	송	683,494	239	15
張	999,721	292	10	계	37,553,022(76)	10,693(70)	
林	823,921	129	21	총수	49,705,663(100)	15,185(100)	

10) 졸저, 2020, 『조선초기 관인 이력』에서 종합. 그중 여진 귀화인의 10명 이상의 성씨는 다음과 같다(왜 귀화인은 없다).
浪 16, 伊 19, 林 12, 朱 14, 崔 11, 波 13.

이 점은 조선초기에 조선 정부가 북변의 개척과 안정, 왜구의 토벌과 남방의 안정을 위해 여진인과 왜인의 귀화정책을 적극적으로 추진하였고,[11) 그 결과로 다수의 왜·야인이 귀화하면서 조선에 정착하였음을 잘 보여주고 있는 사례라고 하겠다.

2. 姓貫

1) 鉅族姓貫

조선초기에 양반 유력가문을 '鉅族姓貫'으로 지칭한 것은 成俔이 1504년(연산군 10)에 저술한『慵齋叢話』에서 비롯되었다. 즉 성현은 이 책에서 거족성관의 분류기준이 된 것은 "지난날에 盛하다가 지금은 衰한 것(성씨), 지난날에 寒微하였으나 지금 성한 것(성씨)을 모두 적는다"[12)라고 하였듯이 가문의 융성이 그 기준이 되었다. 성현이 제시한 이 기준을 두고 이태진은『新增東國輿地勝覽』제 군현 본조(조선) 인물항에 적기된 인물의 가계와 관력분석을 통해 '①『慵齋叢話』에 거족으로 적기된 성씨는 대부분이『新增東國輿地勝覽』본조 인물조에 공신과 당상관 이상 등 2인 이상이 적기된 성씨(신동)였고, ② 일부 성씨(해주최·여흥민·인천이씨)는 이 기준에 미달하지만 기재되었고 17성씨는 이 기준에 부합하였지만 기재되지 않았다'[13)고 하면서『慵齋叢話』

---

11) 조선은 개국 이래 지속적으로 남북방의 국경을 안정시키고 북방을 개척하기 위하여 위무와 토벌을 병행하면서 여진추장과 대마도주 등에게 관직을 수여하고 入朝를 권장하면서 미포를 하사하였으며, 書契를 통한 무역의 특전 등을 베풀었다. 대여진과 대왜 위무·회유책은 김구진, 1993, 「여신과의 관계」,『(신편)한국사』22, 345~364쪽 ; 하우봉, 1995, 「일본과의 관계」, 위 책, 369~406쪽 참조.

12)『慵齋叢話』권10, (전략) 古人皆重巨族 如晉之王謝 唐之崔盧是已 我國鉅族 皆自州郡土姓 而出 昔盛而今衰 昔微而今盛者 並錄之 坡平尹氏 (하략).

13) 이태진, 앞 논문, 237~250쪽.

에 적기되지는 않았지만 다음에 적기된 17성씨는 거족 성씨로 이해해야
할 것이라고 하면서 거족 성씨에 포함시켰다.[14]

<표 2-2> 거족 성씨에 부합되나 『慵齋叢話』에 기재되지 않은 성씨[15]

성씨	총원(당상관)	공신	성씨	총원	공신
개성고씨	2		전주최씨	2	
楊州趙	2		靈光柳	3	1
淸州鄭	2	1	무장윤	4	1
永川李	5		흥양이	3	
의성김	2		화순최	3	
봉화정	2	1	강릉김	2	
성주배	2		연안김	8	1
고성이	6	1	南原梁	2	1
고령박	2				

위의 두 책에 기록된 거족성씨에서 대부분의 성씨는 그 분류기준과 부합하
지만 일부 성씨는 족세가 번성하지 못하거나 족세가 번성하였지만 누락되었
음이 지적되었다. 본서에서는 이 점을 고려하더라도 조선초기 거족성씨를
이해함에는 크게 지장이 되지 않는다고 생각되어 거족-거족성씨를 이태진
이 제시한 위 표의 17성씨와 『慵齋叢話』에 적기된 73성씨를 포괄한 진주강씨
등 성씨로 설정하여 고찰한다. 『慵齋叢話』에 거족으로 기재된 성씨와 『신증동
국여지승람』 본조(조선) 인물항에 2인 이상의 공신·당상관이 적기된 성씨,
즉 89성씨를 정리하여 제시하면 다음의 표와 같다.

<표 2-3> 15세기 후반 거족성관[16]

성관	용	신동	성관	용	신동	성관	용	신동	계
신천강	*	*	창녕성	*	*	인천이	*		
진주강	*	*	밀양손	*		전의이	*	*	
청주경	*		여산송	*	*	전주이	*	*	
개성고		*	진천송	*		한산이	*	*	

14) 위 논문, 244~250쪽.
15) 위 논문, 244~250쪽.

제주고	*	*	거창신	*		흥양이		*
능성구	*		고령신	*	*	豊川任	*	
안동권	*	*	평산신	*	*	동래정	*	*
행주기	*		영산신	*	*	봉화정		*
강릉김		*	청송심	*	*	연일정	*	
경주김	*	*	순흥안	*	*	靈光丁	*	
광산김	*	*	죽산안	*	*	청주정		*
김해김	*	*	남원양		*	하동정	*	*
상산김	*	*	함종어	*	*	양주조		*
선산김	*	*	단양우	*		昌寧曺	*	*
안동김	*	*	원주원	*		白川趙	*	*
연안김		*	문화유	*	*	평양조	*	*
의성김		*	서산유	*	*	한양조	*	*
나주나	*		영광유		*	강릉최	*	*
의령남	*	*	옥천육	*		수원최	*	
교하노	*		무장 (무송)윤		*	전주최		*
신창맹	*		파평윤	*	*	해주최	*	
여흥민	*		경주이	*	*	화순최		*
고령박		*	고성이		*	진양하	*	
나주 (반남)박	*		廣州李	*	*	강릉함	*	
밀양박	*	*	덕수이	*	*	청주한	*	*
순천박	*		성주이	*	*	양천허	*	*
죽산박	*		양성이	*	*	하양허	*	*
성주배		*	연안이	*	*	남양홍	*	*
강화봉	*		영천이		*	장수황	*	*
이천서	*		용인이	*	*	합계 73	63	89

*용은 『傭齋叢話』 기재 성씨, 신동은 『新增東國輿地勝覽』 인물조에 2인 이상 기재 성씨

『조선초기 관인 이력』(졸저, 2020, 도서출판 혜안)에 수록된 조선초기 관인 중 성관이 확인된 관인은 晉州姜氏 69명 등 4,744명(종친포함)이고, 성관을 확인하지 못한 관인이 葛氏 1명 등 8,279명이었다. 이 중 성관이 확인된 4,744명의 성관 중 20명 이상을 배출한 성관과 배출 관인 수는 다음의 표와 같다.

---

16) 위 논문, 245~247쪽 〈표 3, 4〉에서 종합. 이태진, 『용재총화』에 기재된 성씨가 신천강씨 등 73성관, 『신증동국여지승람』에 기재된 성씨가 신천강씨 등 63성관, 두 책에 모두 기록된 성씨가 진주강씨 등 46성씨, 한 책에만 기록된 성씨가 청주경씨 등 43성씨다.

<表 2-4> 조선초기 20명 이상 관인 배출 성관

성관	관인수	비고	성관	관인수	비고	성관	관인수	비고
진주강	69	1,2	원주변	22		연안이	28	1,2
제주고	35	1,2	창녕성	69	1,2	전의이	72	1,2
능성구	28	1	여산송	38	1,2	용인이	27	1,2
안동권	204	1,2	고령신	32	1,2	전주이	557*	종친 489명 포함
강릉김	23	2	평산신	28	1,2	한산이	42	1,2
경주김	42	1,2	영산신	25	1,2	동래정	46	1,2
광산김	56	1,2	청송심	27	1,2	영일정	37	1
김해김	25	1,2	순흥안	59	1,2	창녕조	29	1,2
상산김	27	1,2	단양우	27	1	백천조	20	1,2
선산김	22	1,2	원주원	25	1	평양조	24	1,2
안동김	54	1,2	문화유	76	1,2	한양조	45	1,2
연안김	48	2	진주유	37		전주최	57	2
의성김	25	2	파평윤	83	1,2	진양하	42	1
의령남	37	1,2	경주이	65	1,2	청주한	91	1,2
여흥민	93	1	고성이	25	2	양천허	32	1,2
밀양박	48	1,2	광주이	34	1,2	남양홍	60	1,2
죽산박	24	1	성주이	45	1,2	장수황	21	1,2
함양박	31		양성이	20	1,2	합계	2,856*	거족49성씨 2,766명, 비거족 3성씨 90명.

*1 『용재총화』, 2 『신증동국여지성람』 2인 이상 기재성관

이 표를 볼 때 20명 이상을 배출한 성관은 53성관이고 배출한 관인은 2,856명인데, 이 중 거족 성관자가 49성관 2,766명으로 97%이고, 비거족성관이 3성관 90명으로 3%였다.

다음으로 위 표에 제시된 거족성관자 2,766명에 20명 미만으로 제외된 신천강씨 등 41성씨의 관인을 포함시켜 성관별로 그 진출관직을 보면 다음 <표 2-5>와 같다.

이 표를 볼 때 거족 성관자 2,736명의 관력은 정1~정3 당상관이 1,063명 39%이고, 정3~종6품관이 1,456명 53%이고, 정7~종9품관이 192명 7%이며, 불명이 25명 1%였다. 또 비거족 성관 관력 확인자 1,519명을 합한 4,255명에 있어서는 당상관이 25%, 참상관이 34%, 참하관이 4%, 불명이 1%를 점하였다. 이를 볼 때 거족 성관 관인은 39%~25%가 당상관을 역임하였고, 54%~34%가

〈표 2-5〉 조선초기 거족성관 관인관력

(《별표 4》에서 종합, * 태조방계포함, 태조직계제외)

	정1~정3 당상	정3~종6	7~9/불명	합계		정1~정3	정3~종6	7~9/불명	합계
신천강	6	8	1	15	영광유	4			4
진주강	26	38	5	69	서산유	6	7		13
청주경	6	7	3	16	무장(무송)윤	4	10		14
개성고		2		2	칠원윤	3	4		7
제주고	9	19	5/2	35	파평윤	40	37	5/1	83
능성구	13	12	3	28	경주이	27	36	/2	65
안동권	70	111	23	204	고성이	13	12		25
행주기	1	3		4	廣州이	19	14	1	34
강릉김	6	14	3	23	덕수이	4	4	2	10
경주김	17	23	2	42	성주이	25	19	1	45
광산김	18	34	3/1	56	양성이	12	8		20
김해김	6	19		25	연안이	12	14	1/1	28
상주김	6	19	2	27	영천이	7	9	2	18
선산김	6	16		22	용인이	5	21	1	27
안동김	20	32	2	54	인천이	8	10	1	19
연안김	23	20	5	48	전의이	28	41	3	72
의성김	6	19		25	전주이*	35	20	3/10	68
나주나	1	2		3	한산이	18	21	3	42
의령남	16	18	3	37	흥양이	3	1	9	13
교하노	6	8	2	16	豊川任	9	4	1	14
신창맹	3	3		6	동래정	18	25	3	46
여흥민	33	47	13	93	봉화정	6	5		11
고령박	3	6		9	영일정	10	23	3/1	37
나주(반남)박	5	10		15	청주정	3	5		8
밀양박	17	27	4	48	하동정	5	11	2	18
순천박	10	6	1	17	靈光丁	1	2		3
죽산박	11	12	1	24	白川趙	10	10		20
성산배	2	6		8	양주조	6	7	1	14
하음봉	3	5		8	평양조	10	12	2	24
이천서	5	12		17	한양조	16	24	5	45
창녕성	33	32	4	69	昌寧曺	9	20		29
밀양손	1	12	1	14	강릉최	9	6	2	17
여산송	13	22	3	38	수원최	1	4	1	6
진천송	4	5	1	10	전주최	14	38	5	57
거창신	7	7	1	15	해주최	5	7		12
고령신	12	18	2	32	화순최	6	8		14

평산신	7	19	2	28	진양하	10	30	2	42
靈山辛	10	14	1	25	청주한	39	47	5	91
청송심	16	10	1	27	강릉함	3	1		4
순흥안	26	32	1	59	양천허	11	21		32
죽산안	10	7	2	19	하양허	8	5	2	15
남원양	3	14		17	남양홍	32	24	4	60
함종어	3	3	1	7	장수황	6	12	1/2	21
단양우	9	16	2	27	소계	1,063	1,456	192/25	2,736
원주원	7	16	2	25	비거족	498	902	71/48	1,519
문화유	30	42	4	76	총계	1,561	2,358	263/73	4,255
서산유	6	7		13					

참상관을 역임하는 등 93%~69%, 즉 절대 다수가 정1~정6품을 역임하였다고 하겠다.

2) 非鉅族姓貫

조선초기에 확인된 관인 4,255명(종친제외) 중 비거족성관에 속한 인물은 421성관 1,519명이었는데, 그중 10명 이상을 배출한 성관과 관력별 인원은 다음의 표와 같다.

〈표 2-6〉 조선초기 비거족성관 관인관력(뒤 〈별표 4〉에서 종합)

	정1~정3당상	정3~종6	7~9/불명	계		정1~정3상	정3~종6	7~9/불명	계
청주곽	7	6		13	단양이	3	9		12
현풍곽		13		13	덕산이	6	4	1	11
안산김	4	8		12	여주이	8	4		12
언양김	3	14	2	19	영천이	7	9	2	18
일선김	2	9		11	인천이	8	10	1	19
청풍김	6	8	1	15	청주이	8	3	1	13
남평문	6	9	1	16	풍천임	9	4	1	14
반남박	4	9		13	경주정	5	8		13
상주박	3	7		10	광주정	2	8	1	11
음성박	2	8		10	진양정	5	9		14
함양박	7	18	2	27	초계정	5	13		18

홍해배	2	8		10	해주정	5	11	2	18
원주변	5	16	1	22	양주조	6	7	1	14
청주양	5	8	2	15	함안조	4	7	/1	12
보성오	5	5		10	경주최	3	13	1	17
해주오	3	7		10	삭령최	4	6		10
개성왕	7	3		10	평해최	4	6		10
전주유	4	8		12	계	118	186	23/1	328
진주유	13	22	2	37	9인이하 성관	380	708	56/47	1,191
해평윤	4	9	1	14	합계	498	894	79/48	1,519

이 표를 볼 때 비거족 성관자로 10명 이상의 관인을 배출한 47성관 328명의 관력은 정1~정3 당상관이 118명 36%이고, 정3~종6품관이 186명 57%이고, 정7~종9품관이 23명 7%이며, 불명이 1명 1%였다. 9명 이하의 관인을 배출한 376성관의 1,199명은 정1~정3 당상관이 380명 32%이고, 정3~종6품관이 708명 59%이고, 정7~종9품관이 56명 5%이며, 불명이 47명 4%였다. 또 비거족자 전체 1,527명은 정1~정3 당상관이 498명 33%이고, 정3~종6품관이 894명 59%이고, 정7~종9품관이 79명 5%이며, 불명이 48명 3%였다.

이를 볼 때 거족 성관 관인과 비거족 성관 관인의 관력은 당상관이 39%와 33%이고, 참상관이 54%와 59%이며, 참하관이 7%와 5%로 큰 차이가 없다. 그런데 당상관을 정1~정2품관과 종2~정3품관, 참상관을 정3~종4품관과 정5~종6품관으로 구분하여 거족 성관 관인과 비거족 성관 관인이 각각 정1~정2품관은 22%와 15%이고, 종2~정3당상관은 20%와 21%이고, 정3~종4 품관은 32%와 41%이며 정5~종6품관은 26%와 23%였다.[17] 즉 거족성관은

17) 거족성관 관인과 비거족성관 관인의 관력을 정1~정2, 종2~정3당상, 정3~종4, 정5~종6품관으로 구분하여 보면 다음의 표와 같다(〈별표 4〉에서 종합).

		당상관			참상관			합계
		정1~정2	종2~정3상	계	정3~종4품	정5~종6	계	
거족성관	20명이상 배출성관	436	467	903	693	560	1,253	2,154
	19명이하	126	42	162	107	96	203	365
	소계	562	509	1,063	800	656	1,456	2,519

당상관은 정1~정2품관, 참상관은 정3~종4품관이 대부분이었고, 비거족성관은 당상관은 종2~정3품관, 참상관은 정6~종6품관이 대부분이었다.

따라서 거족성관 관인은 정1~정2품이 중심이 된 당상관과 정3~종4품 당하관이 대부분이었고, 비거족성관 관인은 종2~정3품 당상관과 정3~종4품 당하관이 대부분이었다고 하겠다.

비거족	10명이상	46	72	118	146	40	86	204
	9명이하	165	215	380	427	281	708	1,086
	소계	211	287	498	573	321	894	1,390
합계		773	796	1,561	1,373	977	2,350	3,909

제3장 官人의 出仕路

조선초기 문·무·기술관과 吏屬의 出仕(入仕)路에는 文科, 武科, 蔭敍, 雜科(曆·醫·陰陽·律學), 吏科, 薦擧가 있었다.[1] 이 중 이과는 급제한 후 錄事·書吏로 제수되었다가 임기를 마치고 취재를 거쳐(합격자) 각각 정직 6·7품관이하에 제수되었는데[2] 확인된 수가 극히 적다. 여기에서는 이러한 출사로와 관련하여 문과, 무과, 음서, 잡과, 천거, 기타에 국한시켜 살펴본다.

1. 文科

조선초기에 확인된 관인 12,534명(종친 489명 제외) 중 문과급제자는 진주강씨 27명 등 2,090명이다.[3] 먼저 문과급제자를 거족성관자, 비거족성

---

1) 『태조실록』 권1, 1년 8월 신해. 평안·함경도의 부윤부와 연변 의주목·도호부 邑司에 설치된 문반과 무반 토관의 출사로는 불명하나 "토관의 遷官과 加階는 관찰사와 절도사가 본도인을 이조와 병조에 擬啓하여 제수하였다(『경국대전』 권1, 이전 외관 토관직)"고 하였음에서 관찰사와 절도사의 擬啓에 따라 제수된 것으로 추측된다,

2) 녹사는 종6품 현감·찰방, 서리는 종9품 역승 능에 제수되었다(『경국대전』 권1, 이전, 경아전.

3) 뒤 〈별표 3〉에서 종합. 조선초기(태조 2~성종 23) 급제자가 1,815명이고 고려말 급제자가 275명이며, 문과급제자가 1,585명이고 음서후 문과급제자가 156명이고 ?(출사로불명)(산관·전함관)·문과급제자가 148명이다(『국조문과방목』 ; 졸저, 2020, 『조선초기 관인 이력』, 도서출판 혜안에서 종합).

관자, 성관불명자로 구분하여 살펴보면 다음의 표와 같이 문과, 음사후
문과, ?(출사로불명)·문과급제자가 각각 거족성관자는 51%(804/1,586명)·
78%(122/156)·54%(187/348)로 53%(1,113/2,090)였다. 비거족성관자는 30%
(479)·22%(34)·28%(98)로 29%(609)였고, 성관불명자는 19%(301)·0%(0)·
16%(65)로 18%(366)였다. 이를 볼 때 거족성관자가 문과, 음서·문과, ?(출사
로불명)·문과 모두에서 비거족성과자와 성관불명자를 압도하면서 50% 이상
을 점하였다고 하겠고, 특히 거족성관자가 음서·문과자의 대부분을 점한
것은 음서의 탁음자격을[4] 고려할 때 예견되었고 실제로도 이를 잘 보여준다
고 하겠다.

〈표 3-1〉 조선초기 성관별 문과급제자 수(뒤 〈별표 3〉에서 종합)

	문과 (%)	음서·문 (%)	?·문 (%)	계(%)		문과 (%)	음·문 (%)	?·문 (%)	계 (%)
거족 성관	808 (51)	122 (78)	188 (54)	1,118 (53)	성관 불명	301 (19)	0	65 (16)	366 (17)
비거족 성관	479 (30)	34 (22)	96 (28)	609 (29)	합계	1,590 (100)	156 (100)	349 (100)	2,095 (100)

　다음으로 거족성관 문과급제자를 성관별로 보면 문과, 음서·문과, ?(출사
로불명)·문과자를 합해 다음의 표와 같이 진주강씨 등 42성관이 10~76명
총 879명을 배출하여 전체 1,113명의 79%를 점하였고, 나주박씨 등 28성관이
5~9명 총 196명으로 18%를 점하였으며, 제주고씨 등 16성관이 1~4명 총
38명으로 3%를 점하였다(영광정씨와 수원최씨는 급제자가 없다).
　비거족 성관자로 문과에 급제한 수는 다음의 표와 같이 10명 이상이
언양김씨·함양박씨·경주최씨의 3성관 40명이고, 5~9명이 봉화금씨 등 25성
관 147명이고, 2~4명이 일선김씨 등 90성관 242명이며, 1명을 배출한 성관이
화산감씨 등 150성관 150명이다.

---

4) 탁음자격은 뒤 58~59쪽 주 11) 참조.

〈표 3-2〉 조선초기 거족성관 문과급제자 수[5]

	문과	음서후문과	?·문	합계		문과	음·문	?·문	합계
신천강	7		1	8	함종어	4			4
진주강	27	5	2	34	단양우	5	3	2	10
청주경	2			2	원주원	9		5	14
개성고	1			1	무장 (무송)윤	4	3		7
제주고	8	2	3	13	칠원윤	1			1
능성구	5		2	7	파평윤	20	6	2	28
안동권	49	22	5	76	경주이	26	4	3	33
행주기	2			2	고성이	9	2	2	13
강릉김	13		4	17	廣州이	16	8	2	26
경주김	19	2	5	26	덕수이	5			5
광산김	23	1	5	29	성주이	9	3	6	18
김해김	14	4		18	양성이	5	2	2	9
상주김	7		6	13	연안이	10	1	4	15
선산김	8		2	10	永川이	8	1	1	10
안동김	15	3	7	25	용인이	8		2	10
연안김	17		5	22	인천이	3		4	7
의성김	14	2		16	전의이	21	1	5	27
의령남	12	1		13	전주이	5		2	7
교하노	2	1		3	한산이	11	5	2	18
문화류	20	1	7	28	흥양이	4			4
서산류	5		1	6	豊川任	2	2	2	6
영광류	1			1	동래정	23	2	3	28
신창맹	2			2	봉화정	4		1	5
여흥민	24	1	3	28	연일정	10		4	14
고령박	6		1	7	청주정	2	1	3	6
나주 (반남)박	5			5	하동정	4	1	1	6
밀양박	20	1	7	28	배천조	6	2	2	10
순천박	6			6	평양조	5	1	2	8
죽산박	6	1	2	9	한양조	5		4	9
성산배	4			4	창녕조	19	1		20
하음봉			1	1	강릉최	9		1	10
이천서	8		1	9	전주최	23		9	32
창녕성	22	6	4	32	해주최	6		3	9
밀양손	7			7	회순최	6		4	10
여산송	5	2	1	8	진양하	13 ·		1	14
진천송	7			7	청주한	14	3	4	21
거창신	2	2		4	강릉함	1			1

5) 뒤 〈별표 3〉에서 종합(급제자가 없는 옥천육·영광정·수원최씨 제외).

고령신	7	4	3	14	양천허	4	2	5	11
평산신	6	1	1	8	하양허	3		2	5
靈山辛	5			5	남양홍	14	1	7	22
청송심	2			2	장수황	3	1		4
순흥안	17	3	5	25	거족계	808	122	188	1,118
죽산안	6			6	비거족	479	34	96	609
남원양	7			7	합계	1,287	156	284	1,727

이를 볼 때 비거족성관은 일부 성관이 10명 이상을 배출하기도 하나 다수의 성관이 9명 이하를 배출하였고, 50% 이상이 1명을 배출하였다.

〈표 3-3〉 조선초기 비거족성관 문과급제자 수(뒤 〈별표 3〉에서 종합)

	문과	음·문	?·문	계		문과	음·문	?·문	합계
평해구	2		4	6	평창이	5			5
봉화금	3	1	1	5	함안이	5		1	6
언양김	5	3	7	15	慶州鄭	6		2	8
영광김	6		1	7	光州정	4		3	7
예안김	3		2	5	진양정	7	1		8
고성남	5	1		6	초계정	3		3	6
함양박	7		4	11	해주정	8	1		9
흥해배	7		1	8	豊壤趙	6		1	7
밀양변	4	1		5	함양조	9			9
광주안	5	1		6	인천채	2		3	5
청주양	7			7	경주최	13		1	14
보성오	4		1	5	삭령최	3	3	1	7
진주유			5	5	평해황	5		1	6
무송윤	4	2		6	소계	158	19	40	217
해평윤	6			6	일선김씨 등 90성 2~4명	193	7	42	242
광산이	4		2	6					
여주이	6			6	화산감씨 등 150성 1명	128	8	14	150
우봉이	4		1	5	총계	479	34	96	609

그 외에 성관불명인 문과급제자는 다음의 표와 같이 10명 이상 성씨가 김씨 등 9성 252명이고, 5~8명이 안씨 등 10성 59명이고, 2~4명이 곽씨 등 14성 38명이며, 1명이 고씨 등 17성 17성이었다. 성관불명자는 가계가 한미하거나 기록이 없었음에서 연유되었다고 하겠는데, 그 총수가 366명으

로 전체 문과급제자의 18%나 되었고, 또 비거족성관자에도 한미한 가문출신
이 상당수가 되었음을 감안하면 한미한 가문의 자제로서 문과에 급제하는
비중이 상당하였다고 하겠다.

〈표 3-4〉 조선초기 성관불명 문과자 수(음·문은 없다, 뒤 〈별표 3〉)

성씨	문과	?·문	계	성씨	문과	?·문	계
김씨	69	12	81	조씨	12	1	13
박씨	28	2	30	최씨	17	5	22
오씨	11	2	13	소계	208	44	252
윤씨	9	1	10	안씨등 10성 5~8명	47	12	59
이씨	37	16	53	곽씨등 14성 2~4명	34	4	38
장씨	10	1	11	고씨등 17성 1명	12	5	17
정씨	15	4	19	합계	301	65	366

2. 武科

1402년(태종 2)에 처음으로 무과가 실시된 이래 1494년(성종 25)까지
총 70회의 무과가 실시되면서[6] 3,493명의 급제자가 배출되었지만[7]『조선왕
조실록』의 한계, 조선초기 대부분의『무과방목』이 전하지 않은 한계로 인해[8]
극소수의 급제자만 확인된다. 즉 무과급제자는 확인된 관인 12,512명 중
다음의 표와 같이 각종 관찬 서적과 여러 가문의『족보(대동보)』에 수록된
인물을 합하여도 370명(거족성관자 141, 비거족성관자 96, 성관불명자 116)

---

6) 정해은, 2002,「조선후기 무과급제자 연구」, 정신문화연구원 한국학대학원 박사학위
   논문, 19쪽 〈표 1-1〉에서 종합(식년시 31회, 증광시 4회, 별시 35회).
7) 이성무, 앞 책, 150~152쪽 〈표 20〉, 156~157쪽 〈표 21〉에서 종합.
8) 『죠신왕죠실록』에는 국왕관계기사, 언관활동, 대소국정에서 논의된 정사, 문관이
   중심이 된 인사기사, 최고위 관인의 졸기, 대소변방사, 특기사항 등을 중심으로
   기록되었다. 이에서 무관(무과급제자)는 최고위 관직까지 진출하거나 대내외 변방사
   와 관련되어 활동이 현저한 경우 등을 제외하고는 수록되지 않았고, 더구나 무과급제
   여부를 기재한 경우는 그 수가 적다.

〈표 3-5〉 조선초기 성관별 무과급제자 수(뒤 〈별표 3〉)

성씨	무과 (%)	음서후 무과(%)	?·무 (%)	계 (%)	성씨	무과 (%)	음·무 (%)	?·무 (%)	계 (%)
거족성관	118	11	12	141	성관불명	93	1	18	116
비거족성관	85	4	7	96	합계	303	23	44	370

에 불과하다.

무과 급제자를 거족성관별로 보면 다음의 표와 같이 신천강씨 등 48 거족성관자가 141명으로 전체 370명의 40%였고, 화산감씨 등 비거족 성관자가 96명 26%였으며, 성관불명자가 33%였다.

이처럼 거족성관자의 무과급제자 비중이 문과급제자(79%)와 큰 차이가 있는 것은 무과급제자와 문과급제자의 신분 차이와[9] 그 시취과목에서[10]

---

9) 문과급제자는 극소수를 제외한 모두가 양반이었고, 무과급제자는 대부분이 양인이고 양반은 소수였다.

10) 문과는 난해한 경학을 20년 이상 장기간 생계에 구애되지 않고 지속적으로 익혀야 했지만 무과는 식년시는 무예나 용력이 주가 되고 보조적으로 경학을 익히면 되었으나 급하게 대규모의 인원을 선발한 별시는 간단한 용력·무예시로 선발하였다. 문과와 무과의 정기시험과목은 다음과 같다(『경국대전』 권3, 예전 제과 ; 권4, 병전 무과조).

		문과		무과	
		제술	강서	무예	강서
초시	초장	제술과 : 5경4서·의의·혹론중 2편, 명경과 : 시4서5경		초시 : 철전중6량 80보·편전 130보·기사 1 시이상, 기창 1중이상, 격구 출구문	임문
	중장	제술 : 부·송·명·잠·기중 1편, 표·전중 1편, 명경 : 4서5경중 7통2략 이상			
	종장	대책 1편			
복시	초장		4서3경(원할 시여2경·자사자)	복시 : 초시와 동	4서5경중 1서, 무경7서중 1서, 통감·병요·장감박의·무경·소학중 1서, 『경국대전』
	중장	초시와 동			
	종장	초시와 동			

〈표 3-6〉 조선초기 거족성관 무과급제자 수(뒤 〈별표 3〉)

	무과	음서후 무과	?·무	계		무과	음·무	?·무	계
신천강	1			1	파평윤	2			2
능성구		2		2	경주이	1	1		2
청주경	1			1	고성이	1			1
안동권	4			4	덕수이	3			3
광산김	1		2	3	성주이	1			1
상주김	2			2	양성이	2			2
선산김	7			7	연안이	5			5
안동김	1			1	전의이	7		1	8
연안김	15			15	전주이	1			1
의성김	2			2	동래정	2		1	3
의령남	1			1	연일정	1			1
교하노	8			8	배천조	1			1
문화류	3		1	4	평양조	1			1
여흥민	2		1	3	한양조	3			3
나주박	1			1	창녕조	2			2
밀양박	1		1	2	수원최	1			1
순천박	1		2	3	전주최	1			1
이천서	2			2	진양하	1			1
창녕성	2	2		4	청주한	2	2		4
여산송	2	1		3	양천허	1		1	2
고령신	1			1	남양홍	3		1	4
평산신	15			15	장수황	1	3		5
청송심	1			1	거족계	119	11	12	142
단양우			1	1	비거족	85	4	7	96
문화유	3			3	성씨자	93	1	18	116
원주원	2			2	합계	303	23	44	370

연유되었다고 하겠다.

비거족 성관자의 무과급제자 수를 보면 다음의 표와 같이 5명이상이 순천김·남평문·청해이씨의 3성관 17명이고, 2~4명이 원주변씨 등 17성관 41명이며, 1명이 현풍곽씨 등 38성관 38명이다.

전시	대책·표·전·잠·송 ·제조중 1편			

<표 3-7> 조선초기 비거족성관자 무과급제자 수(〈별표 3〉)

성관	무과	합계	성관	무과	음서후 무과	?·무과	합계
순천김씨	5	5	원주변씨 등 17성관 2~4명	36	1	4	41
남평문씨	6	6	현풍곽씨 등 38성관 1명	32	3	3	38
청해이씨	6	6	합계	85	4	7	96

성관불명 관인의 무과급제자 수는 위의 표와 같이 김씨 19명(무 13, ?·무 6)·장씨 6(무)·정씨 11(무 7, ?·무 4)이고, 그 외가 조씨 4명 등 28성씨 43명의 79명이다.

이를 볼 때 무과급제자는 그 수가 문과급제자와 비교가 되지 않고(2,090/ 370명), 문과급제자에 비해 비율은 낮지만 거족성관자가 142명 38%로 가장 높고, 성씨자와 비거족성관자가 31%(116)와 26%(96)였다.

3. 蔭敍

조선초기의 음서규정을 볼 때[11] 음서를 통해 출사한 관인은 그 수가

---

11) 조선 개국과 함께 제정되어 경국대전에 법제화된 음서규정을 정리하면 다음의 표와 같다(졸저, 『조선초기 정치제도와 정치』, 440~441쪽 〈표 11-3〉에서 전재).

	태조1	6(경제6전)	태종13경(속6전)	세종11	세종15경	세종27경
승음 자격	實職3品 이상[*1] 子나 孫(長子有故時 次子 나 長孫)	→	공신[*2]과 2품이상[*3] 자·손·제·질(a), 실직3품[*4] 자·손 (b), 대간·政曹역 임자 子(c)	→	→	→原從功 臣[*5] 子·孫 (d)
초직	1품長子(정·종7품), 장손·차자(강1등, 이하동), 2품장자(정 ·종8품), 3품장자(정 ·종9품)	→	사온직장동정(종 7, a), 사온부직장 동정(종8, b·c)	→	→	→
취재 시기와 절차		不定期, 講 經書1(능통 자 미실시)	부정기, 조·부·백 숙부·형제·대소 관 천거 → 예문 관, 1경 시험	→	→	→

문과급제자 보다 월등히 많았을 것이라고 추측된다. 그러나 각종 관찬자료에서 확인되는 음서자는 그 수가 약 160명(156)에 불과하다.[12] 여기에서는 음서규정과 관인의 경력을 볼 때 음서로 출사하였다고 추측되는 인물과 각 성관의 『족보(대동보)』에서 음서로 명기된 경우는 음서자에 포함하여 살피기로 한다.

〈표 3-8〉 조선초기 성관별 음서자 수(〈별표 3〉)

	음서 (%)	음서후 문과(%)	음·무 (%)	계 (%)		음서 (%)	음·문 (%)	음·무 (%)	계 (%)
거족성관	660/73	108/74	12/55	780/73	성관불명	20/2	0	0	20/2
비거족성관	223/25	37/26	10/45	270/25	합계	903	145	22	1,070

이에 따라 음서자를 보면 거족성관은 진주강씨 등 42성관이 765명으로 전체 1,055명의 72.5%이고, 비거족성관이 청주곽씨 등 성관 270명으로 25.6%이며, 성관불명자가 姜氏 등 성씨 20명 1.9%였다. 이처럼 거족성관자가 비거족 성관자를 압도하는 것은 음서규정과 그 조부의 관련을 볼 때 이미

입사연령			18세이상 (미실시)	20세 이상	25세 이상	20세 이상	→
	세조 2년	3	성종3년1월	3년3월경	15	『경국대전』	비고
승음 자격	a·b·c·d, 館閣 兩制4~6品子*5	→宣傳官·의금부 진무·5위 부장子	→	→	→홍문관 4품 이하子	공신*6과 2품 이상 자·손·서·제·질(a), 원종공신*7 자·손(b),이조·병조·도총부·사헌부·사간원·홍문관·부장·선전관 역임자 子(c)	*1 230여직, *2, *3,*4,*5 여, *6 정난·죄익·적개·익대·좌리공신, *7세조원종공신만
초직	→	→	→	→	→	a·b·c 품관이나 녹사 (자원자)	
취재 시기와 절차	→	→	→매년 1월	강 1서 1경, 매년 1월	→	매년 1월, 강 1경1서	
입사 연령	→	→	→	→	→	20세 이상	

12) 김창현, 1994, 「조선초기의 문음제도에 관한 연구」, 『국사관논총』 56, 30~34쪽 〈부표〉에서 종합.

예상된 바였지만 실제로도 이를 잘 보여준다고 하겠다.

또 거족성관자를 성관별로 보면 다음의 표와 같이 관인을 많이 배출한 진주강씨 등 11성관이 20명 이상, 총 354명을 배출하여 거족 성관자 765명의 반수를 점하였다(47.7%, 전체 1,055명의 33.6%).

〈표 3-9〉 조선초기 거족성관 음서자 수(《별표 3》)

성씨	음서	음·문	음·무	계	성씨	음	음·문	음·무	계
진주강	16	5		21	파평윤	41	6		47
제주고		2		2	경주이	14	4	1	19
능성구			2	2	고성이	8	2		10
안동권	64	22		86	廣州이	6	8		14
경주김	1	2		3	성주이	16	3		19
광산김		1		1	양성이	8	2		10
김해김	2	4		6	연안이	7	1		8
안동김	15	3		18	영천이	4	1		5
연안김	4			4	용인이	6			6
의성김	3	2		5	인천이	9			9
의령남	9	1		10	전의이	20	1		21
교하노	1	1		2	전주이	35			35
신창맹	3			3	한산이	23	5		28
여흥민	19	1		20	홍양이	6			6
밀양박	10	1	1	12	풍천임				
반남박	5			5	동래정	7	2		9
순천박	4			4	봉화정	5			5
죽산박	10	1		11	연일정				
성산배	1			1	청주정	2	1		3
하음봉	1			1	하동정	5	1		6
이천서	1			1	배천조	6	2		8
창녕성	15	6	2	13	평양조	5	1		6
밀양손	1			1	한양조	20			20
여산송	7	2	1	10	창녕조	2	1		3
진천송	1			1	강릉최	5			5
거창신	7	2		9	수원최	1			1
고령신	12	4		16	전주최	3			3
평산신		1		1	화순최	2			2
靈山辛	11			11	진양하	17			17
청송심	17			17	청주한	30	3	2	35
순흥안	20	3		23	강릉함	1			1
죽산안	8			8	양천허	5	2		7

성씨	음서			계	성씨	음서			계
남원양	3			3	하양허	6			6
함종어	1			1	남양홍	13	1		14
단양우	11	3		14	장수황	13	1	3	17
원주원	2			2	거족계	670	108	12	780
문화류	32	1		33	비거족	227	21	6	254
서산류	3			3	성씨자	21	0	1	22
영광류		1		1	합계	908	129	19	1,056
칠원윤	3			3					

비거족성관 관인의 음서자 수를 보면 다음의 표와 같이 5~10명이 안산김씨 등 12성관이 67명이고, 2~4명이 청주박씨 등 51성관 138명이며, 1명이 봉화금씨 등 49성관 49명이다. 이처럼 비거족성관자 중 음서자가 254명으로 24%(/1,041명)에 불과한 것은 음서의 특성을 고려할 때 예견되었고, 실제로도 이를 잘 보여준다고 하겠다.

〈표 3-10〉 조선초기 비거족성관 관인 음서자 수(〈별표 3〉)

성씨	음서	음·문	계	성씨	음	음·문	음·무	계
안산김	10		10	평택임	6			6
초계변	5		5	안동장	5			5
원주변	6		6	곡산한	6			6
풍산심	6		6	소계	66	1		67
청주양	5		5	청주박씨 등 51성씨~2명	127	8	3	138
곡산연	5		5	봉화금씨 등 49성씨 1명	34	12	3	49
홍양오	5	1	6	총계	227	21	6	254
해평윤	7		7					

그 외에 성관불명 관인의 음서자 수는 총 22명으로 별 의미가 없지만 이씨가 6명(음서), 박씨가 3명(음), 홍씨가 2명(음)이고, 강씨 등 10성씨가 각각 음서 1명이고 길씨가 음시후 무과급세 1명이다.

이를 볼 때 음서는 그 특성과 관련하여 거족성관자가 중심이 되었고, 이 점은 음서가 거족성관자의 유력한 출사로가 되었음을 잘 보여준다고 하겠다.

4. 雜科

잡과는 문과와 같이 실시되었고, 3년마다 실시하는 식년시에는 譯科 17인
(한학 13·왜학 2·여진학 2), 醫科 9인, 陰陽科 9인(천문학 5·지리학 2·命科學
2), 율과 9인의 총 45인을 선발하였다(증광·별시는 불명).13) 이에서 잡과자도
조선초기를 통해 1,000명 이상을 선발하였을 것으로 추측된다. 확인된 잡과
급제자는『조선왕조실록』등 관찬자료의 한계로 그 수가 극소수에 불과하다.
그렇기는 하나 여기에서는 잡과급제자는 급제후에 중앙의 사역원, 내의원·
전의감·혜민서, 관상감과 외방의 감·병영 등에서 근무하였기에14) 그 관력에
이들 관아의 각급 관직에 재직하였음이 확인된 경우는 해당 잡과를 거쳐

---

13)『경국대전』권3, 예전 제과.
14) 잡과근무자가 근무한 관아와 관직은 다음의 표와 같다(『경국대전』권1, 이전 경외
각관아 ; 권4, 병전 외관조에서 종합)

		정3	종3	종4	종5	종6	종7	종8	정9	종9	계
경관	사역원 (역관)	정1	부정1	첨정1	판관1	주부1, 한 학교수2*1	직장2	봉사3	부봉사2, 한학 훈도4, 몽·왜· 여진학훈도 각 2	참봉2	26
	내의원 (의관)	정1		첨정1	판관1	주부1	직장3	봉사2	부봉사1	참봉1	11
	전의감 (의관)	정1	부정1	첨정1	판관1	주부1, 의 학교수2	직장2	봉사2	부봉사4, 의학 훈도1	참봉5	21
	혜민서 (의관)					주부1, 의 학교수1*2	직장1	봉사1	의학훈도1	참봉4	9
	관상감 (음양관)	정1	부정1	첨정1	판관2	주부1, 천 문·지리학 교수 각1	직장2	봉사2	부봉사3, 천문 ·지리학훈도 각1, 명과학훈 도2	참봉3	22
	계	4	3	4	5	주부4, 교 수 5	8	8	부봉사6, 훈도 15	10	89
외관	8도(감영)									심약·검 률각1~3	26
	군현(명·왜 접경지)									왜·한학 훈도 각1	5
	계									31*3	31
합계		4	3	4	5	9	8	8	21	41	120

*1 문신 1 제외.   *2 문신 겸1 제외.   *3 심약 16, 검률 10, 훈도 5.

출사한 것으로 추측하여 파악한다.

잡과급제자 확인(추측)자는 총 405명(성관자 13, 성관불명자 392)인데 이 중 역관이 241명이고, 의관이 100명이고, 음양관이 49명이며, 율관이 15명이다. 역관이 잡과자의 대부분(64.9%)을 점하는 것은 역과의 선발인원이 의과(17)9)9) 등 보다 많기도 하지만 대중국 사행이나 명사접대와 관련하여 『조선왕조실록』에 많이 기록되었기 때문이다.

5. 薦擧

천거는 학행과 효행으로 천거되거나 천거되었을 것이라고 추측된 관인이다. 조선초기를 통해 천거로 출사한 관인은 천거종류, 천거관인, 천거시기가 광범위하였음에서 적어도 수백 명 이상을 상회하였을 것이라고 추측된다.[15] 이 중 관찬사료에서 확인된 천거로 출사한 관인은 100여 명이었지만[16] 여기에서는 『족보』등에 천거가 명기되거나 천거로 출사하였다고 추측된 인물을 포함하여 파악한다. 조선초기를 통해 확인되거나 추측된 천거자는 109명이었는데[17] 효행천거자가 99명이고 학행천거자가 10명이다. 효행천거자가 천거의 대부분(90.8%)을 점하는 것은 조선왕조의 통치이념인 유학의 숭상·장려에서 기인된 것이었다.

---

15) 천거에는 유일천거와 효렴천거가 있고, 예조와 도 등의 정1~종6품 관직자가 매년 초와 왕명에 따라 수시로 행해졌다. 또 무록관인 군현의 힉관인 종9품식 훈도 260어직은 내부분 소과급제자가 천거로 제수되었다(임용한, 2008,『조선전기 관리등용제도 연구』(제3장). 도서출판혜안 ; 정구선, 1995,『조선시대 천거제연구』, 초록배 참조).

16) 뒤〈별표 3〉에서 종합.

17) 졸저, 앞 책(2020), 뒤〈별표 3〉에서 종합.

6. 其他

기타에는 환관, 서리·녹사, 외국인 수직자, 충의·충찬위와 군사출신, 명사청탁자, 의빈, 특지제수자 등이 포괄되었는데 총 1,165명이 확인되었다. 이들 중 의빈을 제외한 거의 모두가 성관불명자이다.

〈표 3-11〉 조선초기 성관별 기타 출사자 수(〈별표 3〉)[18]

	환관 (%)	화원 (%)	외국인 수직자(%)					서리·녹사 (%)
			왜인	야인	한인	자바인	계	
거족 2성관	2							1
비거족 3성관	3	1	4	1	4		9	2
성관불명 173성씨	331	1	53	392	6	1	452	
합계	336	2	57	393	10	1	461	3

	충의·충찬위 (%)	군사 (%)	의빈 (%)	특지 (%)	명사청탁 (%)	그 외 (%)	합계
거족성관		11	22	2	2	7	46
비거족성관	1	16	7			8	47
성관불명						117	904
합계	1	27	29	2	2	132	997

내시부·액정서에 근무한 환관은 다음의 표와 같이 모두 336명 34%(총997명)이고, 서리·녹사가 117명 12%이고, 화원이 2명 1%이고, 외국인 수직자가 446명(여진인 360, 왜 57, 한인 8, 자바 1) 45%이고, 충의·충찬위가 31명 3%이고, 군사출신이 54명 5%이고, 명사청탁이 60명 6%이고, 의빈이 41명 4%이고, 특지가 9명 1%이며, 그 외가 117명 12%이다.

이들의 성관을 보면 환관은 336명의 다수가 확인된 것은 내시부와 액정서의 관인이 많기도 하지만,[19] 그들의 직장이 왕의 측근에서 왕과 신하간의 傳命과 宮中諸事를 관장한 고로 『조선왕조실록』에 기록된 치죄기사가 빈번하

---

18) 졸저, 앞 책(2020)에서 종합.
19) 그 관직을 보면 내시부는 종2품 尙膳 2·尙醞 1직으로부터 종9품 尙苑 5직의 59직이고, 액정서는 정6품 司謁·司綸 각1직으로부터 종9품 副司掃 9직의 28직이다(『경국대전』 권1, 이전 경관직 내시부·액정서).

였기 때문이다.[20] 환관은 거족·비거족성관이 5명 1%이고 성씨자가 331명 99%이며, 화원은 모두가 2명이기에 별 의미가 없다. 외국인수직자는 그 성격과 관련되어 461명 중 비거족성관이 9명 2%이고 성씨자가 452명 98%인데 그중 조선의 북방경영·적극적인 야인 위무책과 관련되어[21] 야인이 절대다수인 393명 74%이고, 군사는 거족·비거족성관자를 합해 27명 6%이며, 기타(의빈·특지제수자 제외)는 132명 중 거족·비거족성관자가 15명 7%이고 성씨자가 117명 89%이다.

공주(왕비소생)와 옹주(후궁소생)의 부마인 의빈은 조선초기를 통해 총 41명이 확인되었는데[22] 거족성관자가 29명 중 22명 76%이고 비거족성관자가 7명 24%이며, 특지제수는 2명 모두가 거족성관자다.

이를 볼 때 환관, 외국인수직자 등 기타 출사자는 그 관직성격, 신분과 관련되어 거족·비거족성관자는 소수에 불과하고 성씨지가 대부분이었다고 하겠다.

이상에서 조선초기에 출사로가 확인된 관인 4,958명은 문과와 음서가 60%(42%, 2,090명과 18%, 909)로 중심이 되었고, 문과와 음서자는 거족성관이 60%(53%, 1,113/2,090명과 73%, 765/1,055)로 중심이 되었다. 즉 조선초기 관인 출사로는 확인자의 수가 적은 무과자를 제외할 때 문과와 음서가

---

20) 몇 예를 적기하면 다음과 같다(〈연도〉, 졸저, 2020, 『조선초기 관인 이력』에서 종합)
   태조대 李得芬〈7〉
   세종대 李龍年〈4〉, 林昇富〈5〉, 任敬·李世〈7〉, 林長守〈8〉, 李珣〈12〉
   단종대 李澗·李崗·李貴存·李得茂〈3〉
   세조대 李閨慶〈2〉, 李淸決〈10〉, 林童〈12〉
21) 조선왕조의 북방경영 등과 관련한 대야인정책은 앞 43쪽 주 11) 참조.
22) 『璿源世譜紀略』에 기재된 태조~성종대의 부마는 총 48명이나 성종의 경우 11옹주 중 출가시기와 관련하여 4녀 경순옹주의 부마(남치원)까지만 파악한다. 성가한 역대의 공주와 옹주는 다음과 같다.
   태조 : 3궁주 2옹주   세종 : 1공주 2옹주   예종 : 1공주
   정종 : 7군주   문종 : 1공주 1옹주   성종 : 11옹주
   태종 : 4공주 13옹주   세조 : 1공주   덕종 : 1공주

중심이 되었고, 그 각각은 모두 거족성관자가 다수를 점하였다고 하겠다. 지금까지 살핀 조선초기 관인의 출사로를 종합하여 제시하면 다음의 표와 같다.

〈표 3-12〉 조선초기 관인 출사로(위 〈표 3-1~11〉)

	문과				무과			
	문과 (%)	음서후 문과(%)	?·문 (%)	계 (%)	무과 (%)	음·무 (%)	?·무 (%)	계 (%)
성관자	1,286 (81)	156 (100)	284 (81)	1,729 (82)	210 (74)	22 (96)	26 (60)	258 (74)
성관불명자	301 (19)	0	65 (19)	366 (18)	73 (26)	1(4)	18 (40)	92 (26)
합계	1,590	156	349	2,095	283	23	44	350

	음서 (%)	잡과 (%)	천거 (%)	기타[1] (%)	불명 (%)	합계* (%)	비고(*중복제외)
성관자	888/ 98	13/ 3	24/ 18	93/ 9	1,234/ 16	4,255/ 34	
성관불명자	21/ 2	392/ 97[2]	107/ 82*	904/ 91[3]	6,397/ 84	8,279/ 63	* 학행·효행자
합계	929	405	131	997	7,555	12,534	

[1] 환관, 왜·야·한·쟈바수직인.
[2] 역과, 의과, 음양과, 율과급제자.
[3] 환관, 외국수직인, 의빈, 명사청탁인, 군사·기타.

제4장 官人과 官人父祖 官歷

1. 官人官歷

1) 堂上官

조선초기에 확인된 관인 12,534명(종친제외)이 진출한 최고 관직을 보면 다음의 표와 같이 정1~종2품관은 성관자가 1,154명 27%이고, 성관불명자가 179명 2%이며, 성관자와 성관불명자를 합해서는 1,333명 11%이다.

정3품 당상관은 성관자가 407명 10%이고, 성관불명자가 325명 4%이며, 양자를 합해서는 732명 6%이다.

정1~종2품관과 정3품 당상관을 합해서는 성관자가 1,561명 37%이고, 성관불명자가 504명 6%이며, 양자를 합해서는 2,065명 16%이다.

〈표 4-1〉 조선초기 관인 성관자 최고 관력(*종친 489명제외)[1]

	정1~종2품		정3상		3~6		7~9		불명		합계	
	수	%	수	%	수	%	수	%	수	%	수	%
성관자	1,154	27	407	10	2,358	55	261	6	75	2	4,255*	34
성관불명	179	2	325	4	5,302	64	1,573	19	900	11	8,279	66
합계	1,333	11	732	6	7,660	61	1,834	15	9/5	8	12,534*	100

이를 볼 때 조선초기에 확인된 관인 12,534명의 최고 관직은 16%(2,065명)

---

1) 뒤 〈별표 4〉에서 종합.

가 정3품 당상관이상이고 84%(10,469명〈불명포함〉)가 정3품 당하관 이하였
다. 당상관과 당하관의 비율은 성관자가 성씨자에 비해 당상관은 비율이
높고 당하관은 비율이 낮았고(37%, 1,561/4,255명〉6%(504/8,279명-63%,
2687〈94%, 7775명), 당상관은 성관자가 성씨자를 압도하면서(76%, 1,561/
2,072명〉24%, 504) 대부분을 점하였다고 하겠다.

(1) 鉅族姓貫

위에서 살핀 정1품~정3품 당상관 2,377명을 거족성관과 비거족 성관으로
다시 살펴보면 다음의 표와 같이 정1~종2품관은 진주강씨 등 86거족 성관이
801명으로 전체 1,333명의 60%였고, 정3품 당상관은 262명으로 전체 732명의
36%였으며, 정1~정3품 당상관은 1,063명으로 전체 2,265명의 51%였다.

〈표 4-2〉 조선초기 거족성관 당상관 수[2]

	정1~종2	정3당상	계		정1~종2	정3당상	합계
진주강	20	6	26	영광류	3	1	4
신천강	6	0	6	무송(무장)윤	5	0	5
청주경	4	2	6	칠원윤	2	1	3
제주고	8	1	9	파평윤	30	10	40
능성구	8	5	13	경주이	17	10	27
안동권	49	21	70	고성이	11	2	13
행주기	1	0	1	廣州이	13	6	19
강릉김	2	4	6	덕수이	2	2	4
경주김	12	5	17	성주이	21	4	25
광산김	13	5	18	양성이	8	4	12
김해김	6	0	6	연안이	9	3	12
상주김	3	3	6	영천이	4	3	7
선산김	4	2	6	용인이	3	2	5
안동김	18	2	20	인천이	7	1	8
연안김	20	3	23	전의이	15	13	28
의성김	6	0	6	전주이(비종친)	26	9	35
의령남	12	4	16	한산이	14	4	18

2) 뒤 〈별표 4〉에서 종합.

교하노	5	1	6	홍양이	3	0	3
신창맹	3	0	3	豊川任	7	2	9
여흥민	27	6	33	동래정	16	2	18
고령박	1	2	3	봉화정	6	0	6
나주박	1	0	1	영일정	4	6	10
밀양박	9	8	17	청주정	3	0	3
순천박	9	1	10	하동정	5	0	5
죽산박	9	2	11	白川趙	8	2	10
성산배	1	1	2	양주조	6	0	6
하음봉	3	0	3	평양조	6	4	10
이천서	2	3	5	한양조	14	2	16
창녕성	27	6	33	昌寧曺	7	2	9
밀양손	0	1	1	강릉최	9	0	9
여산송	10	3	13	수원최	1	0	1
진천송	2	2	4	전주최	9	5	14
거창신	5	2	7	해주최	2	3	5
고령신	9	3	12	화순최	3	3	6
평산신	5	2	7	진양하	7	3	10
靈山辛	8	2	10	청주한	35	4	39
청송심	13	3	16	강릉함	3	0	3
순흥안	20	6	26	양천허	10	1	11
죽산안	8	2	10	하양허	5	3	8
남원양	3	0	3	남양홍	21	11	32
함종어	3	0	3	장수황	4	2	6
단양우	8	1	9	거족계	801	262	1,063
원주원	7	0	7	비거족	353	145	498
문화류	22	8	30	성관불명	179	325	504
서산류	4	2	6	합계	1,333	732	2,065

정3~종9품관인은 다음의 표와 같이 정3~종6품관은 진주강씨 등 80성관이 1,439명으로 전체 7,662명의 19%이고 정7~종9품관이 176명으로 전체 1,834명의 10%이며, 정3~종9품은 1,615명으로 전체 9.496명의 17%였다.

〈표 4-3〉 조선초기 거족성관 관인 정3~종9품관 수[3]

	3~6품	7~9	계		3~6품	7~9	계
진주강	38	5	43	용인이	21	1	22
제주고	19	5	24	전의이	41	3	44

---

3) 뒤 〈별표 4〉에서 종합.

안동권	121	23	144	전주이(비종친)	20	3	23
경주김	23	2	25	한산이	21	3	24
광산김	34	3	37	동래정	25	3	28
상주김	19	2	21	한양조	24	5	29
안동김	32	2	34	창녕조	20	0	20
연안김	20	5	25	전주최	38	5	43
의령남	18	3	21	진양하	30	2	32
여흥민	47	13	60	청주한	47	5	52
밀양박	27	4	31	양천허	21	0	21
창녕성	32	4	36	남양홍	24	4	28
여산송	22	3	25	소계	982	126	1,108
고령신	18	2	20	김해김씨 등 26성	316	38	354
평산신	19	2	21	19~10명			
순흥안	32	1	33	신천강씨 등 27성	136	15	151
문화류	42	4	46	9~1명			
파평윤	37	5	42	계	1,439	176	1,615
경주이	36	0	36	비거족성관	921	85	1,006
성주이	19	1	20	성씨자	5,302	1,573	6,875
				총계	7,662	1,834	9,496

거족성관 관인에 있어서는 당상관이 1,063명으로 전체 2,730명의 39%였고, 당상관에 있어서는 정1~종2품관이 802명으로 전체 당상관 1,063명의 76%였다. 또 당상관의 성관을 보면 안동권씨 등 37 성관이 70~10명씩 총 820명을 배출하여4) 77%를 점하였다.

이에서 거족성관 관인은 당상관이상 승진자가 당하관이하 승진자 보다 많았고, 안동권씨 등 40여 성관이 대부분을 점하였다고 하겠다.

---

4) 각 성관별 당상관 수는 다음과 같다(〈표 4-2〉에서 발췌).
진주강씨 26　연안김 23　청령성 33　파평윤 40　영일정 10　평양조 10
남양홍 32　능성구 13　의령남 16　여산송 13　연안이 12　전의이 28
한양조 16　안동권 70　여흥민 33　영산신 10　고성이 13　전주이 35
전주최 14　경주김 17　밀양박 17　순흥안 26　廣州이 19　한산이 18
진양하 10　광산김 18　순천박 10　죽산안 10　성주이 25　동래정 18
청주한 39　안동김 20　죽산박 11　문화류 30　양성이 12　白川조 10
양천허 11

(2) 非鉅族姓貫

비거족성관 관인 중 정1~정3품 당상관은 다음의 표와 같이 진주류씨 등 19성관이 13~15명 씩 113명이고, 순천김씨 등 90성관이 4~2명 씩 251명이며, 재령강씨 등 134성관이 1명씩 134명의 총 498명이었다.

〈표 4-4〉 조선초기 비거족성관 관인 당상관 수[5]

	정1~종2	정3당상	계		정1~종2	정3상	합계
청주곽	6	1	7	청해이	4	1	5
남평문	4	2	6	안동장	3	2	5
함양박	7	0	7	경주정	3	2	5
원주변	4	1	5	초계정	5	0	5
순창설	1	4	5	해주정	6	1	7
풍산심	3	3	6	곡산한	6	0	6
광주안	5	0	5	소계	90	23	113
청주양	3	2	5	순천김씨 등 90성관 4~2명[6]	172	79	251
보성오	4	1	5	재령강씨 등 134성관 각1명	91	43	134
개성왕	7	0	7	비거족계	353	145	498
덕산이	3	3	6	거족	801	262	1,063
여주이	8	0	8	성관불명	179	325	504
청주이	8	0	8	총계	1,333	732	2,065

비거족 성관 관인은 정1~종2품관이 353명으로 당상관 498명의 70%이고,

---

5) 뒤 〈별표 4〉에서 종합.
6) 90성관은 다음과 같다.
   금천강 일선김 영해박 청주송 해주오 단양이 장흥임 함안조 회덕황 창원공
   함창김 운봉박 영월신 흥양오 벽진이 평택임 충주지 영천황보 평해구 해평김
   음성박 부유심 고흥유 부평이 단양장 연안차 예천권 함열남궁 거제반 충주안
   전주유 상산이 인동강 경주최 순천김 광수노 성산배 중화양 기계유 아산이
   남양전 삭령최 안산김 장흥마 흥해배 충주어 남원윤 안악이 광주정 영천최
   언양김 신창맹 밀양변 영월엄 해평윤 양산이 나주정 통주최 영광김 고령박
   초계변 함양여 가평이 우봉이 청주정 광주탁 영동김 고양박 달성서 곡산연
   개성이 장수이 남평조 창원평 예안김 비안박 경주설 파주염 광산이 평창이
   순창조 창원황 원주김 상주박 평해손 동복오 길주이 함평이 홍양조 평해황

정3품 당상관이 154명으로 30%였다. 그러나 전체 당상관에 있어서는 비거족 성관 당상관은 거족성관 당상관에 비하여는 정1~종2품관은 물론 정3품 당상관 모두 그 비율이 크게 낮았다(60%, 801/1,333명〉26%, 353, 28%, 262/732〉 20%, 145).

정3~종9품관인은 다음의 표와 같이 정3~종6품관은 10명 이상이 현풍곽씨 등 10성관 127명이고, 5~9명이 일선김씨 등 48성관 303명이고, 2~4명이 평해구씨 등 128성관 331명이며, 1명이 화산김씨 등 141성관 141명이다. 정7~종9품관은 언양김씨 등 7성관이 10명이고, 5~9명이 22명이고, 2~4명이 21명이며, 1명이 18성관 18명이다. 이러한 각급 관인 수를 거족성관과 비교해 보면 당상관은 물론 당하관 이하도 모두가 낮았다(60〉26, 19〉12, 7〉0.5%).

〈표 4-5〉 조선초기 비거족성관 관인 정3~종9품관 수[7]

	정3~종6	정7~종9	계		정3~종6	정7~종9	계
현풍곽	13	0	13	경주최	13	1	14
봉화금	10	0	10	소계	127	10	137
언양김	14	2	16	일선김씨 등 48성관[8] 9~5명	303	22	325
남평문	9	1	10	평해구씨 등 128성관[9] 4~2명	331	21	352
원주변	16	1	17	회산김씨 등 159성관 1명	141	18	159
청주양	8	2	10	계	902	71	973
진주류	22	2	24	거족성관	1,456	192	1,648
해평윤	9	1	10	성씨자	5,302	1,573	6,875
초계정	13	0	13	총계	7,660	1,836	9,496

---

7) 뒤 〈별표 4〉에서 종합.
8) 47성관은 다음과 같다.
　　청주곽　상주박　달성서　해주오　선산이　광주정　충주지　순천김　음성박
　　연안송　홍양오　안성이　온양정　인천채　안산김　충주박　진천송　전주유
　　평창이　진양정　강화최　영광김　흥해배　영월신　공주이　함안이　해주정
　　창원황　청풍김　초계변　제주양　단양이　평택임　양주조　평해황　고성남
　　면천복　함양여　덕산이　덕수장　풍양조　감천문　하음봉　보성오　덕수이
　　경주정　함안조

(3) 姓貫不明者

성관불명자는 다음의 표와 같이 당상관은 10명이상이 姜氏 등 17성씨가
597명 77%(총 771명)이고, 5~9명이 辛氏 등 16성씨 121명 16%이고, 2~4명이
邊氏 등 19성씨 37명 5%이며, 1명이 고씨 등 16성씨 16명 2%이다.

그런데 당상관의 대부분을 점한 17성씨를 보면 그 대부분이 관인과 당상관의
대부분을 점한 성관의 성씨였다.[10] 이에서 성관불명 성씨의 당상관도 당상관을
많이 배출한 성관자의 경향과 같이 대성 성씨가 중심이 되었다고 하겠다.

---

9) 101성관은 다음과 같다.

금천강	희천김	수원백	충주안	진성이	용궁전	신창표	장흥고	안정나
밀양변	충주양	청안이	나주정	곡산한	창원공	광산노	청주석	수원이
청주이	서산정	김해허	선산곽	신창맹	보성선	순창이	청해이	나주정
태인허	평해구	사천목	경주설	순천이	하빈이	영광정	성주현	예천권
단성문	순창설	아산이	함평이	의성정	진주형	경산김	영산문	진주소
여주이	합천이	순창조	풍산홍	고령김	고성박	일직손	영해이	충주이
임천조	홍주홍	부안김	군위박	덕산송	예안이	교동인	횡성조	덕산황
삼척김	무안박	신평송	우계이	장흥임	상주주	상주황	영동김	고양박
야성송	원주이	안동장	여양진	영천황보	예안김	영해박	은진송	익산이
인동장	평강채	울산김	춘천박	아주신	장성이	진천장	철원최	원주김
대구배	삼척심	장수이	창녕장	통주최	일선김	분성배	풍산심	재령이
경산전	흥해최							

10) 이들 성씨와 관련된 성관의 확인된 관인 수와 당상관 수는 다음의 표와 같이 우씨를
제외한 모두가 관인이 100명 이상이고, 당상관이 10명 이상이다(단위 명, 앞 〈표
2-5〉와 뒤 〈별표 4〉에서 종합).

관인		당상관		관인		당상관	
성씨	수	성관	수	성씨	수	성관	수
姜氏	213	진주강씨등 2성관	29	尹氏	377	파평윤씨등 8성관	57
권	312	안동권씨등 2성관	72	이	2,509	경주이씨등 57성관	288
김	1,918	강릉김씨등 39성관	162	鄭	547	동래정씨등 14성관	71
노	109	교하노씨등 5성관	12	曺	111	창녕소씨등 4성관	14
박	750	고령박씨등 19성관	71	趙	385	배천조씨등 13성관	63
송	203	여산송씨등 7성관	209	최	595	강릉최씨등 14성관	61
안	259	순흥안씨등 6성관	46	홍	205	남양홍씨등 3성관	34
우	79	단양우씨	7	황	158	장수황씨등 6성관	17
柳	230	문화유씨등 8성관	61	계	8,990		1,274

<표 4-6> 조선초기 성관불명 관인 당상관 수[11]

	정1~종2	정3상	계		1~2	3상	계
姜氏	9	5	14	趙氏	20	10	30
권씨	7	3	10	최씨	21	13	34
김씨	81	46	127	홍씨	16	8	24
盧씨	7	4	11	황씨	11	3	14
박씨	23	14	37	소계	346	251	597
송씨	3	8	11	신씨등 16성씨[12] 9~5명	80	41	121
안씨	8	4	12	邊씨등 19성씨[13] 4~2명	33	14	37
우씨	3	36	39	고씨등 16성 1명	9	7	16
류씨	7	5	12	계	468	313	771
윤씨	11	3	14	거족성관	801	262	1,063
이씨	96	71	167	비거족성관	353	145	498
정씨	14	12	26	합계	1,622	720	2,332
曺氏	9	6	15				

성관불명 정3~종9품 관인수는 다음의 표와 같이 1,000넝 이상은 김씨와
이씨 2성씨 2,182명 36%이고, 100명 이상은 姜·宋·安·吳·柳·尹·張·鄭·趙·崔·

<표 4-7> 조선초기 성관불명 관인 정3~종9품관 수[14]

	정3~종6	정7~종9	계		3~6	7~9	계
姜氏	88	22	110	任씨	38	8	46
康씨	31	4	35	林씨	59	21	80
고씨	26	11	37	장씨	68	38	106
곽씨	23	0	23	田씨	13	9	22
권씨	74	12	86	全씨	52	17	69
김씨	912	216	1,128	鄭씨	250	50	300
나씨	14	8	22	丁씨	12	4	16
남씨	36	5	41	曺씨	47	10	57
노씨	58	11	69	趙씨	177	38	215
方씨	11	1	12	周씨	16	6	22

---

11) 뒤 〈별표 4〉에서 종합.
12) 16성씨는 다음과 같다.
　　文, 閔, 薛, 孫, 辛, 楊, 呂, 吳, 王, 兪, 任, 林, 張, 全, 車, 許氏.
13) 19성씨는 다음과 같다.
　　康, 慶, 高, 都, 馬, 潘, 邊, 徐, 沈, 梁, 嚴, 元, 劉, 印, 朱, 池, 陳, 平, 許氏.

배씨	41	10	51	朱씨	17	6	23
ト씨	7	7	14	池씨	18	1	19
邊씨	15	7	22	陳씨	32	11	43
서씨	44	30	74	차씨	12	9	21
손씨	33	21	54	채씨	15	3	18
송씨	81	27	108	최씨	256	97	353
申씨	72	22	94	波씨	11	2	13
辛씨	39	13	52	평씨	10	1	11
심씨	15	8	23	하씨	32	19	51
안씨	108	31	139	한씨	109	45	154
梁씨	24	9	33	허씨	40	17	57
楊씨	27	7	34	홍씨	85	24	109
엄씨	8	5	13	황씨	85	15	100
呂씨	6	4	10	소계	4,463	1,319	5,782
오씨	80	23	103	경씨 등 69성씨 9~2명15)	162	48	210
柳씨	132	22	154	금씨 등 6성 1명	4	2	6
劉씨	19	11	30	계	4,629	1,369	5,998
兪씨	24	7	31	거족성관	1,456	192	1,648
윤씨	152	53	205	비거족성관	902	71	973
李씨	795	259	1,054	총계	6,987	1,632	8,619
伊씨	14	2	16				

韓·洪·黃氏 등 13성씨 2,156명 36%이고, 10~99명이 康氏 등 38성씨 3,626명 60%이고, 2~9명이 경씨 등 69성씨 210명 4%이며, 1명이 금씨 등 6성씨 6명 1%이다. 이러한 성관불명 성씨의 정3~종9품관의 경향도 당상관의 경향과 같이 관인과 당상관을 많이 배출한 성씨가 중심이 되었다.

이러한 관력분석, 특히 당상관의 관력분석을 보면 성현의 『용재총화』와 『신증동국여지승람』 본조 인물조의 분석을 통해 추가시킨 거족성관은 이태진도 제시하였지만,16) 다음에서 분석된 바와 같이 15세기 후반에 각 가문이

---

14) 뒤 〈별표 4〉에서 종합.
15) 68성씨는 다음과 같다.
公, 孔, 仇, 丘, 奇, 吉, 魯, 都, 馬, 孟, 睦, 房, 奉, 史, 撤, 石, 偰, 薛, 葉, 蘇, 時, 愼, 艾, 也, 魚, 余, 延, 廉, 玉, 王, 龍, 禹, 魏, 庚, 陸, 殷, 乙, 而, 印, 因, 者, 錢, 井, 諸, 照, 早, 宗, 重, 之, 智, 秦, 澂, 肖, 抄, 充, 卓, 塔, 土, 把, 八, 皮, 奚, 玄, 夾, 好, 扈, 皇甫, 回.

배출한 관인-가세를 정확히 반영하였다고 보기 어렵다.

① 위에서 제시된 89거족성관 가운데 ㄱ) 50성관은 안동권씨 등 37성관은 10명 이상의 당상관을 포함한 관인 20명 이상, 제주고씨 등 12성관은 당상관은 10명 미만이나 관인은 20명 이상, 죽산안씨는 10명의 당상관을 포함한 19명의 관인을 각각 배출하였음에서 가세가 크게 번성하였다고 하겠다. ㄴ) 14성관은 신천강씨 등 8성관은 당상관 5명 이상을 포함한 15명 이상, 풍천임씨 등 6성관은 3명 이상의 당상관을 포함한 10명 이상의 관인을 배출하였음에서 가세가 번성하였다고 하겠다. ㄷ) 나머지 28성관은 서산유씨 등 4성관은 5명 이상의 당상관과 10명 이상의 관인을 배출하고 나주박씨는 4명의 당상관을 포함한 15명의 관인을 배출하였으며, 행주기씨 등 14성관은 1~4명의 당상관을 포함한 2~9명의 관인을 배출하였음에서 가세가 번창하였다고 보기 어렵다.

② 반면에 위 성관에 포함되지 못한 성관 중 晉州柳氏 등 13성관은 5명 이상의 정1~정3품 당상관 등 11~37명의 관인을 배출하였음과 같이[17] 거족성관에 못지않게 가세가 번창하였다.

이를 볼 때 『용재총화』와 『신증동국여지승람』 인물조에 기재된 인물을 기준으로 한 성관-거족성관-구분은 당시의 실상을 정확하게 반영하였다고 보기 어렵고, 굳이 가세가 번창한 성관을 여타 양반 성관과 구분하자면 『용재총화』 등에 적기된 성관과 이에 포함되지 않은 성관을 포함시키는 것이 합당하다고 생각된다. 거족성관으로 적기된 89성관과 여기에 포함되지 아니한 성관으로 10명 이상의 당상관과 20명 이상의 관인을 배출한 성관을 제시하면 다음의 표와 같다.

---

16) 이태진, 1975, 「15세기 후반기의 '거족'과 명족의식」, 『한국사론』 3.
17) 그 성관과 배출관직은 뒤 〈표 4-8〉 그 외 성관 참조.

<표 4-8> 조선초기 거족성관과 그 외의 유력성관 관인 수
(관력불명 제외, 유력가문은 저자 제시)[18]

		당상관			정3~종9	계	비고
		정1~종2	정3상	계	(불명포함)		
거족 성관[1]	진주강	20	6	26	43	69	유력가문
	신천강	6	0	6	9	15	
	청주경	4	2	6	10	16	
	제주고	8	1	9	24	33	유
	능성구	8	5	13	15	28	유
	안동권	49	21	70	134	204	유
	행주기	1	0	1	3	4	
	강릉김	2	4	6	17	23	유
	경주김	12	5	17	25	42	유
	광산김	13	5	18	37	55	유
	김해김	6	0	6	19	25	유
	상주김	3	3	6	21	27	유
	선산김	4	2	6	16	22	유
	안동김	18	2	20	34	54	유
	연안김	20	3	23	25	48	유
	의성김	6	0	6	19	25	유
	의령남	12	4	16	21	37	유
	교하노	5	1	6	10	16	
	신창맹	3	0	3	3	6	
	여흥민	27	6	33	60	93	유
	고령박	1	2	3	6	9	
	나주박(반남)	3	2	5	10	15	유
	밀양박	9	8	17	31	48	유
	순천박	9	1	10	7	17	유
	죽산박	9	2	11	13	24	유
	성산배	1	1	2	6	8	
	하음봉	3	0	3	5	8	
	이천서	2	3	5	12	17	
	창녕성	27	6	33	36	69	유
	밀양손	0	1	1	13	14	
	여산송	10	3	13	25	38	유
	진천송	2	2	4	6	10	
	거창신	5	2	7	8	15	
	고령신	9	3	12	20	32	유
	빙산신	5	2	7	21	28	유
	靈山辛	8	2	10	15	25	유
	청송심	13	3	16	11	27	유

18) 앞 〈표 4-2, 4〉에서 종합.

순흥안	20	6	26	33	59	유
죽산안	8	2	10	9	19	유
남원양	3	0	3	14	17	
함종어	3	0	3	4	7	
단양우	8	1	9	18	27	
원주원	7	0	7	18	25	유
文化柳	22	8	30	46	76	유
서산류	4	2	6	7	13	
영광류	3	1	4	0	4	
무송윤(무장)	4	0	4	10	14	
칠원윤	2	1	3	4	7	
파평윤	30	10	40	43	83	유
경주이	17	10	27	38	65	유
고성이	11	2	13	12	25	유
廣州이	13	6	19	15	34	유
덕수이	2	2	4	6	10	
성주이	21	4	25	20	45	유
양성이	8	4	12	8	20	유
연안이	9	3	12	16	28	유
영천이	4	3	7	11	18	
용인이	3	2	5	22	27	유
인천이	7	1	8	11	19	
전의이	15	13	28	44	72	유
전주이(비종친)	26	9	35	33	68	유
한산이	14	4	18	24	42	유
홍양이	3	0	3	10	13	
豊川任	7	2	9	5	14	
동래정	16	2	18	28	46	유
봉화정	6	0	6	5	11	
영일정	4	6	10	27	37	유
청주정	3	0	3	5	8	
하동정	5	0	5	13	18	
白川趙	8	2	10	10	20	유
양주조	6	0	6	8	14	
평양조	6	4	10	14	24	유
한양조	14	2	16	29	45	유
昌寧曺	7	2	9	20	29	유
강릉최	9	0	9	8	17	
수원최	1	0	1	5	6	
전주최	9	5	14	43	57	유
해주최	2	3	5	7	12	
화순최	3	3	6	8	14	
진양하	7	3	10	32	42	유

	청주한	35	4	39	52	91	유
	강릉함	3	0	3	1	4	
	양천허	10	1	11	21	32	유
	하양허	5	3	8	7	15	
	남양홍	21	11	32	28	60	유
	장수황	4	2	6	15	21	유
	소계	801	262	1,063	1,667	2,730	52성관
그외 유력 성관*2	진주류	9	4	13	24	37	유
	청주곽	6	1	7	6	13	유
	청풍김	4	2	6	9	15	유
	남평문	4	2	6	10	16	유
	함양박	7	0	7	20	27	유
	원주변	4	1	5	17	22	유
	청주양	3	2	5	10	15	유
	해평윤	4	0	4	10	14	유
	덕산이	3	3	6	5	11	유
	여주이	8	0	8	4	12	유
	청주이	3	5	8	4	12	유
	초계정	5	0	5	13	18	유
	해주정	6	1	7	9	16	유
	소계	66	21	87	141	228	12성관
합계		867	283	1,150	1,808	3,048	67성관

*1 『용재총화』와 『신증동국여지승람』 본조 인물항에 2인 이상 기재 성씨(내용은 앞 〈표 2-3〉 참조).
*2 저자 보

지금까지 살핀 조선초기 관인의 최고 관력을 정리하면 다음 표와 같다.

〈표 4-9〉 조선초기 관인 최고 관직(* 종친 489명 제외)[19]

		정1~종2품		정3 상		3~6		7~9		불명		합계	
		수	%	수	%	수	%	수	%	수	%	수	%
성 관 자	거족	801	29	262	10	1,456	53	189	7	22	1	2,730*	22
	비거족	344	23	154	10	894	59	79	5	43	3	1,514	12
	계	1,145	27	416	10	2,350	55	268	6	65	2	4,244*	34
성관불명		174	4	325	44	5,302	66	1,573	84	900	96	8,280	66
합계		1,319	100	741	100	7,652	100	1,841	100	965	100	12,534*	100

19) 앞 〈표 4-1~8〉에서 종합.

2. 官人父祖 官歷

1) 姓貫官人

(1) 鉅族姓貫

조선초기 관인부조의 최고 관직(관계)을 보면 확인자 3,395명은 다음의 표와 같이 정1~종2품관은 성관자가 2,153명(/2,171) 99%이고 성씨자가 18명 1%이다. 정3품 당상관은 성관자가 336명(/342) 98%이고, 성씨자가 6명 1%이다. 정1~정3품 당상관은 성관자가 2,489명(/2,513) 99%이고, 성씨자가 24명 1%이다.

<표 4-10> 조선초기 관인 부조 최고 관력(*종친 489명제외)[20]

	정1~종2품		정3상		3~6		7~9		불명		합계	
	수	%	수	%	수	%	수	%	수	%	수	%
성관자	2,153	99	336	98	893	99	38	78	835	9	4,255*	34
성씨자	18	1	6	2	48	1	9	22	8,198	91	8,279	66
합계	2,171	17	342	3	941	7	47	1	9,033	100	12,534*	100

위에서 살핀 성관 당상관 2,489명을 거족성관과 비거족성관으로 다시 살펴보면 다음의 표와 같이 정1~종2품관은 진주강씨 등 89성관이 1,505명 (/2,160) 70%이고 비거족성관이 638명 29%이며, 정3품 당상관은 거족성관이 208명 61%(/342)이고 비거족성관자가 128명 39%이다. 성씨자는 정1~종2품관이 18명 1%이고 정3품 당상관이 6명 2%이다. 정1~정3품 당상관은 거족성관이 1,713명(/2,502) 68%이고, 비거족성관이 766명 31%이다.

---

20) 뒤 <별표 5>에서 종합.

〈표 4-11〉 조선초기 거족성관 관인 부조 당상관 수(*종친제외)²¹⁾

	정1~종2품	정3품 당상	합계		정1~종2품	정3품 당상	합계
진주강	27	1	28	문화류	48		48
신천강	3	1	4	서산류	7	3	10
청주경	8	2	10	영광류	2	1	3
개성고		1	1	칠원윤	4		4
제주고	15	8	23	파평윤	63	11	74
능성구	21	3	24	경주이	34	6	40
안동권	105	21	126	고성이	18		18
행주기	2	1	3	廣州이	24	4	28
강릉김	5		5	덕수이	5	1	6
경주김	24	2	26	성주이	35		35
광산김	25		25	양성이	16	1	17
김해김	7		7	연안이	8	8	16
상주김	7	1	8	영천이	16		16
선산김	6	1	7	용인이	14	6	20
안동김	28	10	38	인천이	15	1	16
연안김	42		42	전의이	41	6	47
의성김	8	2	10	전주이*	42		42
의령남	20	1	21	한산이	39	2	41
교하노	12	2	14	홍양이	8	1	9
신창맹	3	2	5	豊川任	11	1	12
여흥민	51	9	60	동래정	26	3	29
고령박		1	1	봉화정	10	1	11
나주박	2		2	영일정	22	2	24
밀양박	18	7	25	청주정	7		7
순천박	15	1	16	하동정	8	8	16
죽산박	17	2	19	白川趙	18	1	19
성산배	5		5	평양조	15	4	19
하음봉	4	1	5	한양조	34	5	39
이천서	2	5	7	昌寧曹	13	3	16
창녕성	42	3	45	강릉최	9		9
밀양손	3		3	수원최	3		3
여산송	11	8	19	전주최	25	1	26
진천송	2	2	4	화순최	1	3	4
거창신	13		13	진양하	22		22
고령신	25	6	31	청주한	57	10	67
평산신	12	4	16	강릉함	2		2
靈山辛	15	2	17	양천허	17	1	18
청송심	23		23	하양허	9	3	12

21) 뒤 〈별표 5〉에서 종합.

순흥안	45	5	50	남양홍	33	1	34
죽산안	10		10	장수황	20		20
남원양	3	4	7	소계	1,505	208	1,713
함종어	2		2	비거족	638	128	766
단양우	21	1	22	성관불명	18	6	24
원주원	6		6	총계	2,171	342	2,513

이를 볼 때 당상관의 부조는 성관자가 24명을 제외한 모두였고, 성관자는 거족성관이 거의 모두였다고 하겠다. 조선초기 관인 부조 정3~종6품과 정7~종9품 관인은 앞에서 분석된 당상관과 같이 성관자가 대다수였다 (99%⟨893/898명⟩·78%⟨38/49⟩, 1%⟨5⟩·22% ⟨11⟩).

성관자를 거족성관과 비거족성관으로 구분해 볼 때도 다음의 표와 같이 3~6품관은 진주강씨 등 89거족성관이 515명(/898)으로 57%이고, 7~9품관은 14명(/49) 29%이다.

⟨표 4-12⟩ 조선초기 거족성관 관인 부조 정3~종9품관 수[22]

	3~6품	7~9	계		3~6	7~9	계
진주강	12		12	죽산안	6	0	6
신천강	5		5	남원양	7	0	7
청주경	6		6	함종어	5	0	5
제주고	4	3	7	원주원	13	0	13
안동권	57	4	61	문화류	22	0	22
강릉김	8	0	8	무송(무장)윤	6	0	6
경주김	7	0	7	경주이	16	0	16
광산김	15	0	15	연안이	7	0	7
김해김	7	0	7	전의이	19	0	19
상주김	12	0	12	동래정	13	0	13
선산김	8	0	8	昌寧曺	7	1	8
안동김	9	1	10	전주최	5	0	5
의성김	10	0	10	화순최	6	0	6
의령남	10	0	10	진양하	9	0	9
여흥민	17	0	17	청주한	12	0	12
고령박	5	0	5	양천허	9	0	9
밀양박	8	0	8	남양홍	12	0	12

22) 뒤 ⟨별표 5⟩에서 종합.

반남박	9	0	9	소계(5이상)	433	11	444
이천서	8	1	9	능성구씨 등 26성관 4~2명23)	70	3	73
창녕성	7	0	7	행주기씨 등 7성관 1명	7	0	7
밀양손	5	0	5	거족계	515	14	529
여산송	18	0	18	비거족	378	24	402
진천송	6	0	6	성관불명	5	11	16
靈山辛	6	1	7	총계	898	49	947

(2) 非鉅族姓貫

비거족성관 정1~정3품 당상관은 다음의 표와 같이 정1~종2품 관은 5명
이상이 순천김씨 등 47성관 382명(/766) 50%이고, 2~4명이 청도김씨 등
81성 314명 41%이며, 1명이 재령강씨 등 70성관 70명 9%이다.

〈표 4-13〉 조선초기 비거족성관 관인 부조 당상관 수[24]

성씨	정1~종2	정3상	계	성씨	1~2	3상	계
순천김	7	1	8	단양이	8	2	10
안산김	12	0	12	덕산이	10	0	10
언양김	10	3	13	여주이	7	0	7
원주김	6	1	7	우봉이	4	1	5
일선김	7	1	8	청주이	11	2	13
청풍김	5	4	9	청해이	6	0	6
남평문	12	0	12	평창이	2	4	6
함양박	13	3	16	함안이	5	0	5
홍해배	9	0	9	평택이	7	0	7
密陽卞	5	1	6	光州鄭	4	4	8
초계변	7	0	7	진양정	4	1	5
原州邊	14	0	14	초계정	5	1	6
경주설	6	0	6	해주정	10	2	12
경주손	3	2	5	淳昌趙	4	1	5

23) 그 외의 25성관은 다음과 같다.
　　연안김　하음봉　순흥안　廣州李　용인이　평양조　해주최　교하노　평산신
　　단양우　덕수이　인천이　한양조　나주박　거창신　칠원윤　성주이　홍양이
　　강릉최　죽산박　청송심　파평윤　양성이　풍천임　수성최

연안송	4	1	5	강화최	6	1	7
영월신	6	0	6	경주최	6	1	7
청주양	8	1	9	삭령최	2	4	6
곡산연	5	0	5	통주최	5	0	5
동복오	5	0	5	곡산한	8	0	8
보성오	9	1	10	창원황	4	1	5
해주오	4	1	5	소계	326	56	382
홍양오	7	0	7	청도김씨 등 81성관 4~2명[25]	263	51	314
진주류	21	5	26	재령강씨 등 70성관 1명	49	21	70
해평윤	12	0	12	소계	638	128	766
가평이	3	3	6	거족	1,505	208	1,713
공주이	4	1	5	성관불명	18	6	24
광산이	4	2	6	총계	2,171	342	2,513

정3~종9품관은 다음의 표와 같이 5명 이상이 청주곽씨 등 10성관 62명
(/402) 15%이고, 2~4명이 현풍곽씨 등 76성관 230넝 57%이며, 1명이 재령강
씨 등 110성관 110명 27%이다.

〈표 4-14〉 조선초기 비거족성관 관인 부조 정3~종9품관 수[26]

성씨	3~6품	7~9품	계	성씨	3~6	7~9	계
청주곽	5	0	5	초계정	6	0	6
平海丘	5	0	5	소계	60	2	62

24) 뒤 〈별표 5〉에서 종합.
25) 청도김씨 외의 82성관은 다음과 같다.

봉화금 장흥마 수원백 울산오 벽진이 장수이 나주정 태인허 고령김
사천목 달성서 함양오 봉산이 함평이 서산정 풍산홍 나주김 경주박
순창설 개성왕 성산이 홍주이 진보조 홍주홍 영광김 고양박 일직손
江陵劉 수원이 교동인 풍양조 평해황 영동김 상주박 야성송 杞溪兪
아산이 장흥임 함안조 영천황보 청도김 영해박 부유심 창원유 안성이
덕수장 충주지 희천김 운봉박 廣州안 남원윤 안악이 안동장 여양진
고성남 음성박 제주양 개성이 양산이 홍성장 낙주최 광주노 창원박
충주어 京山이 영양이 南陽田 永川崔 장연노 대구배 함양여 길주이
영해이 慶山全 광주탁 밀양당 분성배 의령여 담양이 예안이 경주정
김해허

26) 뒤 〈별표 5〉에서 종합.

강릉박	5	0	5	현풍곽씨 등 76성관[27] 4~2명	213	17	230
상주박	6	0	6	재령강씨 등 110성관 1명	105	5	110
음성박	6	0	6	비거족계	378	24	402
충주박	7	0	7	거족	515	14	529
全州柳	7	1	8	성관불명	5	11	16
진주류	5	1	6	총계	898	49	947
경주정	8	0	8				

이를 볼 때 관인 부조관력은 거족성관이 정1~정3품 당상관은 물론 정3~종6
품관도 대부분을 점하였고(68, 56%), 비거족 성관은 그 모두가 거족성관의
경향과 큰 차이가 있었다(39, 42%).

2) 성관불명자

성관불명 관인 부조 최고 관직은 다음 표와 같이 정1~정3품 당상관은

〈표 4-15〉 조선초기 성관불명 관인 부조 정1~정3품 당상관 수[28]

	정1~종2	정3당상	계		1~2	3상	계
김씨	4	1	5	소계	18	6	24
이씨	3	1	4	거족	1,505	208	1,713
최씨	4	0	4	비거족	638	128	756
양씨	2	1	3	총계	2,171	342	2,513
강씨등 8성씨 각1명	5	3	8				

---

27) 그 외의 76성관은 다음과 같다.
　　현풍곽　풍천노　南陽房　신평송　무송庾　하빈이　남평조　성주현　봉화금　성주도
　　분성배　해평송　남원윤　덕수장　임천조　상주황　해평길　사천목　초계변　아주신
　　양주윤　안동장　함안조　우주황　언양김　남평문　원주변　삼척심　해평윤　인동장
　　驪陽陳　창원황　영동김　단성문　면천복　풍신심　딕수이　龍宮全　豊基秦　평해황
　　예안김　영산문　달성서　廣州안　성산이　진양정　평강채　영천황보　일선김　고성박
　　충주석　중화양　순천이　해주정　삭령최　청풍김　고양박　보성선　함양여　안성이
　　羅州丁　永川최　안정나　무안박　순창설　해주오　여주이　영광정　신창표　광주노
　　함양박　덕산송　풍산柳　진성이　의성정　단계하
28) 뒤 〈별표 5〉에서 종합.

그 수가 24명에 불과하여 의미를 부여하기 어렵지만, 2명 이상이 김씨 등 4성관 16명(/24)이 67%로 대다수를 점하였고, 1명이 강씨 등 8명 33%였다.

정3~종9품관 또한 그 수가 57명에 불과하여 의미를 부여하기 어렵지만 5명 이상이 김씨 등 4성관 30명(/57) 53%로 반수 이상을 점하였고, 2~4명이 장씨 등 6성 14명 25%였고, 1명이 강씨 등 13성 13명 23%였다. 정3~종9품관은 그 수가 24명에 불과하기 때문에 별 의미가 없지만 정3~종6품관이 5명 31%이고 정7~종9품관이 11명 69%이다.

3. 官人官歷과 官人父祖 官歷

1) 鉅族姓貫

앞에서 살폈듯이 성관자 중 거족성관 관인은 정1~정3품 당상관은 2,065명 중 1,063명으로 51%를 점하였고, 정3~종6품관은 21%(1,456/6,987명)였으며, 정7~종9품관은 12%(192/1,632)였다.[29] 관인부조의 최고 관력은 정1~정3품 당상관이 1,713명 68%(/2,502)였고, 정3~종6품관이 515명 57%(/898명)였으며, 정7~종9품관이 14명 29%(/49명)였다.[30]

거족성관 관인의 최고 관력과 관인부조의 최고 관력을 연관시켜 보면 다음의 표와 같이 정1~종2품 당상관 801명은 그 부조의 최고 관력이 정1~종2품은 573명 72%이고, 정3품 당상관이 54명 7%이고, 정3~종6품이 112명 14%이며, 정7품~종9품·불명이 62명 1%였다. 정3품 당상관 262명은 정1~종2품이 158명 60%이고 정3품 당상관이 26명 10%이고, 정3~종6품이 59명 23%이며, 정7~종9품·불명이 19명 7%였다. 정1~정3품 당상관 1,063명은

---

29) 앞 68~69쪽 〈표 4-2·3〉 참조.
30) 앞 71~72쪽 〈표 4-4·5〉 참조.

정1~종2품이 731명 69%이고, 정3품 당상관이 80명 8%이고, 정3~종6품이 171명 16%이며, 정7품~종9품·불명이 81명 9%였다.

〈표 4-16〉 조선초기 거족성관 관인 당상관과 부조 최고 관력[31]

본인 (정1~종2/3상)	부·조, 부나 조(본인 정1~종2/3상)				
	1~2	3상	3~6	기타	계
진주강	20/6	10/4		2/3	5/2	17/9
신천강	6/0	2/0		2/0	2/0	6/0
청주경	3/2	2/1	1/0	1/0		4/1
제주고	8/1	2/0		3/1	3/0	8/1
능성구	8/5	7/3	1/1	1/0		9/4
안동권	49/21	33/14	4/0	9/7	3/0	49/21
강릉김	1/3			1/0	0/3	1/3
경주김	12/5	11/5		1/0		12/5
광산김	13/5	4/1	1/1	5/2	2/2	12/6
김해김	6/0			2/0	4/0	6/0
상주김	3/3	3/1	0/1		0/1	3/3
선산김	4/2		0/1	2/0	2/1	4/2
안동김	18/2	14/2	1/1	1/0	2/0	18/3
연안김	20/3	16/4			3/0	19/4
의성김	6/0	3/0		0/2	1/0	4/2
의령남	12/4	9/2	0/1	2/2		11/5
교하노	5/1	5/1				5/1
여흥민	27/6	20/1	2/1	3/3	3/	28/5
나주박	3/2	5/0				5/0
밀양박	9/8	5/4	1/4	1/0	1/1	8/9
순천박	10/1	9/1	1/0			10/1
죽산박	8/2	6/1	2/0		0/1	8/2
이천서	2/3	1/0	1/1	0/2		2/3
창녕성	27/6	21/6		5/0	1/0	27/6
여산송	10/3	6/2	3/1	1/0		10/3
진천송	2/2	1/0	1/0	0/2		2/2
居昌愼	5/2	5/2				5/2
高靈申	9/3	8/2	1/1			9/3
평산신	5/2	0/2	1/0	3/0	1/0	5/2
靈山辛	8/2	7/0	0/1	1/1		8/2
청송심	13/3	11/3		1/0	0/1	12/4
순흥안	20/6	17/6	2/1	1/0		20/6

31) 뒤 〈별표 4, 5〉에서 종합.

죽산안	8/1	3/1	1/0	4/0		8/1
함종어	3/0	2/0		1/0		3/0
단양우	8/1	8/0		1/0		9/0
원주원	7/0	2/0		2/0	3/0	7/0
文化柳	22/8	18/3		3/4	1/1	22/8
서산류	4/2	3/1		0/1	1/0	4/2
영광류	3/1	2/0	1/0		0/1	3/1
파평윤	30/10	30/5	2/1		0/1	32/7
경주이	17/10	7/8	1/3	6/1	1/0	15/12
고성이	11/2	9/0		1/1	1/1	11/2
廣州이	13/6	9/5	2/0	1/1	1/0	13/6
덕수이	2/2	0/2	1/0	1/0		2/2
성주이	21/4	13/5		2/0	4/1	19/6
양성이	8/4	7/3		1/0	1/0	9/3
연안이	9/3	1/0	5/0	2/3	1/0	9/3
永川李	4/3	5/1			0/1	5/2
용인이	3/2	1/2	2/0			3/2
인천이	7/1	6/0	1/0	1/0		8/0
전의이	15/13	12/9	1/2	2/1	1/0	16/12
전주이	26/9	24/6	1/0		1/3	26/9
한산이	14/4	12/6				12/6
홍양이	3/1	2/1			1/0	3/1
豊川任	7/2	7/1			0/1	7/2
동래정	16/2	12/2	2/0	2/0		16/2
봉화정	5/0	2/0	3/0			5/0
영일정	6/7	5/7			1/0	6/7
하동정	5/0	2/0		3/0		5/0
白川趙	8/2	8/2				8/2
평양조	6/4	3/1	0/1	2/2	0/1	6/4
한양조	15/5	16/4				16/4
昌寧曺	7/3	2/2		4/1	1/0	7/3
강릉최	7/0	4/0		2/0	1/0	7/0
전주최	8/4	6/1	1/0	1/2	1/0	9/3
화순최	3/3	1/0	0/2	1/1	0/1	2/4
진양하	7/3	5/2		2/0	0/1	7/3
청주한	35/4	31/0	1/0	3/3	1/0	36/3
강릉함	3/0	3/0				3/0
양천허	10/1	4/0		5/0	1/0	10/0
하양허	5/3	6/2				6/2
남양홍	21/11	14/5	1/0	3/3	4/2	22/10
장수황	4/2	4/2				4/2
행주기씨 등	15/5	5/1	3/0	4/3	2/2	14/6

9성관32)						
거족계	801/262	573/158	54/26	112/59	62/19	801/262
그 외 성관	353/145	137/45	27/16	107/43	82/41	353/145
합계	1,154/407	710/203	81/42	219/102	144/60	1,154/407

그런데 조선초기 거족성관자 2,736명의 최고 관직은 정1~정3품 당상관이 1,063명 39%이고 정3~종6품이 1,456명 53%이고, 정7~종9품·불명이 211명 8%인데, 정1~정3품 당상관 1,063명의 부조 최고 관직은 정1~종2품이 731명 65%이고 정3품 당상이 80명 8%이고 정3~종6품이 171명 16%이며 정7~종9·불명이 81명 9%였다.

이를 볼 때 거족성관 관인은 수는 2,736명(/12,534)으로 22%였지만 정1~정3품 당상관은 1,063명(2,072) 51%였고, 당상관 1,063명 중 부조가 당상관인 경우가 811명 77%였다. 즉 조선초기 거족성관은 전체 당상관의 반수 이상이었고, 당상관의 부모는 대부분이 당상관이었다고 하겠다.

2) 非鉅族姓貫

비거족성관은 1,514명으로 전체 관인의 12%였고, 최고 관직은 정1~정3품 당상관이 498명(/1,519) 32%이고, 정3~종6품이 894명 61%이며, 정7~종9품·불명이 122명 8%였다. 이 중 당상관 498명의 부조 최고 관직을 보면 다음의 표와 같이 당상관이 225명 45%이고, 정3~종6품이 150명 30%이며, 정7~종9품·불명이 123명 25%였다. 이를 볼 때 비거족성관 관인은 다수가 정3~종6품관이고 당상관은 32%에 불과하였으며, 당상관의 부조는 45%가 당상관이었다.

그런데 조선초기의 加資를 보면 세조~성종대에는 5차에 걸쳐 238명의 공신이 책록되고 수백~수천을 대상으로 한 수십 회의 가자가 행해질 때마다 종3품 이하는 본인이 가자를 받았지만 정1~정3품 당하관은 자손이

---

32) 그 외의 8성관은 신창맹, 고령박, 성산배, 하음봉, 밀양손, 남원양, 칠원윤, 수원최씨이다.

	본인 (정1~종2/3상)	부·조, 부나 조(본인 정1~종2/3상)				
		1~2	3상	3~6	7~9·불명	계
청주곽	7/0	3/0		2/0	2/0	7/0
남평문	4/2	2/2		1/0	1/0	4/2
함양박	7/0	3/0	1/0		3/0	7/0
원주변	5/0	4/0		1/0		5/0
순창설	1/4	0/1	0/1	1/2		1/4
풍산심	3/3	2/2		1/1		3/3
광주안	5/0			3/0	2/0	5/0
청주양	3/2	2/2			1/0	3/2
보성오	4/1	3/0		1/0	0/1	4/1
개성왕	7/0	3/0			4/0	7/0
덕산이	3/3	3/2			0/1	3/3
여주이	7/1	4/1		2/0	1/0	7/1
청주이	4/4	4/0				
청해이	4/1		0/1		0/3	4/4
안동장	3/2				3/2	3/2
경주정	3/2	2/0		1/2		3/2
초계정	4/1		1/0	2/1	1/0	4/1
해주정	5/2	4/1		1/1		5/2
곡산한 (태조비족친)	6/0	5/0			1/0	6/0
소계	85/28	44/11	2/2	16/7	20/7	82/27
순천김씨 등 224성관	268/117	93/35	25/14	91/36	62/34	271/118
비거족계	353/145	137/45	27/16	107/43	82/41	353/145
거족	802/260	551/159	48/23	108/49	62/28	769/269
합계	1,159/414	688/196	75/37	215/84	146/61	1,104/390

대가를 받았다.[34] 이러한 가자는 세조대~성종대 정1~정3품 당하관의 많은 자손이 단기간에 걸쳐 당상관에 승진하는 토대가 되었다.[35]

이상에서 조선초기는 거족성관관인은 당상관인 부조로 인해 받은 대가의 혜택 등을 토대로 그 외 성관을 압도하면서 반수 이상의 당상관을 차지하고,

---

33) 뒤 〈별표 4, 5〉에서 종합.
34) 뒤 〈표 5-2〉·〈표 5-4〉 참조.
35) 뒤 〈별표 4, 5〉 참조.

당상관은 그 직위를 통해 자손의 다수를 당상관에 진출시켰다고 하겠다. 이러한 경향은 특히 세조~성종대에 현저하였는데, 이 점은 거족성관의 특성을 고려할 때 예상되었지만 실제로도 이를 잘 보여준다고 하겠다. 지금까지 살핀 조선초기 성관관인과 그 부조의 최고 관력을 정리하면 다음의 표와 같다.

<표 4-18> 조선초기 관인과 부조 최고 관력 대비[36]

			정1~종2		정3상		정3~종6		그 외		계	
			수	%	수	%	수	%	수	%	수	%
성관자	거족	최고관직	801	60	262	36	1,456	19	217	7	2,736	22
		당상관부조관력*	731	69	80	7	112	11	81	8	1,063	100
	그외	최고 관직	353	26	145	20	902	12	119	4	1,519	12
		당상관부조관력*	182	37	43	9	150	30	123	25	498	100
		계(최고관직)	1,154	87	407	56	2,358	31	336	12	4,255	34
		성씨자최고관직	179	13	325	44	5,302	69	2,473	88	8,279	66
		합계(최고관직)	1,333	100	732	100	7,660	100	2,809	100	12,534	100

* %는 최고 관직 중 부조관직 비율.

---

36) 앞 <표 4-2, 3, 4, 5, 10, 11>에서 종합.

제2부

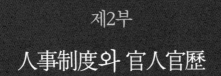

人事制度와 官人官歷

제5장 官階와 官職의 獲得

官階는 관직제수의 토대가 되고, 官職은 경외 각급 관아에서 국정을 담당하는 주체였다. 관계와 관직은 그 출신과 관련되어 文散·武散·雜職·宗親·儀賓·土官階, 文班·武班·雜職·宗親·儀賓·土官職으로 구분되면서[1] 운영되었다. 또 관계와 관직의 획득을 보면 태조~문종대에는 인사규정이 준수되면서 행해졌으나 단종~성종대에는 대규모의 가자가 빈삭하게 행해지고 인사행정이 문란되면서 운영되었다.[2] 이 장에서는 이와 관련하여 관계의 획득과 관직의 획득으로 대별하고 다시 관계 및 관직별로 태조~문종대, 단종~세조대로 구분하여 살피기로 한다.

1. 官階의 獲得

1) 文散階

官階(散階)가 없는 자−白身의 문산계 획득은 산계별과 시기별로 차이가 있지만 文散階는 대개 文·雜科及第(문산계)를 중심으로 음서, 군공, 진공신·원종공신 책록, 각종 군사복무, 代加 등에 의하였다.

---

1) 졸저, 2006, 『조선초기의 정치제도와 정치』, 427쪽.
2) 한충희, 1985, 「조선 세조~성종대의 가자남발에 대하여」, 『한국학논집』 12, 172~193쪽.

조선의 문·잡과는 1393년(태조 2)에 고려말의 문과제를 계승하면서, 조선 일대로 계승되면서 文官 및 譯·陰陽·醫·律官의 대표적인 관리 선발제도가 되었다.[3] 백신인 문과 급제자는 다음의 표와 같이 급제와 함께 급제성적에 따라 종6~정8품의 문산계를 받았다.

<표 5-1> 조선초기 문·무·잡과 급제자 성적별 수여관계[4]

		갑과		을과(정8)	병과(정9)	비고
		1등(종6)	2~3등(정7)			
문과		宣務郎	務功郎	通仕郎	從仕郎	문산계
무과		秉節校尉	등용부위	迪順副尉	展力副尉	무산계
잡 과	역과					
	음양·의·율과					
		1등(종7~종8)		2등(종8~정9)	3등(종9)	비고
문과						
무과						
잡 과	역과	啓功郎(종7)		承仕郎(종8)	將仕郎	문산계
	음양·의·율과	承仕郎(종8)		從仕郎(정9)	장사랑	문산계

문과급제자는 조선초기를 통하여 1,796명이 배출되었는데, 이 중 584명이 전·현직자와 산계자였고, 1,212명이 백신(유학·생원·진사)이었다.[5] 백신인 잡과 급제자는 위의 표와 같이 과와 급제 성적에 따라 종7품~종9품의 문산계를 받았다. 이 중 백신자의 수는 알 수 없지만 역관 등 기술관은 문·무관과는 달리 과거가 관계를 획득할 수 있는 거의 유일한 통로였음에서 그 급제자의 대부분이 백신이었을 것으로 추측된다.

백신은 음서에 의해 관계를 획득하였다. 음서제는 부조 등의 관직이나 공훈에 따라 무시험으로 관직에 제수되는 제도였다. 그런데 관직은 관계와

---

3) 『국조문과방목』 권1, 태조조 계유(2년)춘장방 ; 『경국대전』 권1, 이전 제과, 권4, 병전 무과.
4) 『경국대전』 권1, 이전 제과 ; 권4, 병전 무과.
5) 『국조문과방목』 권1 태조 2년~성종 25년조에서 종합(태종 5년~성종 26년은 졸고, 1995, 「음서의 실제와 역할-추요직역임자와 거족출신자의 역관분석을 중심으로-」, 『한국사연구』 92, 67쪽 〈표 2〉 참조).

함께 제수된 만큼 음직의 제수도 백신이 관계를 획득하는 중요한 통로가 되었다. 그리하여 백신은 음서를 줄 수 있는 관인의 지위에 따라 종7품 계공랑(문관)·적순부위(무관)~종8품 승사랑(문관)·수의부위(무관)의 관계를 받았다. 그리고 이러한 음서규정과 틱음자격을 갖춘 친공신·원종공신·관인의 수가 각각 60~230여 명, 2,000~4,000여 명, 230~380여 명 이상이었음에서6) 음서를 통해 관계를 획득한 백신의 수가 상당히 많았을 것이라고 추측된다.

백신은 친공신과 원종공신에 책록되면서 관계를 받았다. 조선초기에는 개국, 태종·세조즉위, 李施愛亂 토벌 등과 관련되어 1392년(태조 1)에 개국공신과 원종공신이 책록된 이래로 다음의 표와 같이 십 수차의 공신이 책록되었는데, 그때마다 친공신은 본인이 加資·陞職되고 토지·노비를 받음은 물론 조·부가 追崇되고 자·손·형·제 등이 가자되고 蔭職이 제수되는 혜택을 받았다. 원종공신도 친공신에 미치지는 못하지만 본인과 자·손이 가자되고 음직에 제수되는 혜택을 받았다. 이때 백신은 친공신은 350명 중 4명에 불과하였지만,7) 원종공신은 세조원종공신의 경우에 2,672명 중 271명이나 되었고,8) 당상관 139명(이상)은 자손에게 대가를 수여하였다.9)

즉 친공신·원종공신과 그 자손 등인 백신은 공신에게 베푼 특전에 따라 다음 표와 같이 1~4계의 관계를 받았다. 이때 공신인 부조 등의 특전에 따라 관계를 받은 백신의 수는 알 수 없지만 조선초기에 책록된 공신의 수가 친공신이 350(중복을 제외하면 238)명이고 원종공신이 5,000여 명 이상인데 그중 상당수는 대가를 줄 수 있는 당상관이었음에서 그 수가 상당히 많았다고 하겠다.

---

6) 음서제의 정비과정과 탁음자는 뒤 〈표 5-6〉 참조.

7) 정두희, 1983, 『조선초기 정치지배세력연구』, 일조각, 9~243쪽, 〈표 1-1〉~〈4-17〉에서 종합. 4명은 宋益孫(정난3), 柳淑(학생, 정난3등), 韓明溍(진사, 정난3), 趙得琳(노비, 좌익3)이다.

8) 『조선왕조실록』 세조 1, 3, 6, 8년 공신책록조에서 종합.

9) 졸고, 1985, 「조선 세조대(1455~1468) 원종공신연구-1~2등공신을 중심으로」, 『조선사연구』 22, 15쪽. 현직자가 123명 이상이고 사망자가 16명이다.

		인원	등급	가자 본인	가자 자 등	기타
친공신	開國 태조1	52	1~3등		1~3階超資	음직제수 등
	定社 태조7	29	1~2		동상	동상
	佐命 태종1	46	1~3 4		동상	동상
	靖難 단종1	43	1~4	3품계*	동상	
	佐翼 세조1	46	1~3	3품계	동상	
	敵愾 세조13	45	1~3		2~4계초자	
	翊戴 예종1	39	1~3	3계	1~3계초자	
	佐理 성종2	50	1~4			전지, 노비, 반당 등 사급
	계	350				
원종공신	太祖 태조대	1,200여				
	태종 태종대	?				
	세조 세조대	2,673	1~2 3	1계*1 1계*2	1인 1계	*1 承蔭, 通政大夫 이상 대가 *2 승음, 통정이상 대가
	성종 성종2	1,059	1~3	1계*		*승음, 자원 시 대가
	계	5,000인 이상				

그런데 이들 공신의 공신책록 당시의 연령을 보면 다음의 표와 같이 그 아들이 사관하지 못하였음은 물론 관계를 가졌다고 보기 어려운 40대 이하가 각각 개국공신은 18명, 정사공신은 7명, 좌명공신은 19명, 정난공신은

〈표 5-3〉 조선초기 친공신 공신책록 당시 연령[11]

	20대	30대	40대	50대	60대	70대	기타·불명	계
개국공신	1	9	8	3	4		27	52
정사	4	2	2	6	1		15	29
좌명	2	7	10	7	1	1	18	46
정난	3	9	9	2			20	43
좌익		8	11	7	2		18	46
적개	2	9	11	3		1	20	45
익대	3	8	6	6	1	1	14	39
좌리		5	16	16	6	3	5	50
계	16	57	73	47	15	6	137	350

---

10) 『조선왕조실록』 태조 1~성종 2년조에서 종합.
11) 졸저, 위 책, 432쪽 〈표 11-2〉에서 전재(한영우, 1983, 『조선전기 사회경제연구』, 을유문화사 ; 정두희, 위 책, 198~243쪽 〈표 4-1, 5, 11, 15, 17〉(정난~좌리공신)

21명, 좌익공신은 19명, 적개공신은 22명, 익대공신은 17명, 좌리공신은 20명(모두 연령불명자 제외)이었다. 또 원종공신은 그 대부분의 연령을 알 수 없지만 그 책록자의 수와 신분에 미루어 친공신의 평균연령보다 낮았을 것으로 추측된다. 이 점에서 친공신과 원종공신으로 인해 관계를 받은 자의 대부분은 아들 보다는 백신인 형제나 조카였을 것으로 추측된다.

백신은 軍功으로 문·무산계를 획득하였다. 군공으로 문·산계를 획득한 구체적인 인물과 인원은 알 수 없다. 그러나 군공이 변경방어·변란토벌·야인 정벌 등에서 기인되었던 만큼 문산계 획득자는 소수이고 대부분은 무산계 획득자였을 것이라고 추측된다.12)

현직 문반 관인의 백신 자손은 代加를 통해 관계를 획득하였다. 대가(제)는 본인이 받을 가자를 자손에게 대신 받게 하는 제도인데13) 정3품 당상관이나 정3품관인 부·조 등이 받을 가자로 종9품 將仕郞의 관계를 받았다. 대가는 단종대까지는 그 수가 미미하였지만 세조대 이후에는 다음 〈표 5-4〉와 같이 모든 관인이나 수십~수천명을 대상으로 한 대규모 가자가 빈삭하게 행해짐에 따라14) 대가제에 의한 관계 획득이 백신이 관계를 획득하는 중심이 되었다고 하겠다.

그 외에도 세조왕권의 정통성 확보, 예종과 성종의 고명승인 등과 관련 하여 조선인으로 명에 火者로 入貢하여 司禮監의 고관이 된 후 조선에 사신으로 출래한 명사의 요청에 따라 백신인 그들의 형제나 족친이 관계 를 받았다.15)

등에서 종합).
12) 군공책록의 배경과 책록인원, 수여가자는 뒤 주22) 참조.
13) 최승희, 1985, 「조선시대 양반의 대가제」, 『진단학보』 60 참조.
14) 가자실시 상황은 뒤 〈표 6-1〉 참조.
15) 졸고, 앞 논문(1985), 182~183쪽. 태감으로 출래한 명사는 尹鳳, 鄭同, 崔安, 金興, 姜玉 등이다.

〈표 5-4〉 세조~성종대 공신·관료 등 우대로 인한 가자[16]

	가자사유	가자대상	가자내용	비고(가자인원)
세조	1년9월 좌익공신책록	공신직자	1~3계 가자	수백명
	2.11 공신회맹	5공신*1과 그 자손	1계 가자(종3이하)나 1계 대가(정3품관 이상)	180여명
	4.2 공신연	공신·공신적장 階卑者	가자나 초자	수십명
	4.10 공신연	공신·공신적장 정3이하	1계 가자(종3이하)나 1계 대가(정3품)	수백명
	6.9 毛麟衛정벌	군공자	1~3계 가자	수백명
	7. 공신회맹	공신 자·적장 정3이하	1계 가자(종3이하)나 1계 대가(정3)	수십명
	10.7 문신대책시	입격자	1계 가자나 대가	수십명
	13.9 적개공신책록	공신직자 등	2~4계 가자	수백명
	13.12 司饔院救火	구화유공자	1계 가자(秩卑者)	200여명
예종	즉. 10 익대공신책록	공신직자 등	1~3계 가자(佐翼功臣例)	수백명
	1.4 무예시	입격자	1~3계 가자나 대가	84명
성종	2.3 좌리공신책록	공신직자	1~3계 가자	수백명
	3.1 예종부묘	종3이하부묘집사	1계 가자	200여명
	3.11 공신연	공신·공신적장 정3품 이하	1계 가자(종3품 이하)나 대가(資窮, 정3품)	수십명
	5.3 공신연	공신적자·적손 종3이하	1계 가자	수백명
	6.1 종성전역	군공자	1계 가자(종3이하)나 대가(자궁)	수십명
	11.1 건주위정벌	군공자	1~2계 가자나 대가	수백명
	11.7 명사접대	영접도감낭청, 명사본향수령, 감조관 등	1계 가자나 승직 또는 서용	수십명
	14.7 정희왕후국상	운구종사·3도감관 등	1계 가자나 대가 또는 승직 등	120여명
	16.1 공신·대신우대	공신·대신 적장임사자	가자나 서용	수십명
	17.10 외척우대	심씨·윤씨·한씨족친*2	1계가자(종3이하)나 대가(자궁)	200여명
	21.11 만포진전역	군공자	1~3계 가자	200여명
	22.10 올적합정벌	군공자	1~3계 가자	400여명

*1 조선개국 이래 당시까지 책록된 개국·정사·좌명·정난·좌익공신이다.
*2 심씨는 세종비 소헌왕후, 윤씨는 세조비 정희왕후, 한씨는 예종비 장순왕후·안순왕후, 덕종비 소혜왕후, 성종비 공예왕후의 족친이다.

또 학행이나 재행이 있는 백신은 소재지 관찰사나 관인의 천거를 통하여 종9품직에 제수되면서 문산계 종9품 將仕郎의 관계를 받았다.[17]

---

16) 졸고, 1985, 「세조~성종대의 가자남발에 대하여」, 『한국학논집』 12, 186쪽 〈표 2-ㄴ〉에서 전재.
17) 정구선, 1995, 『조선시대 천거제연구』, 초록배 ; 『경국대전』 권4, 예전 獎勸.

雜科는 1393년(태조 2)에 문과와 같이 고려말의 잡과를 계승하면서 정착되었다.[18] 잡과는 譯·陰陽·醫·律官의 대표적인 관리 선발제도가 되었고, 급제성적에 따라 앞의 〈표 5-1〉과 같이 문산계 종7품 啓功郎으로부터 종9품 將仕郎의 관계를 받았다.

2) 武散階

무관에게 적용된 무산계의 획득은 무과와 각종 군사복무를 중심으로 문산계의 획득과 같이 음서, 군공, 친공신·원종공신 책록, 대가 등에 의하였다.[19]

이 중 무과는 1402년(태종 2)에 고려조에서는 실시되지 않았던 것을 독자적으로 실시하면서 정착되었고,[20] 조선일대로 계승되면서 양반의 한 축인 무반의 대표적인 선발제도가 되었다. 백신인 무과 급제자는 앞의 〈표 5-1〉과 같이 급제와 함께 급제성적에 따라 종6~종9품의 무산계를 받았다.[21]

변란토벌과 야인정벌에 참여하여 군공 1~4등에 책록된 군사는 무산계를 받았다. 세조~성종대의 경우에 李施愛亂의 토벌과 10여차에 걸친 야인정벌에 유공한 만여 명 이상의 문·무반과 군사(대부분이 군사)를 군공 1~4등에 책록하고 1~4계를 수여하거나 1~4계를 가자하면서 승직시켰다.[22] 그런데

---

18) 『경국대전』 권1, 이전 제과.
19) 앞 96~99쪽 참조.
20) 이성무, 1991, 『개정증보 한국의 과거제도』, 집문당, 145쪽 ; 윤훈표, 1984, 「조선초기 무과제도연구」, 연세대학교 석사학위논문, 16~22쪽(『태종실록』 권3, 2년 1월 기축·4월 병진).
21) 『경국대전』 권4, 병전 무과.
22) 세조~성종대의 군공책록 시기, 인원, 가자 내용은 다음의 표와 같다(졸저, 앞 책(2006) 429쪽, 주 9)에서 전재).

	책록시기	인원	등급	가자수	비고
	6년(모린위정벌)	수백명?	1~3등	1~3계	
세조대	13(이시애난토벌)	3,500	1~4	1~초3계	
	13(건주위정벌)	3,072	1~4	1~초2계	

군공자의 대부분은 변방에 주둔하거나 변란의 토벌을 위해 중앙에서 파견된 군사였는데, 주둔병과 출정군의 대부분은 중앙군의 여러 병종 중 가장 많은 수를 차지한 正兵(의무병인 농민번상군)이었다.[23] 이에서 군공을 통해 산계를 얻거나 가자된 군사의 상당수는 백신이었고, 획득한 산계는 대부분 무산계였다고 추측된다. 따라서 수많은 군사가 군공책록을 통해 무산계 종9품 展力副尉~정8품 猛健副尉를 획득하였다고 하겠다.

각종 군역에 종사한 백신 군사는 근무일수에 따라 산계를 획득하거나 가자되었는데, 근무일수 39일(충찬위)~1,080일(팽배·대졸)이 차면 종9품 展力副尉의 관계를 획득하였다.[24] 군역을 통한 관계획득자의 수는 명확히 알 수 없지만 『경국대전』에 규정된 5위 군사가 총 27,440명이고 무정액인 정병과 충순위 등이 45,000여 명이라고 추측되었음에서[25] 그 수가 막대하였을 것이라고 추측된다.

무과급제자는 태종 2~성종 25년을 통하여 총 3,493명이 배출되었다.[26] 무과급제자 중 백신이 몇 명이었는가는 알 수 없지만 1460년(세조 6)에

성종대	6년(종성전역)	수십	?	1계	종3품이하 가자
	11(건주위정벌)	수백	1~4	1~2계	정3이상 대가
	21(만포전역)	200여	1~3	1~3계	가자나 대가
	22(올적합정벌)	400여	1~3	1~3계	
	23(올적합정벌)	수천?	1~4	1~초1계	
합계		1만여 명 이상			

23) 민현구, 1983, 『조선초기의 군사제도와 정치』, 한국연구원, 160·163쪽(성종 3년의 정병은 42,500(번상군 5,310명, 『경국대전』에는 元額과 번상군의 수가 구체적으로 제시되지 않음)으로 수로는 중앙군의 근간이 된 갑사 14,800명(번상군 2,690(『경국대전』)보다 많다).
24) 『경국대전』 권4, 병전 번차도목조(구체적인 내용은 뒤 〈표 6-2〉 참조).
25) 『경국대전』 권4, 병전 번차도목조. 그 군액은 각각 갑사 14,800명(상번자 2,960), 별시위 1,000(300), 친군위 40(20), 파적위 2,500(500), 장용위 600(120), 팽배 5,000(1,000), 대졸 3,000(600), 정병·충순위·족친위·충의위·충찬위(무정액)이었다(정병은 성종 3년에 42,500명(5,310)이었다).
26) 이성무, 위 책, 150~152쪽 〈표 20〉, 156~157쪽 〈표 21〉.

여진정벌과 관련된 군사모집을 위해 2차에 걸쳐 1,913명(6월 1,813, 10월 100)을 선발하였고,[27] 앞의 문과급제자의 경향에 비추어 상당수가 백신이었을 것으로 추측된다.

또 현직 무반 관인의 백신 자손은 代加를 통해 관계를 획득하였다. 대가(제)는 정3품 당상관이나 정3품관 이상이 받을 가자를 자손에게 대신 받게 하는 제도인데 부·조 등이 받을 가자로 종9품 展力副尉의 관계를 받았다. 대가는 단종대까지는 그 수가 미미하였지만 세조대 이후에 모든 관인이나 수십~수천명을 대상으로 한 대규모 가자가 빈삭하게 행해짐에 따라[28] 세조대 이후에는 대가제에 의한 관계 획득이 백신이 관계를 획득하는 중심이 되었다고 하겠다.

3) 宗親階와 儀賓階

宗親과 儀賓은 태조 1~세종 24년에는 문·무산계를 받았고, 세종 25년에 종친계와 의빈계가 제정된 뒤에는[29] 종친계와 의빈계를 받았다. 국왕의 8촌 이내 종친은 종친계를 받았고, 그 밖(9촌 이상)의 종친(盡親)은 문·무반과 같이 문·무산계를 받았다.[30]

종친은 나이 20세가[31] 되면 국왕과의 친소관계에 따라 정6품 從順郎(천첩 출신 왕자군 증손)~종1품 嘉德大夫(대군승습 적장자)의 관계를 획득하였고,[32] 관계가 없는 종친은(白身) 8품에 제수되었다. 종친계를 받는 신분과

---

27) 동상서, 150~152쪽 〈표 20〉, 156~157쪽 〈표 21〉, 153쪽(『세조실록』 권21, 6년 9월 병술·10월 계해),
28) 가자실시 상황은 뒤 〈표 6-1〉 참조.
29) 『세종실록』 권102, 25년 12월 을축.
30) 『경국대전』 권1, 이전 경관직 종친부조.
31) 『세종실록』 권100, 25년 5월 무인.
32) 『경국대전』 권1, 이전 경관직 종친부조.

관계는 다음과 같다.

　　종1품 嘉德大夫 : 大君承襲嫡長子
　　정2품 承憲大夫 : 世子衆子, 大君承襲嫡長孫, 왕자군승습적장자
　　종2품 中義大夫 : 世子衆孫, 대군승습적장증손, 왕자군승습적장손
　　정3품 彰善大夫 : 世子重曾孫, 대군중손, 왕자군중자승습적장증손
　　종3품 資信大夫 : 대군증손, 왕자군증손[33]
　　정4품 廣徽大夫 : 왕자군중손[34]

　　의빈은 왕과 세자의 사위이다. 왕과 세자의 딸과 결혼한 의빈은 결혼과
함께 부인의 신분에 따라 종1품 崇德大夫~종3품 敦信大夫를 받았다. 의빈계를
받는 신분과 관계는 다음과 같다.

　　종1품 崇德大夫 : 尚公主(왕비소생)者
　　종2품 通憲大夫 : 尚翁主(후궁소생)자
　　정3품 正順大夫 : 尚郡主(세자빈소생)자
　　종3품 敦信大夫 : 尚縣主(세자후궁소생)자[35]

4) 雜職階와 土官階

　　잡직계는 內豎·樂工·工匠 등 잡류에게 수여된 관계이고 토관계는 함경도와
평안도 변경의 방어와 관련되어 10군현 邑司에 편제된 토관에게[36] 수여된

---

33) 『경국대전』 권1, 이전 경관직 종친부.
34) 『경국대전』 권1, 이전 경관직 종친부.
35) 『경국대전』 권1, 이전 경관직 의빈부.
36) 토관이 설치된 군현은 다음과 같다(『경국대전』 권1, 이전 토관직 ; 권4, 병전 토관직).
　　함경도-영흥부윤부, 영변대도호부, 경성·회령·온성·종성·부령·경흥도호부.

관계이다.

내수·악공·공장 등 잡류는 태조 1~세종 25년에는 문·무산계를 받았고,[37] 세종 26년에 서반 잡직계, 세조 12년경에 동반 잡직계가 제정된[38] 뒤에는 초직계인 종9품 展勤郞을 받았다.[39]

토관은 태조 1~세종 15년에는 문·무산계를 받았고, 세종 16년에 동·서반 토관계가 제정된 뒤에는 토관계를 받았다.[40] 토관계의 획득은 邑司근무, 군공, 軍衛근무, 전사한 부의 推恩 등에 의하여 초직계인 종9품 試仕郞(문관)이나 彈力徒尉(무관)를 받았다.[41]

지금까지 고찰한 백신의 문산계, 무산계, 종친계, 의빈계, 잡직계, 토관계의 획득을 종합하면 다음의 표와 같다.

〈표 5-5〉 조선초기 백신의 관계획득[42]

	문·무과			잡과			음서
	갑과	을과	병과	1등	2등	3등	공신, 1~2품 자손 등
문산계	종6 宣務郞	정7	정8	종7~종8	종8~정9	종9	종7
무산계	종6 秉節校尉	정7	정8				종7

	(음서)		친공신			원종공신		
	현직 3품 자손	청요직 역임자 자	1등	2등	3등	1등	2등	3등
문산계	종8	종8	3품계			종9	종9	종9
무산계	종8	종8	3품계			종9	종9	종9
종친계								
의빈계								
잡직계						종9	종9	종9
토관계						종9	종9	종9

평안도-평양부윤부, 의주목, 강계도호부.
37) 졸고, 1994, 「관직과 관계」,『한국사』23, 118쪽.
38)『세종실록』권105, 26년 7월 무신 ;『세조실록』12년조에서 종합.
39)『경국대전』권1, 이전 잡직.
40)『세종실록』권64, 16년 4월 정묘·무진.
41)『경국대전』권1, 이전 ; 권4, 병전 토관직.
42) 위 〈표 5-1~4〉,『경국대전』권1, 경관직에서 종합.

	대가	군사(근무일수 64~1,080)[43]	종친·의빈	비고
문산계	종9			문반
무산계	종9	종9		무반, 군사
종친계			정6~종1	종친
의빈계			종3~종1	의빈
잡직계				악공 등
토관계				토관

2. 官職의 獲得

백신은 그 출신에 따라 문관직, 무관직, 잡직, 토관직에 제수되었다. 문관직 등의 획득은 문·무·잡과와 음서를 중심으로 공신책록·군공 등에 의하였다. 이와 관련하여 여기에서는 문관직, 무관직, 잡직, 토관직으로 구분하면서 고찰한다.

1) 文官職 : 朝官, 宗親·儀賓·外戚

(1) 朝官

조관은 종친부에 편제된 관직을 두고 "大君·君 등은 그 아래에 관계를 제시하고 典簿(정4, 1직)·典籤(정5, 1직)은 朝官으로 제수한다"[44] 라고 하였듯이 일반 문·무 관리를 지칭하는 말이었다. 문반의 조관직에는 기능에 따른 政務職과 醫·譯·陰陽·律職에 종사한 기술관이 있었고, 근무지에 따른 경관과 외관이 있었다.[45] 경관과 외관은 다시 그 職秩과 관련되어 당상관, 당하관, 참상관, 참하관이 있었다.[46] 이들 조관 중 백신이 획득하는 관직은 대개가

43) 가자에 소요된 병종별 근무일수는 뒤 〈표 6-2〉 참조.
44) 『경국대전』 권1, 이전 경관직 종친부.
45) 『경국대전』 권1, 이전 경관직.

참하관직이었고(문과 장원은 참상관인 종6품직[47]), 산관은 당하관직(정3품 통훈대부인 문과 갑과급제자[48]) 이하를 획득하였다.

백신과 산관(관계자)의 조관 문반직 획득은 都目政·轉動政,[49] 문·잡과 급제와 음서를 중심으로 親功臣冊錄, 천거, 특지 등에 의하였다.

도목정·전동정 때에 문관직을 획득한 백신·산관 수를 구체적으로 알 수는 없지만 조선 관인의 除授·遞職·陞職·降職 등의 인사행정이 도목정을 토대로 운영되었음에서 이때에 다수의 백신·산관이 관직을 획득하였을 것으로 추측된다.

백신으로서 문과에 급제한 자는 그 성적에 따라 갑과 1등과 2~3등은 종6품직과 정7품직에 제수되고 을과와 병과 급제자는 모두 3館(성균관·승문원·교서관) 정8·정9품 權知職에 제수되었으며, 산관인 급제자는 정3품 당하관직 이하에 제수되었다.[50] 백신·산관으로서 잡과(역·의·음양·율과)에 급제한 자는 성적에 따라 다음과 같이 해당 관아의 종7품직~종9품 권지직에 제수되었다.

역과 : 사역원 종7품직(1등), 종8(2등)·종9품(3등) 권지
의과 : 전의감 종8품직(1등), 정9품~종9품 권지(2, 3등)
음양과 : 관상감 종8품직(1등), 정9~종9품 권지(2, 3등)
율과 : 율학 종8품직(1등), 정9~종9품 권지(2, 3등)[51]

---

46) 『경국대전』권1, 이전 경·외관직.
47) 『경국대전』권1, 이전 제과.
48) 『경국대전』권1, 이전 제과.
49) 도목정은 매년 6월과 12월에 행하는 정기인사이고, 전동정은 결원 등이 있을 때 수시로 행하는 인사행정이다.
50) 『경국대전』권1, 이전 경관직 제과.
51) 『경국대전』권1, 이전 제과.

문과급제를 통해 관직을 획득한 백신과 산관은 실직에 제수되도록 규정된 갑과급제자가 총 195명 중 119명과 22명, 141명으로 72%이고 전·현직자가 54명 28%였으며, 권지 직에 제수된 을과와 병과급제자도 대부분이 백신과 산관이었다.[52] 이에서 문과급제자의 대부분은 백신과 산관이었고, 이 점에서 문과는 백신과 산관이 관직을 획득하는 중요한 통로가 되었음을 잘 보여주고 있다고 하겠다.

백신과 산관은 음서에 의해 관직을 획득하였다. 음서제는 부조 등의 관직이나 공훈에 따라 무시험으로 관직에 제수되는 제도였다. 음서의 탁음자격을 보면 조선 개국초에 음서(제)가 실시될 때는 實職 3품 이상의 아들이나 손자(장자 유고시는 장손이나 차자)였고, 그 친소관계에 따라 정7~종9품직에 제수되었다.[54] 그 후 탁음자격과 제수관직이 이후 1484년(성종 15)까지 태조 6년,

〈표 5-6〉 조선초기 음서제 정비(*1 관직수, *2 친공신수)[53]

	세종11	세종15경	세종27경	세조2	세조3	성종3. 1	성종3. 3
승음자격	→	→	→ 원종공신[3] 자·손(d)	a·b·c·d, 관각·양제4~6품 子	→ 선전관·진무·부장 子	→	→
제수관직	→	→	→	→	→	→	→
취재시기 와 절차	→	→	→	→	→	→매년 1월	→강1 경1 서
입사연령	25세 이상	20세 이상	→	→	→		

	성종15	『경국대전』		비고
승음자격	→홍문관 4 품이하 子	친공신과 2품이상[4] 자·손·서·제·질(a), 원종공신[5] 자·손(b), 이조·병조·도총부·사헌부·사간원·홍문관·부장·선전관 역임자 자(c)		*1 230여직, *2 60여직, *3 2,000여인, *4 240여인, *5 3,000여인.
제수관직	→	종8~종9품동정직, 품관이나 녹사		
취재시기 와 절차	→	매년 1월, 강1경·1서		
입사연령	→	20세 이상		

52) 『국조문과방목』 태조 2년~성종 25년조에서 종합. 조선초기 갑과 문과급제자 195명중 141명이 백신과 산관이었듯이 을과와 병과의 경우에도 그 대부분이 백신과 산관이다.
53) 졸저, 2006, 『조선초기의 정치제도와 정치』, 계명대학교출판부, 440~441쪽 〈표11-3〉에서 전재.

태종 1년경·13년경, 세종 11년·15년경·27년경, 세조 2·3년, 성종 3년 1월·3월경
과 15년에 걸쳐 개변되면서 앞의 표와 같이 '친공신과 2품 이상 자·손·서·제·질,
원종공신 자·손, 이조·병조·도총부·사헌부·사간원·홍문관·오위부장·선전관
역임자의 아들로서 20세 이상인 자가 매년 1월에 1경·1서를 강독으로 시험하여
통과한 자에게 종7품 사온직장동정·종8품 사온직장동정이나 녹사에 제수되는'
것으로 정비되었다가 마지막 반포된『경국대전』에 법제화되었다.

이에서 음서로 제수된 백신은 종7품 계공랑(문관)·적순부위(무관)~종8품
승사랑(문관)·수의부위(무관)의 관계를 받았다고 하겠다. 그리고 이러한
음서규정과 탁음자격을 갖춘 친공신·원종공신·관인의 수가 위의 표에서와
같이 각각 60~230여 명, 2,000~4,000여 명, 230~380여 명 이상이었음에서
음서를 통해 관계를 획득한 백신의 수가 상당히 많았을 것이라고 추측된다.
실제로도 조선초기 의정 등 추요직과 청주한씨 등 거족가문 출사자 중
음서자의 비율을 보면 각각 의정은 40%, 판서는 38%, 승지는 37%, 정랑은
33%, 공신은 65%였고, 청주한씨는 65%, 파평윤씨는 51%, 안동권씨는 38%,
廣州李氏는 59%, 진주강씨는 41%였다.[55]

백신과 산관인 양반자제는 백신(진사)인 韓明溍이 靖難3등공신에 책록되
면서 종8품 典廐署丞에 제수되었듯이[56] 공신에 책록되면서 관직에 제수되었
다. 그러나 공신책록을 통한 관직제수는 공신책록자의 대부분이 관직자인

---

54)『세종실록』권46, 11년 12월 을해 ; 권69, 17년 7월 갑술.
55) 조선초기 추요직과 거족가문 출사자의 음서비율(음서후 문·무과급제자 포함)은
다음의 표와 같다(졸저, 2006, 442쪽 〈표 11-4〉에서 전재).

	음서자수	비율 (사관자수)	비고		음서자수	비율 (사관자수)	비고
의정	17	40(43ˇ)	중복제외	청주한씨	107	65(164)	13~15세
판서	66	38(174)		파평윤씨	115	51(226)	16~18세
승지	93	37(253)		안동권씨	124	38(328)	17~19세
정랑	150	33(453)		廣州李氏	33	59(56)	8~10세
공신	47	36(30)		진주강씨	42	41(103)	8~10세

56)『단종실록』권9, 1년 11월 계축 ; 권12, 2년 8월 기축.

만큼[57] 몇 명이 되지 않는다.

백신과 산관인 양반자제는 式年薦擧 즉, 의정·도관찰사 이하 관직자나 관직자인 부·조 등의 천거를 받아 관직에 제수되었다.[58] 또 재행이나 학행이 있는 백신·산관은 유일천거·효행천거 등을 통하여 관직을 획득하였다.[59] 천거에 따라 관직을 획득한 수는 구체적으로 알 수 없지만 식년천거는 인사행정의 토대가 되었고,[60] 조선초기에 유일천거와 효행천거를 통해 관직을 획득하였음이 확인된 인물은 120여 명에 불과하나[61] '遺逸薦擧敎令'에 의하여 행해진 천거가 25회에 달하는 등[62] 천거가 수시로 광범하게 행해졌다. 이 점에서 식년천거와 그 외 천거를 통해 관직을 획득한 백신·산관의 수가 많았을 것이라고 추측된다.

백신인 양반자제, 특히 공신·외척·의빈의 자제는 국왕이 인사절차에 구애되지 않고 가자하거나 승직·체직시키는 '特旨'에 따라 많은 수가 관직을 획득하였다. 특지에 의하여 관직을 획득한 백신의 수는 알 수 없지만 태조~세종대에는 그 수가 많지 않았으나[63] 1449년(세종 31) 이후, 특히 세조~성종대에는 왕권의 정통성 확립과 국왕의 정치안정을 위한 백관위무 등과 관련되어 수명~수십명을 대상으로 한 특지제수가 남발되었고,[64] 1464년(세조 10)에 세조가 "사관하지 아니한 貞熹王后의 친족을 모두 제수하라"[65]고 하였듯이

---

57) 조선초기에 책록된 8공신 350명 중 관직자가 357명이고, 문무관과 환관을 합해 백신과 관계자는 3명(한명진·柳淑·趙得琳〈천인〉)과 1명(宋益孫)에 불과하다(정두희, 앞 책(1983), 〈표 1-1·4·6, 4-1·5·11·15·17〉에서 종합).
58) 『경국대전』 권1, 이전 천거.
59) 정구선, 앞 책(1995).
60) 정구선, 앞 책(1995).
61) 졸저, 2020, 『조선초기 관인 이력』, 도서출판 혜안, 21~631쪽에서 종합.
62) 정구선, 앞 책(1995).
63) 졸고, 앞 논문(1995), 187쪽.
64) 앞 〈표 5-2, 4〉 참조.
65) 『세조실록』 권32, 10년 2월 을유.

특지제수 때에는 상당수의 백신·산관이 포함되었을 것으로 추측된다.

이상에서 백신·산관의 문반 조관직 획득은 태조~세종대에는 문과·음서가 중심이 되었고, 단종~세조대에는 문과·음서·특지가 중심이 되었다고 하겠다.

(2) 宗親·儀賓·外戚

종친은 종친부의 관직에 제수되었는데 다음의 표와 같이 그 신분에 따라 종1품 君~정6품 監(왕자는 무품의 대군(왕비자)·군(후궁자)에 제수되었다.

〈표 5-7〉 조선초기 종친, 의빈, 외척 초직제수[66]

	종친		의빈		외척	
	관직	수여자	관직	수여자	관직	수여자
정1					領事	왕비부(백신~관직자)
종1	君	대군승습 적장자	尉	공주부마		
정2	군	세자중자, 대군승습 적장손, 왕자군승습 적장자				
종2	군	세자중손, 대군중자승습 적장증손, 왕자군승습 적장손	位	옹주부마		
정3 당상			副尉	군주(세자빈녀)부마		
정3 당하	正	세자중증손, 대군중손, 왕자군중자승습 적장증손				
종3	副正	대군중증손, 왕자군중손	僉尉	縣主(세자후궁녀)부마		
정4	守					
종4	副守					
정5	令					
종5	副令					
정6	監					
종7					직장	대군여서, 공주자
정8						
종8					봉사	공주·왕자군 여서, 옹주자
정9					부봉사	대군·왕자군양첩 여서
종9					참봉	대군·왕자군천첩 여서

---

66) 『경국대전』 권1, 이전 종친부·의빈부·돈령부.

의빈인 왕과 세자의 사위는 배우자의 신분에 따라 앞의 표와 같이 종2품
위~종3품 첨위의 관직에 제수되었다.

왕자의 사위와 왕녀의 아들은 그 신분에 따라 앞의 표와 같이 종7품
직장~종9품 참봉에 제수되었다. 이들은 돈령부 관직 외에도 문·무관과
같이 문·무반직 종7품 이하에 제수되었다.

2) 武官職

조선초기 무반직에는 中樞府 領事 이하 930여 경·외 정직과 內禁衛 上護軍
이하 3,000여 체아직이 있었다.[67] 이 중 백신과 산관인 군사 등은 참하관
이하의 정직과 당하관직 이하의 체아직을 획득하였다. 백신인 군사 등은
문반과 같이 轉動政·都目政, 무과급제, 음서, 군공 등을 통하여 관직을 획득하
였다.

정기인사인 도목정과 부정기 인사인 전동정 때에는 전·현직 무관과 무산계
자를 대상으로 인사가 행하여졌다. 전동정·도목정 때에 문관직과 같이 무관
직을 획득한 백신·산관 수를 구체적으로 알 수는 없지만 조선 관인의 除授·遞
職·陞職·降職 등의 인사행정이 도목정을 토대로 운영되었음에서 이때에
다수의 백신·산관이 관직을 획득하였을 것으로 추측된다.

백신·산관으로서 무과에 급제한 자는 그 성적에 따라 갑과 1등과 2~3등은
종6품직과 정7품직(산관은 정3품 당하관 이하에 제수)에 제수되었고, 을과와
병과급제자는 별시위·훈련원 정8품·정9품 權知職에 제수되었다.[68] 무과급
제를 통하여 관직을 획득한 수를 명확히 알 수는 없지만 조선초기의 무과급제
자수가 3,493명이나 되고[69] 문과급제자는 1,796명이었으며,[70] 무과의 경우

---

67) 졸고, 앞 논문(2006), 155쪽 〈표 4-11〉.
68) 『경국대전』 권4, 병전 무과.
69) 앞 55쪽 주 7).

북방정벌과 관련되어 수차에 걸쳐 많은 인원이 선발되었음[71] 등을 감안하면 백신·산관의 비중이 문과 보다 높았을 것으로 추측된다.

백신이나 산관인 군사는 음서를 통하여 무관직을 획득하였다. 음서를 통하여 무반직을 획득한 군사 등의 수를 알 수는 없지만 탁음자격을 갖춘 관직·공신이 1,000명을 상회하고 자·손은 물론 서·제·질도 제수되었음에서[72] 그 수가 상당히 많았을 것이라고 추측된다.

세조대 이후에는 여진정벌, 변란의 토벌 등과 관련되어 여러 차례에 걸쳐 수백~수천명을 군공 1~4등에 책록하고 그 등급에 따라 차등을 두고 관계를 주거나 관직에 제수하였다.[73] 군공 책록자의 대부분은 백신이거나 산관이었을 것으로 추측되고, 이 점에서 군공책록은 양인인 백신·산관자가 관직을 획득하는 주요한 통로가 되었다고 하겠다.

그런데 위에서와 같이 백신이나 산관인 군사 등이 도목정, 무과, 음서, 군공 등을 통해서 획득한 관직에 있어서 정직과 체아직의 비중이 어떠하였는가는 알 수 없다. 조선초기에 운영된 무반관제를 보면 태조~태종대에는 4,000여 무반직 모두가 정직이었고, 세종초 이후에 시위군 등을 중심으로 정직인 군직이 체아직으로 전환되면서 세종말까지는 대부분의 군직이 체아직으로 전환되었다.[74] 그리하여 세종말 이후에는 정직은 경관과 외관을 합해 1,000여 직에 불과한 반면에 체아직은 5,000여 직이나 되었듯이[75] 체아직이 무반직의 대부분을 점하였다. 특히 무반 초직인 종9품직 체아직이 3,587직 (경관 3,380, 부방군 208)인 등 참하관직은 거의 모두가 체아직이었다.[76]

---

70) 앞 51쪽 주 3).
71) 앞 103쪽 주 27).
72) 앞 〈표 5-6〉 참조.
73) 앞 〈표 5-4〉 참조.
74) 졸고, 앞 논문, 142~155쪽.
75) 위 논문, 155쪽 〈표 4-11〉. 정확히는 경관 4,587직, 양계 부방직 400직의 4,987직이다.
76) 위 논문, 155쪽 〈표 4-11〉.

이를 볼 때 백신인 군사 등은 태조~단종대에는 대개 도목정·무과·음서를 통해, 세조~성종대에는 도목정·무과·음서·군공을 통해 관직을 획득하였고, 그 관직은 태조~세종초에는 정직이 중심이 되고 세종 중기~성종대에는 종7품 이하 체아직이 대부분이었다고 하겠다.

3) 雜職·土官職

잡직은 모두 체아직인데 정6품 掌樂院 典樂 1직이하 141 동반직과 종7품 破陣軍 勤事 이하의 1,600여 서반직이 있었다.[77] 백신이나 잡직계자의 관직 획득은 명확하지 않으나 그 才藝와 군역종사 등을 통하여 관직을 획득한 것으로 추측된다.

토관직에는 정5품 永興府尹府 都務司 都務 1직 이하 200여의 문반직과 정5품 영흥부 鎭北衛 勵直 1직이하 240여 무반직이 있었다.[78] 이 동·서반 토관직은 "관찰사(문반)나 절도사(무반)가 본도인을 擬啓하여 제수하였고, 遷官과 加階仕數는 경관과 같고, 邑司에 근무한 知印·六房錄事와 主事 去官者는 중앙 관아의 녹사와 서리의 예에 따라 토관직에 제수하며, 영흥·평양부 驍衛는 경직 대졸의 예에 따라 근무일수를 마치면 가계하고 去官시켜 토관직에 제수한다"[79]고 하였다. 또 "평안도 연변군사에게 시험을 보여 1등 3명을 토관에 제수한다"[80]라고 하였고, "順次가 된 사람 외에는 품계에 따라 隊副·白身은 副司直, 종8품은 종7품직, 종7품은 종6품직, 종6품직은 종5품에 각각 제수하였다"[81]고 하였다. 그 외에도 이시애난 토벌·건주위정벌 등에 유공하고 군공 1~4등에 책록되면서 관계를 받거나 관직에 제수된 수천명의[82]

---

77) 졸저, 앞 책(2006), 164쪽 〈표 4-13〉.
78) 위 책, 191~193쪽 〈표 5-3〉.
79) 『경국대전』 권1, 이전 토관직 ; 권4, 병전 토관직.
80) 『세종실록』 권14, 3년 12월 임인.
81) 『세종실록』 권77, 19년 6월 기묘.

경우 그들의 활동지역과 활동을 볼 때 군공으로 관직에 제수된 대부분은 문·무반 토관직이었을 것이라고 추측된다.

이를 볼 때 잡직은 대부분이 재예와 군역종사를 통해 관직을 획득하였고, 토관직은 대개 태조~단종대에는 임기를 채우고 거관하는 읍사향리·효위군사·시취된 연변군사였고, 세조~성종대에는 읍사향리·효위군사 거관자·군공책록자였다고 하겠다.

지금까지 고찰한 백신과 산관의 관직획득 배경과 관직을 종합하여 제시하면 다음의 표와 같다.

〈표 5-8〉 조선초기 백신 관직획득 종합[83]

		문·무과				잡과		
		갑과1등	갑과2·3등	을과	병과	1등	2등	3등
백 신	문관	종6품직	정7	정8 권지	정9 권지	종7~종8	종8~정9	종9
	무관	종6품직	정7	정8 권지	정9 권지			
관 계 자	정3당하	정3準職[84] 이하	→	→	→			
	종3~종9	정9~종3직	→	→	→			
		음서						
		공신, 1~2품 자손 등		현직3품자손		청요직 역임자 자		
백 신	문관	종7 동정직		종8 동정직		종8 동정직		
	무관	종7 동정직		종8 동정직		종8 동정직		
관 계 자	정3당하	실직 정3품 이하		→		→		
	종3~종9	실직 종3품 이하		→		→		
		친공신			원종공신			근무일수
		1등	2등	3등	1등	2등	3등	
백 신	조관	제수	→	→				
	종친							
	의빈							
	외척							

---

82) 앞 〈표 5-4〉.

83) 앞 106~115쪽에서 종합.

84) 준직은 관직이 관계와 일치되는 관직이다. 이 경우는 정3품 通訓大夫와 禦侮將軍으로서 奉常寺正과 諸寺·監正, 訓練院正·5衛上將軍이다(『경국대전』 권1, 이전 경관직 ; 권4, 병전 경관직).

	무관(군사)	제수						제수
	잡직							
	토관							
산	정3당하관	準職이하제수	→	→				준직이하제수
관	종3~종9	제수						제수
재 직 자	정3당하관	준직제수	→	→				승직, 준직제수
	종3~종9	승직이나 준직제수	→	→				승직, 준직제수

제6장 官階의 陞資와 官職의 遞職

1. 官階의 陞資(加資·超資)

1) 文散階

(1) 散官·前啣官

산관은 관계를 가진 자이고 전함관은 전직 관인인데, 전함관도 관계를 가졌기에 산관에 포함하여 파악한다. 산관의 승자는 산계별로 차이는 있지만 관계를 획득할 때와 같이 문산계는 문과, 친공신·원종공신책록, 군공책록, 대가 등에 의하였다.

문산계를 가진 산관은 문과에 급제하면 급제등급에 따라 4~1계를 가자 받고 받을 가자가 백신에게 수여할 관계와 같거나 낮은 경우에는 다시 1계를 가자하였으며, 資窮階인 정3품 通訓大夫는 등급에 관계없이 준직(정3품 직)에 제수되었다. 급제등급별 가자 관계는 다음과 같다.

종6상 宣敎郞 : 갑과 1등인 종8품 통사랑
4계 : 갑과 1등(종9품 장사랑~정4 봉렬대부)
3계 : 갑과 2, 3등(종9 장사랑~정4 봉정대부)
2계 : 을과(종9 장사랑~종3 중훈대부)

1계 : 병과(종9 장사랑~종3 중직대부)
準職제수 : 정3품 통훈대부 급제자[1]

문산계를 가진 산관은 친공신과 원종공신에 책록되면 그에 따른 상전으로
3품계와 1계가 가자되었다. 군공 1~4등에 책록된 산관은 1~4계가 승자되었
다. 현직 당상관이나 정3품 관인의 자손 등은 세종 31~성종 22년에 백관이나
수십~수백명을 대상으로 실시된 30여 회의 가자 때 마다 대가로 1~2계
이상(탁음자가 중복될 경우) 가자되었다.

이러한 대규모로 실시된 가자로 인한 대가로 세조대 이후에는 다수의
산관이 참상관은 물론 정3품 통훈대부 이하의 당하관에까지 승자되면서
대가제가 문산계를 가진 산관의 대표적인 가자제가 되었다.

(2) 官人(在職者, 顯官)

가) 堂上官
문반 당상관의 승자는 特旨에 의하거나, 拔英試·登俊試 등 특별시험과
문·무관 獎勸試 등에 의하였다.

특지제수를 통한 당상관의 승자는 왕권, 인사행정의 운영 등과 관련되어
단종대까지는 당상관의 제수에 있어 준직제수가 대부분이고 행직제수는
미미하였듯이 남발되지 않았다.[2] 그러나 세조대 이후에는 1460년(세조
6) 毛隣衛정벌에 유공한 당상관 10여 명을 1~2계를 가자하였고,[3] 1480년(성

---

1) 『경국대전』 권1, 경관직 제과.
2) 『경국대전』 권1, 경관직 제과.
3) 『세조실록』 권22, 6년 10월 경신. 가자자와 가자내용은 다음과 같다.
   예관 홍윤성 가1자(정2품정헌대부 → 종1품숭정대부).
   함길도도체찰사 정식 가2자(종2가선대부 → 정2자헌대부).
   종성절제사 박형 가2자승직(종2가정대부 → 정2정헌대부함길도도절제사).

종 11) 건주위정벌에 유공한 문무 당상관 21명을 종2품 가선대부~정2품 정헌대부에 승진시킨⁴⁾ 예와 같이 당상관 승자가 남발되었다. 그리하여 예종·성종대에는 "당상관이 400여 명이나 되기에 100여 직에 불과한 당상관직에 제수되지 못한 300여 명은 녹봉을 타기 위하여 8, 9품의 군직에 행직제수되었고, 당상관직에 제수된 100여 명도 대부분이 행직으로 제수되었다"⁵⁾고 하였듯이 행직제수가 일반화되면서 당상관은 물론 당하관 이하의 인사적체가 심화되었다.

또 세조대에는 문신과 무신 능력자를 우대하기 위해 왕 12년에 현직 문무관을 대상으로 한 拔英試와 登俊試가 실시되었는데,⁶⁾ 이 재예시에는 문·무과와 문·무과중시와는 달리 당상관도 응시할 수 있었기에 이에 급제한 당상관은 승자와 함께 승직되었다.⁷⁾

나) 堂下·參上官(정3~종6)
정3~종6품 관인의 문산계 승자는 산계별로 차이는 있지만 대개 문산계와 같이 고과제와 수십~수천명을 대상으로 실시된 대규모 가자, 이와 관련된 대가를 중심으로 무과와 무과중시, 군공, 공신·원종공신 책록, 국왕즉위·왕세자의 책봉이나 탄생·대행왕·왕비의 장례와 附廟 때의 종사, 명사의 청탁,

---

길주목사 강순 가1자(종2가정대부 → 정2자헌대부종성절제사).
동지중추원사 곽연성 가1자(종2가정대부 → 정2자헌대부).
회령부사 김사우 가1자승직(종2가정대부 → 정2자헌대부지중추원사).
예조참판 이극배 가1자(종2가정대부 → 정2자헌대부인순부윤).
예조참의 강효문 가2자승직(정3당상 → 종2가정대부예조참판).

4) 『성종실록』 권113, 11년 1월 신묘.
5) 崔承熙, 1985, 「朝鮮時代 兩班의 代加制」, 『震檀學報』 60, 8~16쪽 ; 韓忠熙, 1985, 「朝鮮 世祖~成宗代이 加資濫發에 대하여」, 『韓國學論集』 12, 172~187쪽.
6) 『국조문과방목』 발영시·등준시.
7) 당상관급제자는 발영시가 40명 중 19명이고 등준시가 11명 중 9명이다. 이 중 지중추 김수온, 호판 노사신, 예참관 강희맹, 절충장군 이예, 승지 정난종, 동지중추 임원준, 동지중추 서거정의 7인은 양과에 모두 급제하였다(동상조).

문·무관장권시, 특지 등에 의하였고,[8] 오위 제병종 군사는 위의 내용과 근무일수에 의하였다.

資窮인 당하관(정3품 통훈대부)의 승자는 準職인 승문원판교·통례원좌통례·봉상시정을 역임하거나 문과·문과중시,[9] 특지 등에 의하였다. 무산계 정3품 어모장군인 관인은 준직인 훈련원정을 역임하거나,[10] 무과와 무과중시 및 재예시 급제를 통해 당상관인 절충장군에 승자되었다.[11] 또 1468년(세조 14) 병조정랑으로 온양별시문과에서 장원으로 급제한 柳子光을 당상관에 특진시키고 병조참지에 제수하였고,[12] 1480년(성종 11)에 건주위정벌에 유공한 문무관 수십명을 당상관에 승진시켰던[13] 것과 같이 세조대 이후에는 남발된 특지에 의해 수시로 1~수십명이 당상관에 승자되었다.

종3~종6품관 무반은 문반과 같이 고과제에 의해 5고3상의 고과를 받으면 1계가 가자되었고, 10고10상의 고과를 받으면 상으로 1계가 가자되었다.[14]

조선 개국초에는 수십~수천명을 대상으로 한 대규모의 가자가 실시되지 않았지만 1449년(세종 31)에 병중인 세자가 쾌유되자 推恩으로 종친과 전현직 문무백관과 중앙군사 수천명에게 1계를 가자하거나 대가하는 가자를 실시한[15] 이후에는 왕권의 안정도모·백관위무, 수차에 걸친 여진정벌 등과 관련되어[16] 다음의 표와 같이 수십차에 걸쳐 대규모의 가자가 시행되었다. 또 세조~성종대에는 공신과 문·무관을 우대하기 위하여 30여 회에 걸쳐

---

8) 崔承熙, 1985, 「朝鮮時代 兩班의 代加制」(『震檀學報』60), 8~16쪽 ; 졸고, 앞 논문(1985), 172~187쪽.
9) 『경국대전』 권1, 이전, 경관직제과
10) 『경국대전』 권4, 병전 경관직 훈련원.
11) 『경국대전』 권1, 이전 경관직 제과.
12) 『세조실록』 권45, 14년 2월 병오.
13) 『성종실록』 권113, 11년 1월 을유·경술.
14) 『경국대전』 권1, 경관직 포폄.
15) 『세종실록』 권126, 31년 12월 기유, 갑인.
16) 졸고, 앞 논문(1985), 168~172쪽.

〈표 6-1〉 세종 31~성종 25년 대규모(수백~수천명) 가자[17]

		가자내용			비고(가자
		가자사유	가자대상	가자내용	인원)
세종 31년 12월		세자쾌유	종친·전현직 문무백관, 중앙군사 등	1계 가자(자궁〈통훈대부·어모장군〉이하)나 대가(당상관)	수천명
문종1.1		국왕즉위	동상	동상	수천명
단종즉.윤9		국왕즉위	동상	동상	수천명
세조	1년 윤6월	국왕즉위	전·현직관인 등	1계가자(자궁[18]이하 문·무관과 종친 등)나 대가(전·현직 당상관)	수천명
	1.12	원종공신책록	원종공신	동상	1,900여명
	3.8	세자쾌유	시위종친·대신·장졸 등	1계가자(종3품 이하)나 대가(자궁이상)	수천명
	7.12	왕세손출생	현직종3품이하 관인	1계 가자	수천명
	10.6	원각사불상서	현직 자궁이하 관인	1계가자(종3이하)나 대가(자궁)	수천명
	11.4	원각사불상서	동상	동상	수천명
	12.3	표훈사불상서 (금강산행행중)	호가종친·대신·장졸 등	1계가자(종3이하)나 대가(자궁이상)	수천명
	13.4	원각사불상서	현직자궁이하 관인	1계가자(종3이하)나 대가(자궁)	수천명
	13.8	이시애난토벌	군공자	1~초3계	수천명
	13.11~12	건주위정벌	군공자	1~초2계	수천명
예종즉.11		국왕즉위	현직자궁이하 관인	1계가자(종3이하)나 대가(자궁)	수천명
성종	즉.11	국왕즉위	동상	동상	수천명
	2.8	원종공신책록	원종공신	동상	1,059명
	6.2	의경왕고명승인	동상	동상	수천명
	7.11	왕세자출생	동상	동상	수천명
	12.5	왕비윤씨고명승인	동상	동상	수천명
	16.5	정희왕후부묘	동상	2계가자(종3이하 집사), 1계가자(종3이하)나 대가(자궁)	수천명
	23.5	올적합정벌	군공자	1~초1계나 1계 대가	수천명
	25.2	왕세손출생	현직자궁이하 관인	1계가자(종3이하)나 대가(자궁)	수천명

수십~수백명을 대상으로 한 가자가 시행되었다.[19]

---

17) 졸저, 2006, 『소선조기의 정치제도와 정치』, 계명대학교출판부, 453쪽, 〈표 11-6〉에서 전재.

18) 문관 정3품 통훈대부와 무관 정3품 어모장군을 당하관이 승자할 수 있는 마지막 관계라 하여 자궁이라 하였고, 이 두 관계는 자궁으로 통칭되면서 사용되었다(『경국대전』 권1, 이전 경관직 제과).

제6장 官階의 陞資와 官職의 遞職 121

이러한 가자가 실시될 때마다 다소의' 차이는 있지만 정3품 어모장군 이상의 관인은 자·손 등 중의 1인에게 대가를 주었지만, 종3품 이하의 관인은 1계를 가자 받았다.[20] 또 이 가자와 관련된 대가로 인해 가자시 마다 정3품 이상 관인의 자·손 등 관인은 1계나 2계 이상(탁음자가 중복될 경우)을 가자 받았다. 이리하여 현직 관인의 대부분이 참상관은 물론 정3품 어모장군에까지 승자하는 즉, 관인의 고계화가 일반화되면서 행직제수가 만연함은 물론 인사적체를 심화시켰다.[21]

考課制를 통한 가자는 관인의 근무의욕을 고취하고 관료사회의 기강을 확립하면서 선정을 보장하는 인사제도의 핵심이 되는 제도이다. 조선 개국초에는 경·외의 문반 모두와 무반 당상관에 한하여 고과에 따라 15개월에 1계를 가자하였다(무반 3품 이하는 제외).[22] 그 후 관제정비, 경·외관의 권장, 효율적인 인사행정 등을 위하여 몇 차에 걸쳐 개변되면서 정비되었다. 세종대에는 5년에 송·원제를 참작하여 경관은 매 6개월에 1번씩(1考) 상·중·하로 근무성적을 매겨 5考3上 이상이면 1계를 가자하도록 개정하였고,[23] 수령은 5고3상 이상이면 1계를 가자하도록 규정하였다. 이어 7년에 무반도 문반의 예에 따라 5고3상 이상이면 1계를 가자하도록 개정·규정하였다.[24] 다시 26년에 경·외의 문·무 참외관(정7~종9품)은 당하관·참상관과는 달리

---

19) 가자의 실시시기와 내용은 앞 〈표 5-4〉 참조.
20) 백관 등 수천명을 대상으로 한 가자에 있어서 세종 31~세조 1년에는 정3품 당하관 이하 모두에게 1계를 가자하였고, 세조 3년 이후에는 종3품 이하 모두에게 1계를 가자하였다(『세종실록』 권126, 31년 12월 기유·갑인 ; 『세조실록』 권8, 3년 8월 신축 외).
21) 졸고, 앞 논문(1986), 190~193쪽.
22) 『세종실록』 권23, 7년 6월 경자 ; 권29, 7년 7월 경진. 외관은 명확하지 않지만 "태조 1년에 수령의 고과법을 제정하였다"(『태조실록』 권1, 1년 8월 신해)고 한 것에서 가자제가 실시된 것으로 추측하였다(한충희, 위 논문 166쪽).
23) 『세종실록』 권20, 5년 6월 갑인 ; 권47, 12년 1월 기사. 송·원제는 한충희, 위 논문, 166쪽 주(7) 참조.
24) 『세종실록』 권29, 7년 7월 경진.

3고2상 이상으로 1계를 가자하도록 개정하였다.[25] 세종말까지 정비된 고과제가 세조~성종초의『경국대전』편찬과 함께 "6품 이상은 근무일수 900일, 7품 이하는 근무일수 450일이 차면 관직을 옮겨주고, 또 5고3상과 3고2상 이상자에게 1계를 올려준다"고 법제화되었다.[26] 종3~종6품관인은 근무일수 900일에 5회 고과를 실시하여 3회 이상 上等者는 1계가 가자되고, 5년에 10考 10上인 자는 상으로 1계를 가자 받았다.[27]

정3품 통훈대부 이상의 친공신·원종공신인 문·무관과 기술관 종3품 이하 관인은 대가제에 의하여 세종 31년~성종 25년에 수십 차에 걸쳐 수십~수천명의 관인을 대상으로 한 가자가 실시될 때마다 대가로 1계를 받거나 1계를 가자 받았다.

문·무관 종3품관 이하는 문·무과와 문·무과중시 급제자는 모두 그 성적에 따라 1~4계를 가자 받았고, 정3품 통훈대부와 어모장군인 관인은 당상관에 승자되었다.[28]

다) 參下官

참하관인 정7~종9품관은 고과제에 따라 1.5년에 3고2상으로 1계를 가자받았고, 5년에 10考10上인 자는 상으로 1계를 가자 받았다.[29] 당하·참상관과 같이 문과에 급제하면 성적에 따라 4~1계, 친공신과 원종공신에 책록되면 3품이나 4~1계, 군공 1~4등에 책록되면 4~1계가 각각 가자되었다. 또 세종 31~성종 25년에 수십 차에 걸쳐 수십~수천명의 관인을 대상으로 한 가자가 실시될 때마다 1계가 가자되었고, 부조 등이 당상관이나 정3품인 경우는

25)『세종실록』권106, 26년 11월 을해.
26)『경국대전』권1, 이전 경관직·외관직 ; 권4, 병전 경관직조.
27)『경국대전』권1, 이전 포폄조.
28)『경국대전』권1, 이전 제과 ; 권4, 병전 무과.
29)『경국대전』권1, 이전 포폄.

부조 등이 받을 1계를 대가로 받았다.[30]

왕과 세자의 처족인 돈령부 관인의 가자는 그 산계가 문산계와 같고 문반과 동일시되었기에 문반과 같은 내용으로 가자되었다.

라) 技術官(醫·譯·陰陽官)

의원·역관 등 기술관은 동반과 같이 참상관은 5考3上, 참하관은 3고2상의 고과성적에 의해 승자되었다.[31] 그러나 이들이 제수되었던 잡직은 체아직이고 1년에 4都目으로 교체되었던 만큼 승자가 크게 지체되었고, 정6품이 한품이었다. 또 의술에 정통한 자는 御醫로 뽑히었고, 정3품이 限品이었지만 국왕의 총애를 받아 종2품에까지 승자하고 동반직에도 제수되었다.[32]

2) 武散階

(1) 散官·前啣官

무산계는 무과, 원종공신책록, 군공책록, 대가, 군역근무 등에 의하였다. 무산계를 가진 산관은 무과에 급제하면 급제등급에 따라 4~1계를 가자 받고 받을 가자가 백신에게 수여할 관계와 같거나 낮은 경우에는 다시 1계를 가자 받았으며, 정3품 어모장군은 급제성적에 구애되지 않고 준직에 제수되었다. 급제등급별 가자 관계는 다음과 같다.

---

30) 『경국대전』 권1, 이전 제과.
31) 『경국대전』 권1, 이전 경관직 ; 권4, 병전 경관직조.
32) 대표적인 인물로는 全循義(정2, 세조 10), 金尙珍(예종즉), 車得珍(성종 19), 宋欽(성종 25), 金興守(성종 25)(이상 종2)가 있었다(韓忠熙, 위 「朝鮮 世祖-成宗代의 加資濫發에 對하여」, 171쪽).

종6품상 여절교위 : 갑과 1등인 종8품 수의부위

4계 : 갑과 1등(종9품 전력부위~정4 소위장군)

3계 : 갑과 2·3등(종9 전력부위~정4 과의교위)

2계 : 을과(종9 전력부위~종3 보공장군)

1계 : 병과(종9 전력부위~종3 건공장군)

준직제수 : 정3품 어모장군 급제자[33]

　무산계를 가진 산관은 문산계를 가진 문관과 같이 친공신·원종공신책록에 따른 상전, 군공 1~4등 책록에 따라 3품이나 4~1계가 가자되었다. 또 세종 31~성종 22년에 백관이나 수십~수백명을 대상으로 실시된 30여 회의 대규모로 행해진 가자 때마다 1계가 가자되고, 조부 등이 당상관이나 정3품 통훈대부인 관인은 부조 등이 받을 1계를 대가로 받았다(탁음자가 중복될 경우는 2계 이상).[34] 이러한 대가로 다수가 산관이 참상관은 물론 정3품 어모장군 이하의 당하관에까지 승자되었다.

　5위 위속 근무로 산계를 획득한 군사는 근무일수 48~1,080일이 차면 1계가 승자되었고, 신분과 관련된 병종에 따라 정3품 당하관 이하로 승자가 제한되었다. 위속 군사의 병종별 승자소요 근무일수와 상한 관계는 다음의 표와 같다.

<표 6-2> 조선초기 오위 병종별 승자 소요일수와 상한관계[35]

병종	분번수	복무개월	가계일수	상한관계	병종	분번수	복무개월	가계일수	상한관계
겸사복	장번			정3	팽배	5	4	1,080	종8
선전관	장번			정3	대졸	5	4	1,080	종8
내금위	장번			정3	정병	8	2	64	종5
갑사	5	6	62	종4	충순위	7	12	74	종5

---

33) 『경국대전』 권1, 이전 제과 ; 권4, 병전 무과.

34) 앞 117~118쪽 참조.

별시위	5	6	48	종3	족친위	장번		144	종4
친군위	2	12	56	종3	충의위	장번		144	종3
파적위	5	4	106	종5	충찬위	5	4	39	종5
장용위	5	6	62	종6	보충대	4	4	1,000	잡직종9

(2) 官人(在職者, 顯官)

가) 堂上官

무관 당상관의 승자는 종2품~정1품의 관계는 문산계와 같고,[36] 정3품 당상관계만이 독자적인 절충장군이었지만 그 승자는 문산계와 같았다. 즉 무반 당상관은 문반과 같이 特旨에 의하거나, 軍功, 拔英試·登俊試 등 특별시험 과 문·무관 奬勸試 등에 의하였다.[37]

나) 堂下·參上官(정3~종6)

資窮인 당하관(정3품 禦侮將軍)은 준직인 訓練院正을 역임하거나,[38] 무과 와 무과중시 및 재예시 급제를 통해 당상관계인 절충장군에 승자되었다.[39] 중추부·5위도총부·5위·훈련원·세자익위사 종3~종6품관의 승자는 문관 과 같이 고과제에 의해 5고3상의 고과를 받으면 1계, 10고10상의 고과를 받으면 상으로 1계가 각각 가자되었다.[40] 또 문관과 같이 무과·무과중시에 급제하면 급제성적에 따라 문과와 같이 모두 4계(갑과 1등), 3계(갑과 2·3등),

---

35) 『경국대전』 권4, 병전 번차도목조. 그 군액은 각각 갑사 14,800명(상번자 2,960), 별시위 1,000(300), 친군위 40(20), 파적위 2,500(500), 장용위 600(120), 팽배 5,000 (1,000), 대졸 3,000(600), 정병·충순위·족친위·충의위·충찬위 무정액(무정액)이었 다(정병은 성종 3년에 42,500(5,310)).

36) 『경국대전』 권4, 병전 경관직.

37) 앞 118~119쪽 참조.

38) 『경국대전』 권4, 병전 경관직 훈련원.

39) 『경국대전』 권1, 이전 경관직 제과.

40) 『경국대전』 권1, 경관직 포폄.

2계(을과), 1계(병과)가 가자되었다(자궁자는 1계-당상관에 승자).[41]

또 문반과 같이 군공, 친공신·원종공신 책록, 무관장권시, 特旨로 4품(친공신)과 1~4계가 가자되었고, 세종 31~성종 22년에 행해진 30여 차의 수십~수천명을 대상으로 실시한 가자 때에 1계가 가자되고 부조 등이 정3품관 이상인 경우는 다시 대가로 1계나 2계 이상(탁음자 중복)을 받았다.[42]

다) 參下官(정7~종9)

참하관은 당하관·참상관과 같이 고과제, 무과·무과중시, 군공, 공신·원종공신 책록, 무관장권시, 급제, 대가, 特旨 등에 의하였다.[43] 단지 고과제는 당하관·참상관과는 달리 3考2上이면 1계가 가자되고, 10考10上이면 賞으로 1계를 받았다.[44]

라) 5衛軍士

兼司僕·內禁衛와 甲士 이하 오위에 소속된 제종의 군사는 무반과는 달리 근무일수에 따라 가자되었다. 앞의 〈표 6-2〉에서 제시되었듯이 근무일수 39일(충찬위)~1,080일(팽배·대졸)이 차면 1계가 올랐다. 그런데 이들 중 겸사복·내금위·족친위·충의위는 1년 내내 근무하였지만 그 외는 1년에 2(친군위)~8(정병)교대로 근무하고, 또 1회의 복무일수가 2(정병)~12개월(친군위)이었기에 병종별 편차가 심하였다. 또 병종에 편제된 군사의 신분이 양반, 양인, 천인인 것과 관련되어 병종별로 승자할 수 있는 관계가 정3~종8품계인 등 차이가 있었다.

---

41)『경국대전』 권1, 이전 제과조.
42) 앞 119~123쪽 참조.
43) 앞 〈표 6-2〉 참조.
44)『경국대전』 권1, 이전 경관직 포폄.

3) 宗親·儀賓階

(1) 宗親階

종친은 당상관은 문·무반과 같이 特旨를 중심으로 공신책록, 才藝試 등을 통하여 가자되었다.

정3품 당하관은 특지를 중심으로 친공신·원종공신 책록과 군공 등을 통해 당상관계에 승진하였다. 종3~종4품관은 문반과 같이 가자되었고, 정5~정6품관은 매 15개월에 가자되었다.[45] 그러나 종친직은 세종 28년부터 정5품관 이하는 재정의 부족으로 1년에 4차례 녹봉을 받는 정직에서 근무기간에만 녹봉을 받는 체아직으로 전환되었다.[46]

(2) 儀賓階

정1품 成祿大夫~정3품 正順大夫의 관계를 가진 의빈은 종친과 같이 특지를 중심으로 친공신·원종공신 책록 등으로 가자되었다.

종3품 明信大夫·敦信大夫는 종친과 같이 문반의 예에 따라 가자되었다.

4) 雜職·土官階

(1) 雜職階

잡직계를 가진 잡직의 遷官·加資(仕數)는 "체직과 가계에 소요되는 근무일수는 경관과 같다. (단지) 6품 이상의 가계는 (경관근무일수의) 곱절로

---

45) 『경국대전』 권1, 이전 경관직.
46) 『세종실록』 권111, 28년 2월 경술.

한다.[47]"고 하였듯이 정7~종9품관은 근무일수 450일이 되면 천관되고 가자되었고, 6품 이상은 1,800일이 되면 천관되고 가자되었다. 또 토관은 순차와 품계를 토대로 초직(종9품 攝事〈문관〉·副勵勇〈무관〉)이나 차상위직에 제수되었다.[48] 그런데 근무일수(사수)로 가계되는 무반 체아직은 승직이 근무일수를 토대로 한 順次와 才藝試 등의 성적에 따라 소속 부대의 차상위직에 승직되거나 차하위직 이하에 강직되었다.[49]

이에서 잡직과 동반 토관직은 문반과 같이 체직·승직되거나 강직·파직되었고, 서반 토관은 무반체아직과 같이 근무일수를 토대로 한 순차에 따라 승직된 것으로 추측된다.

또 동·서반잡직자는 극소수가 동·서반 정직에 진출하기도 하였으나, 그 신분적인 지위등과 관련되어 1계를 내려서 제수받는[50] 등 차별을 받았다.

(2) 土官階

토관계를 가진 산관은 "체직과 가계에 소요되는 근무일수는 경관과 같다. (단지) 6품 이상의 가계는 (경관근무일수의) 곱절로 한다.[51]"고 하였듯이 정7~종9품관은 근무일수 450일이 되면 천관되고 가자되었고, 6품 이상은 1,800일이 되면 천관되고 가자되었다.

지금까지 살핀 조관, 종친, 의빈, 잡직, 토관의 승자를 종합하면 다음의 표와 같다.

---

47) 『경국대전』 권1, 이전 성관직 잡직·토관직조.
48) 『세종실록』 권77, 19년 6월 기묘.
49) 『경국대전』 권1, 이전 경관직 체아직조.
50) 『경국대전』 권1, 이전 경관직 잡직조.
51) 『경국대전』 권1, 이전 경관직 잡직·토관직조.

〈표 6-3〉 조선초기 관인 승자 종합52)

		문·무과			잡과		
		갑과	을과	병과	1등	2등	3등
조관		4~3계	2계	1계			
종친							
의빈							
외척		4~3계	2계	1계			
무관		4~3계	2계	1계			
잡직관					1~5계(역과), 1~4계(음양·의·율과)	1~4계(역), 1~3계(음양과 등)	1~2계(역·음양과 등)
관계자	당상관						
관계자	정3당하	준직(정3계), 당상(준직)	→	→			
관계자	3~6	4~5계	2~3	1~2			
관계자	7~9	4~5계	2~3	1~2			
현직자	당상관						
현직자	정3품관	준직(정3계), 당상(준직)	→	→			
현직자	종3~종6품관	4~5계	2~3	1~2			
현직자	7~9관	4~5계	2~3	1~2			

		음서			친공신		
		공신, 1~2품 자손 등	현직3품 자손	청요직 역임자 자	1등	2등	3등
백신		종7 동정직	종8 동정직	종8 동정직	3품계	2품계	1품계
관계자	당상				대가	대가	대가
관계자	자궁	정3품직	→	→	대가	대가	대가
관계자	3~6	3~6품직	→	→	3품계	2품계	1품계
관계자	7~9	7~9품직	→	→	3품계	2품계	1품계
현직자	당상				대가	대가	대가
현직자	자궁				대가	대가	대가
현직자	3~6				3품계	2품계	1품계
현직자	7~9				3품계	2품계	1품계

		원종공신			군공등제			대가
		1등	2등	3등	1등	2등	3등	대가
백신		3계	2계	1계	3계	2계	1계	1계이상
관계자	당상	대가	대가	대가	대가	대가	대가	
관계자	자궁	대가	대가	대가	대가	대가	대가	
관계자	3~6	3계	2계	1계	3계	2계	1계	1계이상
관계자	7~9	3계	2계	1계	3계	2계	1계	1계이상

52) 『경국대전』 권1, 이전 제과, 앞 117~130쪽에서 종합.

	백신	백관가자			고과	근무일수	기타(특지등)	비고
현직자	당상	대가	대가	대가	대가	대가	대가	
	자궁	대가	대가	대가	대가	대가	대가	
	3~6	3계	2계	1계	3계	2계	1계	
	7~9	3계	2계	1계	3계	2계	1계	1계이상
관계자	당상					관계획득	제수	
	자궁						승자등	
	3~6						승자등	
	7~9					1계	승자등	
현직자	당상					1계	승자등	
	자궁	대가1계					승자등	*1계이상
	3~6	대가1계			승당상관		승자등	동상
	7~9	1계			1계	1계	승자등	동상
		1계			1계	1계	승자등	동상

2. 官職의 遞職

1) 文·武班職

(1) 平遷

문·무반 관원의 체직 중 타 관아의 동품 직에 체직되는 평천은 『경국대전』 이전 경관직에

6품관 이상은 근무일수가 900일, 7품관 이하는 근무일수가 450일이 차면 관직을 옮겨주고, 종친부·의빈부·돈령부의 각1원 외, 상서원직장 이하·통례원상례 이하·사헌부와 사간원 관원·체아수직자는 (근무일수가 차도 관직을) 옮겨주지 아니한다. * (관직을 옮겨줄 때) 의정부·육조 정3품관 이하는 모두 가자하고, 그 외 (관아의 정3품관 이하는) 직질이 같은 관직으로 옮겨주며, 현능하고 근로한 관인과 7품 이하 관원은 이 규정에 적용되지 않는다〈( ) 필자보〉.53)

라고 하였듯이 의정부·육조, 종친부·의빈부·돈령부의 각1원과 상서원 직장 이하·통례원 상례이하, 사헌부·사간원 관원, 체아수직자, 현능근로자를 제외한 모든 경관 문·무반 참상관과 당하관은 900일이 차면 타관아의 동품직에 체직되었고, 참하관(정7~종9)은 450일의 근무일수가 차면 타 관아에 승직하면서나 동품직에 체직되었다. 근무일수가 차면 평천된 관직은 다음의 표와 같다.

〈표 6-4〉 조선초기 경관 문·무반 평천 관직(겸관제외)[54]

관아		관직	
		당하관	참상관
동반	의빈부	경력, 도사	
	돈령부	정, 부정, 첨정	판관, 주부
	의금부	경력, 도사	
	한성부	서윤, 판관	
	개성부	경력	도사, 교수
	충익부		도사
	장례원	사의, 사평	
	홍문관	직제학, 전한, 응교, 부응교	교리, 부교리, 수찬, 부수찬
	성균관	사성, 사예	직강
	상서원		판관
	승문원	참교, 교감	교리, 교검
	통례원	우통례, 상례, 봉례	찬의, 인의
	봉상시 등 8시[*1]	정(봉상시 제외), 부정, 첨정	판관, 주부
	교서관		교리
	사옹원 등 5원[*2]	정, 부정, 첨정	판관, 주부
	군자감 등 6감[*3]	정, 부정, 첨정	판관, 주부
	세자시강원	보덕, 필선	문학, 사서
	전설사	수	
	내수사		전수
	풍저창·광흥창	수	주부
	사직서 등 8서[*4]		령, 주부
	장원서 등 3서[*5]		장원, 사축, 사지
	5부		주부
	8도		도사

---

53) 『경국대전』권1, 이전 경관직 六品以上 仕滿九百 七品以下 仕滿四百五十 遷官 宗親府儀賓府敦寧府各一員外 及尙瑞院直長以下 通禮院相禮以下 司憲府司諫院 官員 遞兒受職者 否 議政府六曹堂下官 並陞敍 其餘平敍 有賢能勤勞者 及七品以下員 不在此限.

54) 『경국대전』권1 이전·권4 병전 경·외관직에서 종합.

부윤부	서윤	
군현	대도호부사, 목사, 도호부사, 군수	현령, 현감, 승의전령, 판관
역		찰방

	중추부	경력	도사
서 반	5위도총부	경력	도사
	훈련원	부정, 첨정	판관, 주부
	세자익위사		익위, 사어, 익찬, 위솔

*1 종부·사복·군기·내자·내섬·사도·예빈·사섬시
*2 사옹·내의·상의·장악·사역원
*3 군자·제용·선공·사재·관상·전의감
*4 소격·종묘·사직·평시·사온·전생·혜민·전옥서
*5 장원·사축·조지서

(2) 昇遷·陞職

법제적으로는 의정부와 육조의 모든 낭관만 임기가 차면 가자되고 승천·승직되면서 체직되도록 규정되었다. 그러나 승문원과 교서관 참하관도 정7품직인 博士가 결원이 되면 차상위직에 차례차례로 승진되면서 제수되었으니 (次次遷轉)[55] 임기에 구애되지 않고 승직되도록 규정된 셈이다.

그런데 7품 이하 관원과 현능근로자는 임기와 승직에 제한을 두지 않았으니 이들 중의 일부도 임기에 구애되지 않고 승천되었다고 하겠다. 또 조선초기의 인사행정을 보면 승천되도록 된 관직은 물론, 평천되도록 된 모든 관직도 임기에 구애 없이 문·무과와 문·무과중시,[56] 문·무반 장권시 급제,[57] 친공신[58]·원종공신 책록,[59] 군공[60] 등에 의하여 승천되었다.[61] 또 세조~성

---

55) 『경국대전』 권1, 이전 경관직 승문원·교서관조.
56) 『경국대전』 권1, 이전 제과.
57) 발영시·등준시 등(『국조방목』 권3, 발영시·등준시방).
58) 친공신의 승직은 조선초기에 책록된 8공신 중 정난공신(秩卑著陞職)과 적개공신(進階遞職有差)에게만 확인된다(『단종실록』 권9, 1년 11월 경신 ; 『세조실록』 권43, 13년 9월 임오). 이때 질비자의 품계는 확인되지 않지만 정3품 당하관 이상은 본인이 받은 관계를 대가로 자손에게 수여하였고, 종3품 이하는 본인이 가계되었으며, 정난3등공신에 책록된 주서 유자환이 곧바로 참상관에 승자하면서 집정인 領議政兼內外兵馬都統使 首陽大君의 종사관이 되었고, 이후 "매 도목 마다 승자시켜 당하관에

종대에는 특지가 남발되면서 임기에 구애되지 않고 次上位 직질의 관직은[62] 물론 2단계 이상 직질의 관직에 제수되는 경우도 많았다.[63]

(3) 左遷·降職

경외 당하관 관인은 법제적으로는 『경국대전』 포폄조에

① 경관은 (소속된) 관아의 당상관·제조·屬曹(6조)의 당상관, 외관은 (소속된

이르게 하라"는 교지에 따라 4년여에 당하관이 되고, 그 1년 뒤에 당상관에 승진하면서 동부승지에 발탁된 예에서 종3품 이하로 추측된다. 또 개국공신 등 6공신에 공신의 승직이 언급되지 않은 것은 질비자로 책록된 공신이 없었음과 연관되었을 것으로 추측된다. 조신초기 8공신의 공신책록 당시의 관직(관품)은 다음의 표와 같다(정두희, 앞 책(1983)과 『조선왕조실록』에서 종합).

공신	정1	종1	정2	종2	정3상	정3	종3~종4	정5~종9	백신·불명	합계
개국공신	4	4	5	8	13	10	8			52
정사	10	3	6	6	1	1	2			29
좌명	6	4	8	9	6	6	7			46
정난	2	2	2	2	6	2	6	18	3	43
좌익	6	5	7	7	11	1	6	2		46
적개	3	3	11	14	8	4	1	1		45
익대	12		6	6	2	1	1		11	39
좌리	19	6	21	21	6					73
합계	62	27	66	73	53	25	31	21	14	363

59) 『세조실록』 권2, 1년 12월 무진 외.
60) 『세조실록』 13년 8월~12년 ; 『성종실록』 권265, 23년 5월 정축.
61) 문·무과, 공신책록 등을 통한 승천(승직)을 표로 정리하여 제시하면 다음과 같다(앞의 133~134쪽에서 종합).

	문·무과	문·무과 중시	친공신 책록	군공	기타(발영·등준시 등)	비고
당상관				승직*	승직	* 일부
정3	승당상직	승당상직		승직*	승직	* 일부
종3~종9			승직	승직*	승직	* 일부

62) 『경국대전』 권1, 이전 경관직.
63) 『경국대전』 권1, 이전 경관직.

도의) 관찰사가 (매년) 6월 15일과 12월 5일에 (상·중·하) 등급을 매겨 (이조와 병조)에 보고한다. (중략) (이조와 병조에서는) 10번의 고과에서 10번 상등인 (종3~종6품수령은) 1계를 가자하고, *정3품관인(階窮)은 (당상관에) 승직시키고, 목사·대도호부사는 (승직) 시키지 아니한다. (10회의 고과성적이) 2번 중을 받은자는 무록관에 서용하고, 3번 중을 받은 자는 파면한다. (당하관 수령은) 5번·3번·2번의 고과 중 1번이라도 중을 받은 자는 더 좋은 관직에 제수하지 아니하고, 2번 중을 받은 자는 파직하고, 당상관 수령은 1번이라도 중을 받으면 파직한다〈( ) 필자 보).[64]

이라고 한 것과 같이 5년에 받은 10차의 考課(근무평가)에서 2中을 받으면 무록관에 서용되었고, 2.5년과 1.5년에 받은 5고와 3고의 고과에서 1중의 고과를 받으면 좌천되었다. 실제로도 당하 관인은 이 규정에 따라 대부분은 좌천되었지만 일부의 경우는 국왕의 특지에 따라 좌천을 면하고 평천되었다.

또 당상관 이하 모든 관인은 公罪나 私罪를 범하면 대간의 탄핵에 따라 좌천되거나 파직되었다. 대간의 탄핵으로 인한 좌천 등은 왕권의 강약, 국왕의 언관 억압·우용, 대간의 활동, 통치질서 등과 관련하여 태종·세종전반기·세조대에는 그 수가 많았고, 성종대에는 그 수가 적었다.[65]

---

64) 『경국대전』 권1, 이전 표폄 京官則其司 堂上官, 提調, 及屬曹堂上官 外官則觀察使 六月十五日 十二月十五日 等第啓聞 (중략) 十考十上則 賞加一階 *階窮者陞職 牧以上則否 二中於無祿官敍用 三中罷職五考三考二考者 竝一中勿授右職 二中罷職 (중략) 堂上官守令 一中罷職.

65) 왕대별 탄핵 건수는 다음 표와 같다(재위기간이 짧은 정종·문종·단종·예종 제외, 최승희, 1976, 『조선초기 언관·언론연구』, (서울대)한국문화연구소, 243쪽 〈표 1-2, 태조~세조대〉, 정두희, 1989, 『조선 성종대의 대간연구』, 한국연구원, 10쪽 〈표 1, 성종대〉에서 종합).

분야	태조		태종		세종		세조		성종	
	수	100	수	100	수	100	수	100	수	100
탄핵	73	59	581	56	932	50	277	62	3,280	68
그외*	50	41	294	44	930	50	170	48	1,525	32
계	123	100	875	100	1,862	100	447	100	4,805	100

그런가 하면 대간은 국왕의 언론탄압, 왕권과 국왕·왕실, 특지제수 등과 관련된 언론활동 등으로 인하여 세종 15년에 세종이 승정원에 한 말 중에 "내가 우리나라의 관리가 사헌부관에 제수되면 그를 두고 의금부 옥졸들이 '오늘은 비록 사헌부에서 시무하고 있지만 내일에는 반드시 하옥되어 나의 制御를 받을 것이다' 라고 말한다고 들었다."[66]라고 한 예와 같이 태종·세종전반기·세조대에는 대간이 자주 좌천되고[67] 파직되었으며,[68] 소수는 유배되기까지 하였다.[69]

2) 技術職·雜職·土官職

(1) 技術職

잡과급제를 통해 진출되는 역관, 의관, 음양관, 율관 등 기술직은 그 신분·전문성과 관련되어 모두가 체아직이었고, 뒤의 표와 같이 중앙의 각급 기술관아와 지방관아에 제수되었다.

이들 잡직관의 체직·승직·파직은 加階가 문·무반과 같았듯이 문·무반의 그것과 같이 근무성적(고과), 공로·과오에 의하였다. 그러나 문·무반 정직이 녹직이었음과는 달리 근무일에만 녹봉을 받는 체아직이었기에 5고3상(정3~종6품관)이나 3고2상(정7~종9)으로 체직되고 승직된다 하여도 문·무반 보다는 장기간이 소요되었다. 또 이들은 그 신분 및 각 관아에 편제된 관직과 관련되어 정3품~정7품직이 상한직이었고,[70] 소수이지만 정3품 당상관 이상

---

* 그 외 분야는 간쟁, 시정, 척불, 기타분야이다.
66) 『세종실록』 권65, 15년 윤8월 무진.
67) 『세종실록』 권33, 8년 9월 기해 ; 권36, 9년 6월 신유 ; 권81, 20년4월 기사, 외.
68) 『태종실록』 권28, 14년 11월 임자 ; 권30, 15년 7월 정미 ;『세종실록』 권36, 9년 6월 신유, 외.
69) 『태종실록』 권28, 14년 7월 기묘 ;『세종실록』 권8, 2년 4월 신유.

에 승자한 경우는 문·무반직으로 전환되고[71] 정3품 이하도 문·무반직으로
전환되었다.[72]

<표 6-5> 기술관 근무관아와 관직[73]

관아	정3당하	종3	종4	종5	종6	종7	종8	정9	종9	비고
내의원	정		첨정	판관	주부	직장	봉사	부봉사	참봉	
관상감	정	부정	첨정	판관						
전의감	정	부정	첨정	판관						
사역원	정	부정	첨정	판관	주부외*	직장	봉사	부봉사, 제학훈도	참봉	*한학교수
혜민서					주부외*	직장	봉사	의학훈도	참봉	*의학교수
활인서									참봉	
도								심약, 검률		
군현									한·왜학훈도	

(2) 雜職

동·서반 잡직자의 체직·승직·파직은 이를 구체적으로 보여주는 자료가
없어 알기 어렵다. 그러나 동·서반 잡직은 모두가 체아직이고, 근무일수
900~1,200일에 가자되고 종6·정6품이 되면 去官하였으며, 正職에 제수될
때에는 1계를 내렸음에서[74] 근무성적·근무일수와 과오 등에 의해 체직·승직
되고 파직된 것으로 추측된다.

---

70) 신분과 관련된 각급 기술관의 상한직은 신분·출신과 관련되어 문무관 2품이상
　　양첩과 천첩자손은 정3품과 정5품, 6품이상 양첩과 천첩자손은 정4품과 정6품,
　　7품이하 양첩과 천첩자손은 정5품과 정7품, 양첩자의 천첩자손은 정8품이다(『경국
　　대전』 권1, 이전 한품서용).

71) 『세조실록』 권21, 6년 8월 기미 曹敬智(의원)通政大夫上護軍, 『성종실록』 권1, 즉위년
　　12월 무인 金尙珍(의원)嘉善大夫同知中樞, 외.

72) 『세종실록』 권12, 5년 3월 을사(盧仲禮, 전의감부정→사재감부정. 의원) ; 권105,
　　26년 7월 29일(曹敬智. 전의판관→5위호군, 의원) 외.

73) 『경국대전』 권1, 이전 경·외관직조.

74) 『경국대전』 권1, 이전 경관 잡직(工曹 등에 소속된 잡직의 가계일수와 상한관계는
　　다음의 표와 같다).

(3) 土官職

 토관직은 그 설치지역·직능과 관련되어 대개가 근무 성적·일수에 따라 관찰사(문반)·절도사(무반)의 계문에 따라서나[75] 군공 등에[76] 의해 소속 군현 읍사의 관직내에서 체직·승직·파직되었고, 그중 일부가 문·무반직에 체직되었다.[77] 토관은 관직성격과 관련되어 문·무반 모두 정5품직이 상한이 었고,[78] 경직 문·무반에 제수될 때에는 그 신분적인 지위·직장 등과 관련되어

관아	관직	가계 일수	상한 관계	잉사자 가계일수와 상한관계	정직제수시 강자	비고
工曹	工造등	900	종6		1계	
校書館	司准등	900	종6	293, 정3	1계	
교서관등'	공조등				1계	사섬시·조지서
사옹원	宰夫등	900	종6		1계	
상의원	工製등				1계	
사복시	安驥등				1계	
군기시	공제등				1계	
선공감	공조등				1계	
장악원	典樂등	1,200	정6		1계	
소격서	尙道등		4품	서반체아 6품이하	1계	
장원서	愼花등	1,800	종6		1계	

75) 『경국대전』권1, 이전 외관 토관직 遷官加階仕數 同京官-6品以上加階倍-觀察使以本道 人擬啓-西班則節度使-授京官時降一品-兵曹同.

76) 구체적인 사례는 확인되지 않는다. 그러나 예컨대 세조 13년 이시애난과 관련된 지역이 토관이 설치된 지역이고, 동난의 토벌후에 책록한 군공자가 3,500명이나 되었음에서 상당수의 토관이 포함되었을 것으로 추측된다.

77) 앞 129쪽 주51) 참조.

78) 소속 읍격과 읍사에 따라 다음의 표와 같이 정5~종9품직으로 차이가 있다(『경국대전』 권1, 이전 외관 토관직, 권4, 병전 외관 토관직에서 종합).

관아	부윤부	대도호부	목·도호부
도무사	정5품직	정5품직	
전례서	종5	종5	
제학서 등	종6	종6	종6품직(도할사, 전례서)
수지국	종7	종7	종7(융기서 등)
전주국	종8	종8	종8
사옥국	종9	종9	종9
4부	종9		

1계를 내려서 제수받는[79] 차별을 받았다.

지금까지 고찰한 관인의 체직, 파직, 복직을 종합하여 제시하면 다음의 표와 같다.

<표 6-6> 종친과 당상~참하관 체직 소요기간[80]

		승직	평천	좌천	파직	비고
당상관	종친	부정기*		부정기	피핵	* 특지
	경외문·무관	부정기	→	→	피핵	
	수령	1년	1년	1년	1년, 피핵	
당하~참상관	의정부·6조낭관	2.5*1			피핵	*1 5고3상 이상
	사헌부·사간원관	2.5	수시	수시	공·사죄	
	종친부·육조속아문관·수령	2.5~수년	수시	수시~2.5년	5년	
참하관	의정부	1.5				
	승문·교서관관	차차천전	수시	수시		
	육조 속아문관	2.5~수년	수시	수시		

3. 加資濫發과 官人資質·人事行政

앞에서 고찰하였듯이 加資制는 경외 문·무반과 군사에게 考課制와 유공자의 표창 등을 토대로 수여되고, 관인의 근무의욕을 고취하고 관료사회의 기강을 확립하면서 선정을 보장하는 인사제도의 핵심이 되는 제도이다.[81]

그런데 조선초기에 행해진 가자를 보면 태조~단종대에는 세종 31년에 세자(문종)의 쾌유에 대한 은사로 종친, 전·현직 문·무관, 중앙군 수천명에게 1계(정3품관 이하)나 대가 1계(정3품 당상관 이상)를 가자하기도 하였지만[82] 관계와 관직을 상응시켜 주는 준직제수가 대부분인[83] 등 인사행정이 문란되

---

79) 『경국대전』 권1, 이전 잡직조.
80) 131~137쪽에서 종합.
81) 앞 122쪽.
82) 앞 주 15).

지는 않았다. 그러나 세조~성종대에는 세조 1년에 세조의 즉위와 세조왕권의 정통성 결여로 인한 백관 위무를 위해 전·현직 관인 수천 명, 원종공신 1,900여 명에게 1계나 대가 1계를 가자한 것을 시작으로 성종 22년까지 30여 차에 걸쳐 수십~수천명을 대상으로 한 가자가 행해지면서 관인의 고계화가 일반화되었다.[84] 이에 따라 여기에서는 세조~성종대의 가자남발이 세조~성종대 관인의 자질과 인사행정에 끼친 영향을 살펴본다.

1) 加資濫發과 官人資質

세조~성종대의 관인은 법제적으로 규정된 고과제를 토대로 한 都目政이나[85] 각종 공로 등을 통한 가자[86] 보다는 은사 등으로 수십차에 걸친 수백~수천명(백관)을 대상으로 한 가자가[87] 중심이 되었나.

또 역대 국왕 중 대간에 대하여 가장 강력하게 강압·탄압한 세조의 언론책에 따라 세조가 왕 3년에 사헌부·사간원에 보낸 전지에

내가 즉위한 이후 언관은 (소신을) 다 말할 수 있는 분위기를 얻지 못하였다. 하나는 내가 간난(정난정변*)과 재앙(단종복위사건*)을 모두 경험하였으므로 백성의 질고를 언론하여도 개의치 않는 것이요, 하나는 내가 불교를 좋아하므로 (불교에 대하여) 언론하면 반드시 노하는 것이요, 하나는 작은

---

83) 뒤 〈표 6-7〉 참조.
84) 앞 120쪽(대규모로 실시된 가자의 구체적인 내용은 앞 〈표 6-1〉 참조).
85) 도목정은 매년 각사의 당상관·제조와 관찰사가 6월과 12월에 등제하여 계문한 고과성적을 토대로 정기적으로 행하는 인사이다(결원이 생길 때마다 임시로 행하는 인사는 전동정이다).
86) 공로로 인한 가자는 정변유공(공신), 군공, 근무공로 등으로 실시되었는데, 군공의 경우는 그 수가 수천명이나 실시회수가 적고, 대부분은 근무공로로 실시되었는데 이 경우 그 수가 10여미만~수십여에 불과하였다.
87) 앞 〈표 6-1〉 참조.

일로 언론하면 반드시 자질구레하다(瑣瑣)고 하는 것이요, 하나는 내가 엄격하고 위엄(嚴威)이 있어 언론을 하면 득죄할까 두려워하여 언관들이 진퇴를 헤아리기 때문에 의론이 일치되든 안 되든 직임을 수행하지 못한다. 내가 그 폐단을 알고 있는 것이 오래되었다(* 저자 보).[88]

이라고 하였듯이 대간의 언론활동이 크게 위축되면서 제기능을 발휘하지 못하면서 백관규찰기능이 크게 쇠퇴되었다.[89]

이에 따라 세조대에는 가자남발로 인한 고과제의 의미 약화와 특지제수의 남발,[90] 언론의 대백관규찰 기능의 약화로

① 행부호군 朴刑과 사재부정 盧好愼이 공공연히 음행을 자행하였고,[91] 평안도도절제사 楊汀은 교만방자하고 거리낌이 없었고 사사로이 많은 사람을 죽였다.[92]

② 세조 12년에 경상, 전라, 강원, 황해도의 수령 60여 명(전직 12, 현직 50)이 불법사로 충군·장류되거나 파직되었다.[93]

③ 세조 13년에 20대의 南怡가 이시애난 토벌에 공을 세우고 敵愾功臣에

---

88) 최승희, 앞 책, 143쪽에서 전재(『세조실록』 권8, 세조 3년 7월임신 予卽位以後 言官有不得進言之路 一則予備嘗難厄 民之疾苦 雖言之不介意 一則予好佛 言之必怒 一則小事言之必拒却曰瑣瑣 一則予有嚴威 言之恐得罪 以此進退商量 議論合否 不能展職 予之其弊久矣).

89) 세조대에는 탄핵언론은 277건(연평균 20건)으로서 태조대(73, 10) 보다는 많지만 태종대(581, 32)·세종대(932, 29)·성종대(3,280, 131) 보다는 많이 적다(태조~성종대의 언론활동경향은 앞 주 (68) 참조).

90) 세조는 즉위 3일에 종친과 경외문무백관 수천명에게 가자를 실시한 것을 시작으로 이후 치세를 통해 수시로 관인 등 1~수천명을 대상으로한 각기의 1·수십명을 대상으로 한 세수·승직을 행하였다(그중 백관등을 대상으로한 가자는 앞 〈표 6-1〉 참조, 『세조실록』 1~14년조 참조)

91) 『세조실록』 권41, 13년 2월 갑진 ; 권43, 13년 9월 신사.

92) 『세조실록』 권39, 12년 6월 신해 양정사사조.

93) 『세조실록』 권12, 12월 경오. 이때 치죄된 4도 수령 50명은 4도 수령 168명의 30%이다.

책봉되었다고는 하나 정2품에 초자하면서 공조판서겸오위도총관을 거쳐 병조판서에 발탁되었다.[94] 구성군 浚은 세조 13년 28세에 이시애난 토벌 도총제사를 역임하였고, 백관의 수장인 영의정에 제수되었다.[95]

이라고 하였듯이 당상관은 물론 정3품 이하 관인의 학식과 품성 등 자질이 크게 약화되었다.

예종의 뒤를 이은 성종대에는 성종이 왕 2년에 이조에 내린 傳旨에

> 대간은 나의 귀와 눈이다. (내가) 즉위한 이후 (대간이) 여러 차례 封事(時務
> 條)를 올려 시폐를 극진히 논하여 나의 미치지 못함을 보좌하였다. 이는
> 碌碌한 관인이 할 바가 아니다.[96]

라고 하면서 대사헌 韓致亨과 대사간 成俊 이하 모든 대간에게 상으로 1계를 가자하였음과[97] 같이 언관을 우용하면서 언론을 장려하였다. 이에 따라 성종대에는 언관활동이 크게 증가되고 대백관규찰도 강화되었다.[98] 그러나 성종대에도 세조대 이후에 만연된 가자남발과 빈발한 특지제수, 공신 중심의 정치운영, 정치기강의 문란 등과 관련되어

> ①-ㄱ) 불학무인인 朴仲善, 李拱, 陳石崇은 각각 이·병조판서, 동부승지, 만호
> 를 역임하였다. ㄴ) 동지중추부사 李季소은 賜宴 중에 만취되어 공공연히

---

94) 『세조실록』 권44, 13년 11월 갑자 ; 권47, 14년 9월 무신.
95) 『세조실록』 권47, 14년 7월 갑술.
96) 『성종실록』 권10, 2년 6월 기미 臺諫爲予耳目 卽位以來 累上封事 極陳時弊 輔予不逮 此非碌碌保身之輩所爲 予甚喜悅 大司憲韓致亨 執義孫舜孝 掌令李陸朴崇質 持平金首孫金 利貞 大司諫金壽寧 司諫成俊 獻納崔漢禎 正言朴亨長南潤宗 特加一資 以旌之.
97) 동상조.
98) 앞 주 65) 참조.

(연회에 동원된) 女妓를 희롱하였다. ㄷ) 일시에 충청·경기·강원도의
수령 34명(목사2, 도호부사2, 군수10, 현령5, 현감)이 불법사와 근무태만
으로 치죄되었다(필자 보).[99]

이라고 하였듯이 관인 자질이 크게 약화되었다.

2) 加資濫發과 人事行政

관직은 관계를 토대로 제수되었고, 관계는 관직제수의 전제가 되었다.
따라서 동반직, 서반직, 잡직에 제수되기 위하여는 각각 문산계, 무산계,
잡직계를 가져야 하였고, 그가 가진 산계의 고하에 따라 그에 대응하는
관직에 제수되었다. 동시에 각자의 신분과 관련되어 양반은 정1품직까지
제한을 받지 않고 제수되었다. 그러나 기술관·서얼·토관·향리·녹사·서리는
승진할 수 있는 관계의 한품과 관련되어 원칙적으로 정3품 당하관직 이하에
제수되었고, 清要職에도 제수될 수 없었다. 賤流(천인)는 잡직의 정6품직
이하에 제수되었다.[100]

관직의 제수는 관직의 직질과 산계를 연관시켜 보면 크게 관품과 관계를
상응시켜 제수하는 相當職(當品)除授, 관직이 높고 관계가 낮은 守職除授
및 관직이 낮고 관계가 높은 行職除授에 의하였다.[101] 이 중 행직제수에는
제한이 없었지만, 수직제수에 있어서는 7품은 2계를 6품 이상은 3계를 각각
뛰어넘어서 제수하지 못하도록 제한하였다.[102] 정직 관인은 당상관은 임기
가 없었지만 정3~종6품관은 2.5년, 정7~종9품관은 일정기간이 차면 각각

99) 졸고, 앞 논문(1985), 193~194쪽. 성종 20년에 치죄된 수령은 경기·충청·강원도
    수령 119명의 33%에 달하는 인원이다.
100) 『경국대전』 권1, 이전 경관직 한품서용.
101) 『경국대전』 권1, 이전 경관직조.
102) 『경국대전』 권1, 이전 경관직조.

타관아의 동품직에 체직되거나 승진하면서 상위직에 제수되어야 하였다.[103]

그런데 관직제수의 실제를 보면 문종대까지는 다음의 역대실록 수찬관~기사관의 관직 분석표에서와 같이 세종 13년에는 모두가 준직(상당직) 제수였고, 문종 2년에는 준직제수가 대부분을 점하면서 부분적으로 행수직 제수가 행하여졌으며, 단종 3년에는 준직제수가 크게 감소되고 행직제수가 50%이상 이었다.[104] 또 문종 2년의 행직제수는 물론 단종 3년의 행직제수도 모두가 1~2계의 범위내에서 행하여졌다.[105]

〈표 6-7〉 태종·세종·문종실록 편수관~기사관 관직[106]

편수관	태종실록(세종13/%)		세종실록(문종2/%)				문종실록(단종3/%)			
	준직	계	준	행	수	계	준	행	수	계
편수관			2		1	3	2			2
기주관	4/100	4	15/53		8	23	9/43	11/52	1	21
기사관	10/100	10	12	12/48	1	25	2	16/84	1	19
계	14/100	14	29	12	10	51	13	27/64	2	42

그런데 세조대 이후에는 가자남발로 인한 관인의 고계화,[107] 200여 공신의

---

103) 『경국대전』 권1, 이전 경관직.
104) 행수제는 인사행정을 원활하게 하기 위하여 관계와 관직이 일치하지 않는 경우, 즉 관계가 관직 보다 높을 경우(행직제수)와 관계가 관직 보다 낮은 경우(수직제수)에 행해지는 제도이다. 이 제도는 태종 즉위년에 수직제수가 실시되면서 비롯되었고, 세종 24년에 위에서 와 같이 행수법이 실시되면서 정착된 후 『경국대전』에 법제화되면서 확립되었다(『정종실록』 권6, 2년(태종 즉위) 12월 階高而卑職 自此始 ; 『세종실록』 권97, 24년 6월 신사 以金一起行同僉知敦寧府事 (중략) 尹土昀守司諫院右獻納 始用行守法 ; 졸고, 앞 논문(1985), 187쪽).
105) 〈표 6-7〉에 적기된 행직제수자의 월계는 다음의 표와 같다.

관직(관계)	1계(%, 문종2/단종2)	2계(%, 문종2/단종2)	3계이상(%, 문종1/단종2)	비고
기주관(정·종5)	0/8,53%	0/3,30%		0/11
기사관(정6~정9)	7,58/7,43	2,17/7,43	3,25/2,14%	12/16
계	7/15	2/10	3/2	12/27

106) 『태종·세종·문종실록』 편수관~기사관에서 종합.
107) 졸고, 앞 논문(1985), 187~193쪽.

당상관 승진과 장기간 재직,[108] 군공가자, 추은가자[109] 등과 관련되어 현직 당상관이 수백명에 이르렀다.[110] 그리하여 당상관의 인사는 당상관이 수백 명이나 당상관직은 90여에 불과하기 때문에 극심하게 적체되었고, 성종 4년에 "당상관 100여 명이 8, 9품의 군직에 행직제수되었고, 당상관들이 遷轉의 기회를 넘겨다보는 마음에서 (정3품 당하 이하의) 녹이 없는 체아직까지 사양하지 않았다."[111]라고 하였음과 같이 수백 명의 당상관이 2~10여계 이상의 차이가 나는 행직에 제수될 정도였다.

또 당하관도 관인의 고계화로 다음의 〈표 6-8, 9〉와 같이 세조~성종실록의 편찬관은 행직자가 46~89%였고, 세조 1~성종 25년에 확인된 제수자의 행직 제수자 비율이 5~36%에 달하였다.

〈표 6-8〉 세조·예종·성종실록 수찬관~기사관 관직[112]

편수관	세조실록(성종2)			예종실록(성종3)				성종실록(연산군 5)			
	준직	행직	계	준	행	수	계	준	행	수	계
수찬관	2	1(33%)	3	2			2				
편수관	3	12(80)	15	1	6(75%)	1	8	21	5(83%)	6	32
기주관		11(100)	11		9(100)		9	3	5(50)	2	10
기사관		24(100)	24		17(100)		17	7	26(70)	4	37
계	5	38(88)	43	3	32(89)	1	36	31	36(46)	12	79

〈표 6-9〉 세조 1~성종 25년 행직제수자[113]

관아	세조1년		세조13		예종1		성종13		성종25	
	총수	행직/%	총수	행직/%	총수	행직/%	총수	행직/%	총수	행직/%
의정부	11	0/0	21	2/10	15	0/0	9	3/33	2	2/100
중추부	59	0/0	20	7/35	23	11/48	14	5/36	17	3/18
육조	33	0/0	37	3/8	31	4/13	33	1/3	15	1/7
삼사	31	2/6	20	2/10	23	5/22	29	21/72	34	6/18

108) 뒤 246쪽 주 27) 참조.
109) 앞 〈표 5 4〉 참조.
110) 『성종실록』 권3, 1년 2월 계미 ; 권75, 8년 1월 임자, 외.
111) 『성종실록』 권33, 4년 8월 계해, 외.
112) 졸고, 앞 논문(1985), 189쪽 〈표 3-ㄷ〉에서 전재.
113) 동상 논문, 188~189쪽 〈표 3-ㄴ〉에서 전재.

승정원	11	0/0	21	0/0	17	15/88	12	0/0	2	0/0
5위	10	4/40	10	10/100	40	15/38	0	0/0	4	4/100
도·군현·진	21	2/10	37	13/35	35	12/34	37	27/73	26	14/54
종친부·한성부등*	34	2/6	40	6/15	87	8/9	25	1/4	15	0/0
계	210	10/5	206	33/16	271	70/26	159	57/36	115	40/34

* 돈령부·충훈부·기타

이에 덧붙여 당하관은 대규모의 원종공신·군공책록,[114] 공신책록자·당상관 추은자의 대가,[115] 빈삭한 문·무과실시[116] 등으로 관료예비군이 크게 증가하였다. 그리하여 職秩상으로는 다음의 표와 같이 문관의 경우 정3~종9품직이 정3~종4품직이 263직이고, 정4~종6품직이 557직이며, 정7~종9품직이 681직이었으니 즉, 당하관이 참상관 보다는 많고, 참상관이 참하관 보다 많은 피라미드 구조였기에 순조롭게 참하관이 참하·참상관직, 참상관이 참상·당하관직으로 체직·승직될 것으로 예측되었다.

그런데 정3~종9품관의 인사를 보면 당상관 수백명이 정3품직 이하에 행직제수되었기에[117] 정3품관 이하가 체직·승직될 관직이 크게 감소되었다. 이에 덧붙여 공신책록과 恩賜代加,[118] 남설된 과거[119] 등으로 증가된 다수의 관료예비군으로 인해 정상적인 체직·승직이 어려워지면서 인사적체가 심화되게 되었다.

〈표 6-10〉 조선초기 정3~종9품 경외관·직질별 정원[120]

직질	경관*	외관	계	직질	경관	외관	계
정3품	25	24	49	정7품	14		14
종3	26	44	70	종7	45		45

---

114) 앞 〈표 6-1〉.
115) 동상조.
116) 앞 96, 101쪽.
117) 앞 주 115).
118) 앞 〈표 6-1〉.
119) 앞 주 110).

정4	20		20	정8	17		17
종4	40	84	124	종8	41		41
정5	47		47	정9	50		50
종5	61	46	107	종9	91	323	414
정6	83		83	계	701	783	1,484
종6	102	238	340				

* 체아·무록직 포함.

그리하여 당상관의 인사가 적체됨은 물론, 당하관 이하의 승직·체직·임용
도 동기의 『조선왕조실록』에

②-ㄱ) 성종 22년에 정언 權瑠가 상계하여 근래에 辛從聃과 安璋이 모두
(왕자) 師傅로서 참상직에 제수되었는데 옳지 않습니다. 대저 여러 관아의
(종9품) 참봉이 수십년의 장기간에 걸쳐 (근무하였지만) (종8) 봉사에
승직되지 못하였습니다. 지금 신종담과 안장이 비록 서반 (정6품) 사과를
역임하기는 하나 삼사년간에 동반 육품직에 제수하였으니 큰 잘못이
아니겠습니까?[121] ㄴ) 성종 19년에 이조가 상계하기를 지금 내린 전교에
각 관아의 무록관과 참외관 등이 근무일수가 만료되었지만 결원된 관직
이 없기 때문에 2, 3년과 5, 6년이 (지나도) 체직되지 못하였다. (하략).[122]

③-ㄱ) 성종 4년에 대사간 鄭佸 등이 차자를 올려 "빙고별좌 趙云明이 지금
수원판관에 제수되었습니다. 신등이 그윽히 생각하건대 무릇 별좌는
근무일이 만료되면 즉시 체직시키는 것이 상례이지만 근자에는 결원된
관직이 부족하여 5, 60개월과 3, 40개월이 (지나도) 체직되지 못하는
자가 많습니다. 그중에 어찌 수원판관이 될 만한 자가 없겠습니까?"

---

120) 졸저, 앞 책(2006), 134쪽 〈표 4-8〉에서 전재.

121) 『성종실록』 권257, 22년 9월 정축 正言權瑠啓曰 頃者辛從聃安璋 皆以師傅拜參職未便
大抵諸司參奉數十年之久 未得拜奉事 今從聃安璋 雖經司果 西班職也 三四年間 授東班六品
無乃太過乎.

122) 『성종실록』 권223, 19년 12월 무술 吏曹啓 今承傳教 各司無祿官及參外官等 箇滿後窠闕不
敷故 或至二三年 或至五六年 而不得遷轉 (하략).

라고 하였다.[123] ㄴ) 성종 5년에 사헌부대사헌 李恕長 등이 차자를 올려 "(전략) 또 별제로서 침체된 자가 5, 60월이 되어도 제수되지 못하는 자가 많습니다"라고 하였다.[124]

④ 성종 11년에 이조가 계하기를 "지방 군현의 문신교수가 모두 임기가 차도 체직되지 못하고 7, 8년간 계속 재직하고 있습니다. 지금부터 임기가 차면 곧 경직에 제수하소서. (중략) 가납하다."라고 하였다.[125]

⑤-ㄱ) 세조 7년에 이조가 상계하여 "성중관으로 임기를 채우고 제수되고자 경외에 대기 중인 자가 80여 명이나 됩니다. 이들은 결원된 관직이 부족하여 서용되지 못하고 병이나 죽음으로 평생 서용되지 못하는 자가 아주 많습니다. 그 공로를 보상받지 못하니 불쌍하기 짝이 없습니다. (하략)"라고 하였다.[126] ㄴ) 세조 9년에 이조가 상계하기를 "성중관으로 임기를 채우고 제수자 명부에 등록된 사가 결원이 된 관직이 없어 제수되지 못하는 자가 127명이나 됩니다. 또 매년 2차의 인사와 별좌로서 인사를 기다리는 자 또한 해가 갈수록 증가되면서 여러 해가 지나도 결직이 없어 서용될 가망이 없습니다. (중략)이제 일시나마 영직에 제수하여 침체된 폐단을 없애소서' 하니 가납하다."[127]

---

123) 『성종실록』 권33, 4년 8월 정묘 大司諫鄭刮等上箚子曰 氷庫別坐趙云明 今拜水原判官 臣等竊念 凡別坐箇滿卽遷 雖是例事 然近因窠闕不足 或至五六十朔三四十朔 而不得遷轉者 多 豈無其中可爲水原判官者乎 (하략).

124) 『성종실록』 권42, 5년 5월 병신 司憲府大司憲李恕長等上箚子曰 (중략) 且別提之沉滯者 或至五六十朔 不敍者多矣 (하략).

125) 『성종실록』 권113, 11년 1월 임인 吏曹啓 諸邑文臣敎授 雖箇滿不得遞差 沉滯之七八年 今後隨箇滿卽敍京職 (중략) 從之.

126) 『세조실록』 권24, 7년 6월 임자 吏曹啓 成衆官呈都目人 京外職置簿者 幾至八十 第因窠干 不足 不卽敍用 或身病 或身死 終身不敍者 頗多 虛棄功勞 其情可矜 (하략),

127) 『세조실록』 권31, 9년 10월 계해 吏曹啓 成衆官呈都目人 以窠闕不足 置簿未受職者 一白二十七 又每年兩都目及別坐呈都目人 亦連次增出 累年待闕 敍用無日 (중략) 今姑授影 職 以革淹滯之弊 從之.

라고 하였음과 같이 각사의 종9품직인 참봉이 10년이 지나도 종8품직인 봉사에 승직되지 못하고(②-ㄱ) 참외관도 과궐부족으로 2~6년이 지나도 체직되지 못하였고(②-ㄴ), 별좌와 별제는 임기가 차면 당연히 체직되도록 규정되었으나128) 과궐부족으로 30~60개월이나 50~60개월이 되어도 체직되지 못하였다(③-ㄱ, ㄴ). 군현의 교수는 箇滿(임기만료)후 7~8년이 지나도 체직되지 못하였고(④), 녹사 등 성중관은 개만후 취재를 거쳐 수령이나 역승 등에 진출해야 하지만129) 과궐부족으로 종신토록 제수되지 못하거나 (⑤-ㄱ) 影職에130) 제수되었다(⑤-ㄴ).

이에서 당상관은 물론 당하관 이하의 정직, 체아직, 무록직 등 모든 관직의 인사가 많이 적체되었음을 알 수 있다.

---

128) 『경국대전』권1, 이전 경관직.
129) 『경국대전』권1, 이전 경아전 녹사·서리.
130) 영직은 직함만 있고 직사가 없는 관직이다.

제7장 官人의 罷職·復職과 官階·官職의 回收·還給

1. 官人의 罷職·復職

1) 罷職

모든 관인은 근무성적, 대간의 탄핵, 공사죄, 반역죄인에 연좌되는 등으로 인하여 파직되었다.

정1~정3품 당상관(수령 제외)은 考課가 없이[1] 座目이나 特旨 등에 의해 인사가 행해졌기에 대간탄핵, 공죄와 사죄, 피죄인 연좌, 국왕의 뜻을 거슬리는 언사(언론)[2] 등으로 파직되었다. 파직된 관직에는 세종 12년과 성종 7년에 영의정인 黃喜와 韓明澮가 파직되었듯이[3] 정1~정3품까지의 모든 종친

---

1) 『태종실록』 권16, 8년 12월 신사·을유·무자 ; 『세종실록』 권36, 9년 6월 기미·신유, 외.

2) 구체적인 사례는 최승희, 앞 책(1976), 105~150쪽 참조.

3) 황희는 좌의정 재직시에 사위 太石鈞이 제주감목관시에 國馬 1,000여 필을 죽인 일로 의금부에 구금되자 "가볍게 다스려 달라"고 건의한 일로 사헌부로부터 "일국의 대신이 죄를 다스리는 데까지 개입함은 사리에 맞지 않을뿐더러, 대신이 사헌부정사에 개입하는 관례를 남기게 되니 엄하게 다스려야 한다"는 탄핵을 받고 파직되었다 (『세종실록』 권50, 12년 11월 신해·무오). 한명회는 좌의정 재직시에 정희대비의 수렴청정 철회를 반대한 일로 대간의 탄핵을 받고 파직된 후 上黨府院君에 제수되었다 (『성종실록』 권63, 1년 기미·경신·계해 ; 권66, 7년 4월 병자).

·의빈과 경외 관인이 망라되었다. 또 당상관 중 유일하게 당하 수령과 함께 고과를 받는 당상관 수령은 1.5년에 실시된 3회의 고과에서 1번이라도 중등을 받으면 파직되었다.[4]

정3품 당하관 이하 경외 모든 관인은 『경국대전』 포폄조에

경관은 소속 관아의 당상관·제조·속조당상관, 외관 (수령은 소재한 도의) 관찰사가 매년 6월 15일과 12월 15일 (이조에) (상, 중, 하로) 등급을 매겨 보고된 (성적에 따라) 10고에서 10상은 상으로 1계를 올려주고, 2중은 무록관에[5] 서용하고 3중은 파직한다. 5고, 3고, 2고에서 1중인 자는 右職에[6] 제수(체직)하지 아니하고 2중은 파직한다(필자 보).[7]

라고 하였듯이 경외관인은 5년에 행해진 10차의 고과에서 3考가 中이고, 2.5년에 행해진 5차의 고과와 1.5년에 행해진 3차의 고과에서 2考가 中이면 파직되었다. 이 고과에 토대한 포폄으로 파직된 수는 불명하지만 고과에

---

4) 『경국대전』 권1, 이전 외관직 階及遷官加階行守 幷同京官 觀察使都事 仕滿三百六十 守令仕滿 一千八百 堂上官 及未挈家守令訓導 仕滿九百乃遷.

5) 무록관은 직전과 녹봉의 지급이 없는 관직인데 사용원 등에 소속된 提擧(정·종3품), 提檢(4품), 別坐(5품), 別提(6품), 別提(8품)이 있었다(무록직이 소속된 관아와 관직, 관직 수는 졸저, 앞 책(2006), 124쪽 〈표 4-4〉 참조).

6) '우직'은 원지배기의 고려에서 원제를 받아들여 관제를 운용하면서 정착되어 조선으로 계승된 용어인데, 이에 따르면 右모모직이 左모모직 보다 서열이 높았다. 조선에서는 좌직이 우직 보다 서열이 높았으니 실제의 관직 서열과는 다르다. 그러나 고려말이래의 용례가 계승되면서 직질이 같아도 서열이 높은 관직이나 차상위 직을 뜻하는 용어로 답습되면서 사용되었다. 예컨대 좌·우직이 편제된 경우는 좌직이 우직 보다 우직이 되고, 외관 종3품 도호부사의 우직은 경관의 각급 종3품직과 외관 정3품 목사·경관 정3품 정이 된다(고려의 우직은 『고려사』 권76, 지30, 백관1 문하부 등 관아조 참조).

7) 『경국대전』 권1, 이전 포폄 京官則其司堂上官提調及屬曹堂上官 外官則觀察使 每六月十五日 十二月 十五日 等第啓聞 10考10上 則賞加1階 2中於無祿官敍用 3中罷職 5考3考2考者 竝1中 勿授右職 2中罷職.

의한 포폄은 가자제와 함께 관리의 기강과 근무의욕을 고취하면서 관료사회의 유지를 위한 인사행정의 토대가 되는 것인 만큼 포폄에 의한 파직이 파직의 대부분을 점하였다고 생각된다.

또 당상관 이하 모든 관인은 당상관과 마찬가지로 대간탄핵, 공죄와 사죄, 피죄인 연좌, 국왕의 뜻을 거슬리는 언사(언론) 등으로 파직되었다. 또 대국왕·백관언론을 관장한 사헌부·사간원·홍문관 관원은 상호간의 탄핵으로 인해[8] 파직되었다.

그 외에도 의정 이하 모든 관인은 대간의 탄핵을 받으면 국왕의 윤허가 있어야 파직되지만, 그 즉시로 관아에서의 근무가 중지되고, 다시 시무하기 위해서는 제수절차를 거쳐야 하였으니 일시적이기는 하나 파직의 성격을 띠었다고 하겠다.

2) 復職

고과성적, 언론활동, 대간의 탄핵, 경미한 범죄로 파직된 종친과 모든 조관의 복직은 『경국대전』에

> 포폄에서 하등을 받은 (관인)과 私罪를 범하여 파직된 관인은 (만) 2년이 경과된 후에 서용한다. ─議親·功臣으로서 하등을 받은 자는 (만) 1년이 경과하면 (제수하고), 당상관은 이 규정에 적용되지 않는다. 고신이 환수된 관인은 또 파직일로부터 (기간을) 계산하여 (만 2년이 경과하면 서용한다). 병조(무관)도 이와 같다(저자 보).[9]

---

8) 최승희, 앞 책(1976), 37~41쪽(『태종실록』 권2, 1년 11월 신해 ; 권4, 2년 7월 무자 ; 권16, 8년 11월 을사 ;『세종실록』 권75, 18년 10월 경진).

9) 『경국대전』 권1, 이전 포폄 襃貶居下等 及犯私罪罷職者 經二年乃敍─議親功臣居下等者 經一年 堂上官不在此限, 收告身還收者 亦以罷職日始計, 兵曹同.

라고 하였듯이 법제적으로는 포폄성적과 사죄를 범하여 파직된 문·무·기술관 정3품 통훈대부·어모장군 이하 관인은 만2년, 포폄으로 파직된 의친·공신은 만1년이 지나면 모두 서용(복직)되고, 당상관은 파직자는 기간에 구애되지 않고 서용할 수 있도록 규정되었다. 또 고신이 회수되었다가 환급된 모든 관인은 고신이 환급된 날을 기점으로 위에 적기된 기간이 지나면 서용되도록 규정되었다.

그러나 파직되었다가 복직된 실제를 보면 파직자의 가계, 국왕의 신임, 과궐부족으로 인한 인사적체, 인사행정의 문란 등과 관련되어

①-ㄱ) 성종 7년 7월에 강원도관찰사 韓有紋은 친분이 있는 좌의정 李原에게 서신을 보낸 일로 탄핵된 후 파직되었으나 1년 후에 이조참의에 복직되었고,10) 성종 20년 8월에 도승지 韓健은 대간으로부터 "경박하고 탐학하다"고 탄핵된 후 파직되었으나 곧 병조참지에 복직되었으며,11) ㄴ) 성종 11년 2월에 琅城君 韓堡는 양모에게 불순한 일로 탄핵된 후 파직되었다가 익년 4월에 행부사직에 복직되었다.12)

②-ㄱ) 장예원판결사 崔漢禎은 성종 11년 좌부승지 蔡壽와 함께 장예원사송을 적간차 온 尙藥 曹疹과 함께 음주한 일로 파직되었다가 2년 뒤인 성종 13년에 서용되었고, ㄴ) 성종 13년 9월에 성균직강 河荊山은 성균관 학생이 시로써 師長을 흉본 것을 핍박한 일로 파직되었다가 3년 후에 경주교수에 복직되었다.13)

③-ㄱ) 판좌군도총제 金南秀는 세종 1년에 사복시제조로서 箭串牧場의 경지를 도경한 일로 파직된 후 복직되지 못하고 졸하였고,14) ㄴ) 통례원봉례

---

10) 『세종실록』 권29, 7년 7월 4일 ; 권33, 33년 8월 26일.

11) 『성종실록』 권232, 20년 8월 계해 ; 권232, 20년 8월 병자.

12) 『성종실록』 권114, 11년 2월 병자 ; 권128, 12년 4월 무진.

13) 『성종실록』 권124, 11월 12월 계축 ; 권143, 13년 7월 갑술 ; 권145, 13년 9월 경자 ; 권174, 16년 1월 기축.

趙寧은 세종 8년 6월에 문과회시 대독관으로서 함안교도 魚變尾의 시권을
　　고친 일로 파직되었다가 복직되지 못하고 졸하였다.[15]

라고 하였음과 같이 법제적으로 규정된 기간 이전과(①-ㄱ) 만기가 되면(ㄴ)
복직되기도 하였지만, 규정된 기간이 경과된 후에 복직되거나(②-ㄱ·ㄴ)
아예 복직되지 못하였음을(③-ㄱ·ㄴ) 알 수 있다.

　　그런데 태조~단종대는 물론 특히 세조~성종대는 수차에 걸친 공신책록,
백관이나 수십~수백명을 대상으로 실시된 수십차의 가자실시에 따라 예비관
인이 증가되고, 관인이 고계화되면서 인사적체가 심화되었다.[16] 이를 볼
때 파직된 관인의 대부분은 만기를 지나서 복직되거나 아예 복직되지 못하고
관직생활을 마감하였다고 하겠다.

　　한편 언론 등 公罪로 인해 파직된 언관과 언관의 탄핵을 받아 파직된 관인은
파직기간에 구애되지 않고 복직될 수 있었다.[17] 그러나 이 경우에 있어서도
파직자의 가계, 국왕과의 친소관계, 국왕의 언관우용 여부 등과 관련되어

　　④-ㄱ) 사헌부장령 權孟孫은 세종 4년 10월에 과중한 논죄로 파직되었다가
　　　　세종 9년 이전에 지승문원사에 복직되었고,[18] ㄴ) 사헌부대사헌 權健은
　　　　성종 19년 5월에 대사간 申末舟의 죄를 부정하게 啓達한 일로 일로 파직되
　　　　었다가 성종 21년 2월 병조참판에 복직되었다.[19]
　　⑤-ㄱ) 金益濂은 태종 15년 지평 재직시 언론한 일로 파직된 후 유배되었다가
　　　　복직되지 못하고 졸하였다.[20]

---

14) 『세종실록』 권4, 1년 5월 신미 ; 권19, 5년 1월 기해(졸기).
15) 『세종실록』 권32, 8년 6월 무인.
16) 앞에 예시된 ①~③ 참조.
17) 『경국대전』 권1, 이전 경관직.
18) 『세종실록』 권18, 4년 10월 무신 ; 권29, 9년 7월 정유.
19) 『성종실록』 권216, 18년 4월 무신 ; 권237, 21년 1월 정해.

라고 한 예와 같이 대부분은 시기에 차이가 있기는 하나 복직되었고, 일부는 졸하기까지 복직되지 못하였다.

이때 언론으로 파직된 언관과 대간의 탄핵으로 파직된 경우는 위에 제시된 예에서와 같이 대개 동품직 이하의 녹직에 제수되면서 복직되었다.

그러나 고과성적이나 범죄로 인해 파직된 관인은 "성공감정(정3) 徐仁道는 근무태만으로 파직된 후 別窯別坐(5품)에 제수되었다"[21]라고 하거나 "사용정 (정3) 金益齡은 성종 6년에 금주령시에 음주한 일로 파직되었다가 성종 7년에 5衛司果(정6)에 복직되었다"[22]라고 하였듯이 대개 동품직 이하의 무록관이나 군직에 제수되면서 복직된 후 360일의 근무후 녹직에 제수되도록 규정되었다. 또 녹직에서 고과로 무록관에 서용된 관인은 360일이 지나야 녹직에 제수되도록 규정되었다.[23]

2. 官階·官職의 回收와 還給

1) 官階와 官職의 回收

관인은 公罪와 私罪를 범하거나 반역죄인에 연좌되어 피죄되었다. 피죄된 관인은 죄의 경중에 따라 중죄자는 참형·사사되거나 절도에 위리안치되었고,[24] 경죄자는 파직에 그치거나 고신을 회수당하고 본향이나 외방에 안치되었다.[25]

---

20) 『태종실록』 권29, 15년 5월 경자.
21) 『세종실록』 권61, 15년 7월 12일.
22) 『성종실록』 권58, 6년 8월 계미 ; 권63, 7년 1월 임신.
23) 『경국대전』 권1, 이전 경관직 (전략) 無祿官-義禁府堂下官及提擧提檢別坐別提別檢等-仕滿三百六十而敍.
24) 단종 1년 계유정변과 세조 2년 단종복위 피화자 참조(『단종실록』 권8, 1년 10월 ; 『세조실록』 권4, 2년 6월조).
25) 『단종실록』 권12, 2년 9월 정사(한성부윤 趙貫이 조카 順生에 연좌되어 자원안치),

고신은 관인이 관계를 받거나 관직에 제수될 때 발급하는 관직 임명장이다.[26) 관인은 輕罪의 경우는 파직되지 않고 1계 이상의 고신이 환수되거나 代贖하면서 仍任되었다.[27) 重罪의 경우에는 파직과 함께 피죄 직전까지 받은 모든 고신을 회수당하고 유배되면서 경외의 편리한 곳에 거주하거나 본향·외방에 안치 또는 절도에 위리안치 되었다.[28)

관계와 관직(고신)이 회수된 관인은 조선초기를 통하여 2,000여 명 이상에 달하였다.[29) 고신이 회수되고 환급된 시기를 보면 다음의 표와 같았는데, 회수자는 『조선왕조실록』이 고신환급자를 중심으로 기록한 한계로 인해 연대가 명확한 자가 총 2,131명 중 54명에 불과하여 이들의 분석을 통해 일반화 하기는 무리가 있겠지만 고신의 회수와 환급배경을 파악하는 데는 무리가 없다고 본다.

〈표 7-1〉 조선초기 고신 회수자와 환급자[30)

	회수자수	환급자수		회수자수	환급자수
태조	6	2	세조	22	162
태종	8	11	예종	0	11
세종	7	14	성종	5	1,672
문종	3	1	연대불명	2,087	0
단종	13	233	계	2,141	2,110

---

26) 『경국대전』에 등재된 告身式을 보면 4품 이상(교지)과 5품 이하(이·병조 봉교지)로 구분되어 있지만 그 내용을 보면 모두 관계와 관직이 병기되어 있다. 이 점에서 고신을 회수하고 환급할 경우는 관계와 관직이 포함되었다고 하겠다.
　教旨　　　　　　某曹某年某月某日奉
　某爲某階某職者　敎구관모위모계모직자
　年 捺寶 月 日　연 捺印 월 일
　　　　　　　　　判書臣某 참판신모 참의신모
　　　　　　　　　정랑신모 좌랑신모
27) 『세조실록』 권13, 4년 6월 정묘 ; 권28, 8년 4월 임오 ; 『성종실록』 권58, 6년 8월 계미 ; 권60, 6년 10월 기묘, 외.
28) 『단종실록』 권11, 2년 7월 계축, 외.
29) 졸저, 2020, 『조선초기 관인 이력』, 도서출판 혜안, 632~689쪽.

2) 官階와 官職의 還給

피죄되면서 고신을 회수당한 관인은 앞의 표에서와 같이 성종대에 집중되면서(79%, 1,672/2,110명) 단종·세조대에 많이 환급받았다.

고신환급은 왕실과 관련된 세조비 정희왕후의 대비책봉을 기해 실시된 사유의 일환,[31] 공혜왕후의 질병쾌유를 기원하는 赦宥의 일환,[32] 출생한 왕세자 구복[33] 등 때에는 일시에 수십~백여 명이 환급받았다. 그 외에도 天變의 消滅을 祈願할 때에 수십명이,[34] 수시로 거행된 恩賜에서 1명~수십명이 환급받았다.[35]

그런데 고신이 많이 환급된 단종~성종대에는 계유정변(단종1), 단종복위 도모사건(세조 2), 남이옥사(예종 즉위)로 많은 관인이 역모로 몰려 복주되고 많은 친인척이 연좌되어 피죄되었다.[36] 이 점에서 단종~성종대에 고신이 대거 환급된 것은 이들 사건으로 인해 이반된 민심과 관인을 위무하면서 왕권을 안정시키려는 의도도 작용하였을 것이라고 추측된다.

이에서 조선초기 관인의 고신회수는 주로 은사와 왕실과 관련되어 행해졌고, 부수적으로는 단종 1년 이후의 수차에 걸친 정변으로 이반된 민심을 위무하기 위해서였다고 하겠다.

---

30) 위 책, 632~689쪽 〈별표〉에서 발췌. 환수자 중 불명자는 고신의 환급은 회수가 전제되어야 하기에 환급자를 고려하여 파악한 수이다.

31) 『예종실록』 권7, 1년 9월 병오 ; 권8, 1년 10월 신해.

32) 『성종실록』 권41, 5년 4월 무진·경진.

33) 『성종실록』 권73, 7년 11월 기사.

34) 『성종실록』 권172, 15년 11월 신축 ; 권173, 15년 12월 갑인·경신·계해.

35) 『성종실록』 권242, 21년 7월 정사, 외.

36) 『단종실록』 권8, 1년 10월 갑오 ; 『세조실록』 권4, 2년 6월 계묘·병오 ; 『예종실록』 권1, 즉위년 10월 갑인. 반역죄인의 가족과 친족은 대명률에 따라서 남자는 교형에 처해지고 여자는 공신노비가 되거나 유배되었다(『경국대전』 권5, 형전 용률 용대명률).

제8장 官人의 官歷과 追崇

조선초기의 관인은 科擧와 蔭敍를 주로 하여 取才(吏屬), 薦擧, 衛屬勤務 등으로 출사하였다. 그런데 조선초기에 확인된 관인의 관력을 보면 문과와 음서자는 그 수가 많고 다수의 관력이 확인되지만 무과·취재·천거·위속근무 출신자는 그 수가 많지 않고 그 관력도 당하관 이상의 일부만 확인된다. 이에 따라 여기에서는 문과급제자, 음서자, 무과급제자, 음서후 문과나 무과 급제자를 중심으로 살펴본다.

1. 官人의 官歷

1) 文科及第者

『조선초기 관인 이력』에 적기된 문과급제자는 고려말과 조선초기를 합해 2,156명(성관자 1,801·성관불명자 355, 문과자 1,633·음서후 문과자 145·? (사로불명)후 문과자 378)으로 관인확인자 12,514명(종친 511명 제외)의 17.2%이고, 그중 성관자로서 정3품 당상관 이상에까지 진출한 1,561명의[1] 대부분은 체계적인 관력이 확인된다.

---

1) 앞 〈표 4-9〉 참조.

여기에서는 이 중 관력을 연대기적으로 자세히 기록한 즉, 각자의 『文集』에 年譜가 전하는 申槩 등 13명을2) 표집하여 관력을 살펴본다. 표집된 인물들은 모두 문명이 혁혁하고 관직생활이 순탄하고 최고 관직인 議政에까지 진출하였음에서 전체 문과급제자의 관력으로 일반화할 수는 없겠지만 개개인의 관력을 연대별로 구체적으로 살필 수 있기에 불가피하다고 생각된다. 신개 등 13명의 문과급제자의 관력을 연대와 관직별로 정리하면 다음 표와 같다.

〈표 8-1〉 조선초기 문과급제자 관력3)

연대	申槩4) 1374~1446	河演 1376~1453	尹淮 1380~1436	鄭陟 1390~1475	南秀文 1408~42	崔恒 1409~74	梁誠之 1415~82
태조2	문과						
4	한림						
5		문과					
6		봉상시녹사직 예문관					
7		춘추관수찬관					
정종2	감찰, 門下拾遺(정언)	2 문하주서					
태종1	형좌랑?	4 침장고 부사, 5 공 정고부사	문과, 사재직장, 문서응봉 사녹사				
2		5 감찰					
3	호좌랑?	12 예좌랑					
4	충청도사?	10 병, 12 형좌랑					
5	지인주사	1 이정랑, 12 병					
6		윤7 이정랑 겸 지제교	병좌랑				
7		12지안악군사					
9	헌납, 3 이정		이정랑, 이정				

2) 이들 중 연보를 전하는 문집은 다음과 같다(한우근 등, 1991, 『영인표점 한국문집총간』 해제 1, 재단법인 민족문화추진회에서 발췌).
『寅齋集』(신개), 『敬齋集』(하연), 『敬齋遺稿』(남수문), 『人虛亭集』(최항), 『訥齋集』(양성지), 『私淑齋集』(강희맹), 『虛白亭集』(홍귀달), 『大峯集』(양희지), 『錦南集』(최부), 『鄭文翼公遺稿』(정광필).
3) 위 주 2)에 제시된 문집, 『국조인물고』 비명과 졸저, 『조선초기 관인 이력』, 신개~박건 조 등에서 종합.
4) 『寅齋集』과 『國朝人物考』 상, 신개 비명에서 종합.

	랑겸검상		겸춘추기사관			
10	사인, 7 예문직제학	7 예빈소윤	승문첨지사			
12	판승문원사	7 전라도사 (미부), 12 세자우문학				
13	우사간	4 전사시령 직집현전, 세자문학				
14	파직, 4 예참의, 곧 병참의, 12 가선충청관	9 장령		문과, 교서정자		
16	한성부윤, 공참판겸집현제학	6 집의				
17	5 천추사, 8모상	4 동부대언, 12 우대언				
18			전의시판사, 승문판사 경연시강관, 동부승지			
세종1	복직, 사(친로)	2 강원관, 10 우군동지총제 보문제학	우부, 좌부승지, 병참의	교서교감, 의례상정소낭청		
2	3 부상	1 예참판, 주청사		의례상정소낭청겸승문박사		
3		10 전라관		사(부병), 봉상주부		
4	황해관	병참판	파직, 집부제학	부상		
5		3 대사헌	도총부동지총제, 동총겸동지춘추, 예문제학			
6	가정대부, 진주목사, 사직	4 형참판, 12 경상관				
7	경상관, 형참판	12 이참판		사온서주부겸승문박사		
8		예참판			문과, 집현전정자	
9	판강음현감	평안관겸평양부윤	예문제학	감찰		
10		유배				
11		3 소환, 4 병참판, 8 우군도총제		예좌랑겸검상 조례사검상승문교리		
12	좌군도총제겸전라관, 7 예문대제학	윤12 형판	예문제학	조봉대부전농소윤		

	1	2	3	4	5	6
13	대사헌, 중군 도총제수문제 학세자우빈객	2 예문대 제학, 6 모상				
14				첨지승문원 사, 봉상소윤, 검상		
15	동중, 11 이참 판	8삼군도진무, 곧 대사헌, 12 부상	모상, 기복, 중추사 겸 대사헌	사인		
16	12 사은사		보문대제학	중훈대부지승 문원사	~부수찬, 부교리	문과1등, 집현부수 찬
17	3 정헌대부형 판, 6 지중추 보문대제학, 9 형판		대제학			
18	4 우참찬, 6 승정대부찬성사	4 형판, 6 우참찬, 12 예판	졸		4 중시장 원, 응교	집수찬
19		8 이판				
20	이조판서세자 이사	10 좌참찬		통훈대부판승 문원사		
21	숭록대부, 6 대광보국숭록 대부우의정					
22		5 우찬성				
23		9 좌찬성			집부교리	문과2등, 경창 부승
24					직제학, 4졸	성균주부
25		윤7 좌찬성 겸 호판			사예, 사(병)	12 집수찬
26	6 사궤장			첨지중추, 첨 중겸사역제조	집교리세자 좌사경	
27	좌의정	1 우의정, 사 궤장				
28	1 졸				집현응교	
29		6 좌의정		7 공, 12 호	9 중시, 봉정 대부집 직제 학세자우보덕	
30				2 예참의, 가선 대부경창부윤		
31				절일사		5이전 집부교리
32		10 영의정		인순부윤, 예 참판	9 통정대부좌 사간	7 집교리세자 우문학
문종1		12 치사			7 집부제	9 집응교
2					12 동부, 좌부 승지	
단종1		8 졸		가정대부수문 전제학	10 도승지, 정 난1등	
2				자헌대부판한	이 참판 寧城	

				성부사		君	
3						2 대사헌	5 집직제학지제교
세조1				충청관, 원종2		윤6 좌익, 8 모상	원종2
2				지중추			통정대부좌보덕
3				지중봉조하		호,이참판, 12 인순부윤	8훈련관사직수문전, 첨지중추
4						이참판, 3 형판, 5 공, 12 부상	상호군
5						11 기복, 지중추예문대제학	대호군
6						숭정대부이판	1 동지중추, 경창부윤, 3 주문부사
7							7 동지중추, 동지춘추
8						1 지중추	상호군예문제학
9						9 우참찬	첨중, 동중, 9자헌대부홍문제학
10						좌참찬	9 이판
11							3 지중추, 대사헌
12				지중수문전대제학		종1좌참찬겸판병조사, 정1좌찬성	
13						우, 5 좌, 9 영의정, 12 영성부원군	
14				정헌대부		원상	
예종1							1 공판겸지 춘추
성종1						11 부원군	
2				행5위부사직, 졸		3 좌리1 등, 12 좌의정	2 지중추, 4 좌리3 남원군
5						4 졸	10 봉조하
7							12 춘추 홍문관대제학
8							7 봉조하, 10 대사헌,공판
10							6 파직, 남원군
12							부호군, 11 정시장원, 승 종1동지중
13							6 졸

연대	姜希孟 1424~83	朴楗 1434~1509	洪貴達 1438~1504	楊熙止 1439~1504	崔溥 1454~1504	鄭光弼 1462~1538
세종29	문과장원, 종부주부					
32	예좌랑, 돈령부판관					
문종1	예정랑					
단종1		문과, 집부수찬				
세조1	직집현전, 병정랑	집부교리, 세조 원종2				
2	직집현전, 동 첨지 돈령부사	6 직강				
3	전농판사					
4	판통례, 10유 신시 우등, 예 참 의, 12 모상					
5	부상	이정랑겸좌문학				
7	첨중세자보덕, 예 참의	사예	문과병과, 권지 승문정자			
8	이참의	의정부검상, 6 사인	승문원박사			
9	중추부사, 진하사	사성	예문관봉교			
10	공참판	예문직제학				
11	인순부윤, 이 참판, 예, 5 중 발영시 승 예판	4, 우부, 우승지	시강원설서			
12		모상	9 선전관			
13	예판겸지성균도총관, 퇴거, 12 형판		5 함경도병마평사, 9 공정랑			
14	9 형판겸지경 연, 의대진산군	통정전라관	공정겸예문응교			
예종1	3 선위사	통정한성우윤	예문교리			
성종1	진산군, 좌리		8 함경도심문사, 예문학사			
2	판돈령겸지경연	가선대부한좌윤	장령, 사예, 예문전한			
3		호참판, 진위사	전라안핵사			
4	병판					
5		공참판		문과, 예문검열		
6		강무위장	예문직제학	승문정자		
7	탈상, 판중추		3 동부승지			
8	이판	동지중추, 병, 예 참판				
9	10 판돈령		좌부, 우, 12 도 승지		홍문부수찬, 8 이좌랑, 사천현령(친양)	
10	12 우찬성	동중, 첨중	9 통정충청관, 10 형참판			

년						
11						
12	우찬성겸지춘추판의금		4 한성우윤, 천추사, 모상			
13	2 경기진휼사, 3 좌찬성			감찰	문과	
14	2 졸	동중, 천추사		3 산림도감낭청, 10 현풍현감	교서저작, 박사, 군자주부	
15		평안관	4 이참판, 10 강원관			
16			사직, 9 형참판	1 청주판관, 모상	성균전적	
17		한성좌윤, 대사헌, 동중	7 걸외(친노)경주부윤		1 감찰, 홍부수찬, 10 중시을과	
18		첨중, 예참판		6 예좌랑	1 홍부교리, 7 사과, 부사직, 9 제주경차관	
19				6 종친전 첨(미부), 9 병정(미부)	1 부상, 윤1 분상중 표류, 6 귀환	
20		대사헌	2 대사헌, 3 부상	2 장령 (미부)	11 모상	
21				9 지평		
22			8 대사성	6 사재첨정, 도원수허종종사관	11 지평(서경으로불부)	
23		판한성	3 자헌지중, 우참찬, 7, 이판, 파직(정조사불부)	6 장령, 9 시강원사서	7 서장관	문과, 성균학유, 박사겸사록
24		지중추, 동중, 지중추	지중	1 홍문응교, 7 홍교리겸 시강원문학, 검상, 사간겸 승문감교	3세자문학, 4 홍문교리, 5 승문교리	봉상시직장
25			6 호판겸동지춘추, 12 국장도감제조	1 집의, 7 동부승지, 우부, 좌부, 12 형참의, 퇴거	1 홍교리, 8 홍부응교 겸 예문응교	
연산1		형판	6 우참찬겸홍문대제학		3 성종실록 편수관	사지, 전적
2				12 좌부승지	8 홍응교, 11 상례, 12 사간	정언, 11 홍문수찬
3			4 공판	3 대사간, 사직, 4 충청관	2 좌천상례. 성절사하정관, 9 예빈정	
4		승정대부좌참찬	좌참찬, 홍문대제학, 11 우참찬	4 도승지, 6 부호군, 9 퇴거	7 사화로 단천장배	7 홍부교리, 윤11 교리
6		좌찬성		2 호참판, 대사간, 9 방축(장기)		예정랑, 의빈부경력, 사예
7						7 집의, 예빈정, 11 홍직제학
8				삭직		1 해직, 장악정
9				3 경기관, 12 유경원	3 환직첩, 6 형참판, 9 황해관, 12 대사헌	홍부제학, 이참의

10		함경관	6 서울이송중 피화	1 한성우윤, 2 졸	10 나포피형	6 유아산
11		판중				
중종1		정국밀원군, 좌찬성				9 홍부제학, 10 우승지
2		보국숭록부원군				5 이참판
3						2 병참판, 6 대사헌, 11 한성판윤, 예판
4		9 졸				형판
5						3 대사헌
7						6 우참찬, 전라도순찰사, 9 병판, 함경관
8						2 진승정대부, 4 우찬성겸함경관, 우의정, 10 좌의정
11						4 영의정
14						12 영중추
17						6 영중겸비변제조
25						5 좌의정
28						5 영중추
29						10 파직, 퇴거
30						1 삭탈관직
32						5 유김해, 11 영중추겸경연영사
33						2 졸

위의 표에 따라서 문명을 떨치고 최고위 관직에까지 진출한 문과급제자의 관력을 분석해 보면 다음과 같다.

① 申槩는 1393년(태조 2) 문과에 급제하고 2년 만에 예문관대교(정8)에 발탁되었고,[5] 1400년(정종 2)에 정6품직인 감찰에 제수되었다가 곧 정7품직인 주서에 행직으로 개수되었다. 1401년(태종 1)에 정6품직인 형조좌랑에

---

5) 『宙齋集』 연보에는 한림으로 적기되어 있다. 주지하듯이 한림은 예문관의 정7품직인 봉교(2직), 정8품직인 대교(2직), 정9품직인 검열(4직)의 통칭인데 신개는 태조 2년에 을과, 병과, 동진사 중의 병과로 급제하였으니 정8품계의 관계를 받았고, 그 2년 후에 한림에 발탁되었다고 하였고, 그 7년 후에 정6품직인 감찰이 되었다가 곧 정7품직인 주서에 체직되었음에서 정8품직인 대교에 제수된 것으로 추정하여 파악한다.

승직하고, 이후 1년간에 걸쳐 호조좌랑을 거쳐 정5품직인 헌납에 승직하고 다시 정4품직인 사인에 승직하였다가 정3품직인 예문관직제학에 승직하였다. 그 11년 뒤인 1412년(태종 12)에 당하관 준직인 판승문원사에 제수되었고, 익년에 당상관에 오르면서 우사간에 승직되었다. 1414년(태종 14) 언사로 파직되었다가 곧 예조참의에 복직되었고, 충청도관찰사를 거쳐 종2품 가선대부에 가자되면서 한성부윤에 승직되었다가 공조참판겸집현전직제학, 천추사를 역임하고 부상으로 사직하였다. 연이은 부상과 모상을 마치고 1422년(세종 4) 황해관찰사에 서용되었고, 익년 진주목사에 개수된 후 병으로 사직하였다. 1425년(세종 7) 경상도관찰사에 제수되었고, 곧 형조참판으로 소환되었다. 1427년(세종 9)에 판강음현감으로 좌천되었고, 1430년(세종 12) 좌군도총제겸전라도관찰사가 되었고, 곧 예문관대제학에 체직되었으며, 익년에 대사헌에 제수되고 이어 중군도총제겸수문관제학세자우빈객에 체직되었다. 1433년 동지중추를 거쳐 이조참판이 되었고, 1434년 12월~익년 3월 사은사로 명을 다녀온 후 정헌대부에 승자하면서 형조판서에 발탁되었다. 이후 지중추부사겸보문각대제학, 형판, 우참찬을 역임하고 1436년(세종 18) 숭정대부찬성사에 승진하였고, 이조판서겸세자이사를 역임하고 1439년 대광보국숭록대부우의정에 발탁되었다. 1344년(세종 26) 우의정 재직중에 궤장을 하사받았고, 1345년에 좌의정에 승직되었으며, 익년 좌의정으로서 졸하였다.

이를 볼 때 신개는 문과급제후 예문관관을 역임하고 참상관에 승진하였고, 이후 대간·육조·군현·의정부·관각직을 두루 역임하고 출사한 후 20년 만에 정3품 당상관에 올랐다. 다시 대간·육조·도총제부·중추부·의정부의 당상직을 역임하면서 출사한 후 21년에 종2, 37년에 정2, 43년에 종1, 46년에 정1품 의정에 올랐다.

② 河演은 1396년(태조 5) 문과에 급제하고 출사하여 관각직과 주서를 역임하고 참상관에 올랐고, 이어 육조속아문·육조·외관·대간직을 역임하고

출사한 지 21년 만에 정3품 당상관에 올랐다. 이후 승정원·관각·도총제부·육조·대간직을 역임하면서 출사이후 23년에 종2, 33년에 정2, 44년에 종1, 49년에 정1품 의정에 올랐다.

③ 尹淮는 1401년(태종 1) 문과에 급제하고 출사하여 육조속아문직을 역임하고 참상관에 승진하였으며, 이어 관각직을 중심으로 육조속아문직을 역임하면서 출사로부터 34년 만에 종2, 40년에 정2품직에 올랐다. 승직 16년 만에 정3품 당상관에 승진하였다.

④ 鄭陟은 1414년(태종 14) 문과에 급제하고 출사하여 교서관직을 역임하고 참상관에 올랐고, 이어 육조속아문·대간·육조·의정부·관각직을 역임하고 출사로부터 30년 만에 당상관에 올랐다. 이후 중추원·육조·관각·한성부직을 역임하고 출사로부터 34년에 종2, 40년에 정2품직에 올랐다.

⑤ 南秀文은 1426년(세종 8) 문과에 급제하고 출사하여 집현전직을 역임하고 참상관에 올랐고, 이어 집현전에 장기간 근무하면서 정3품 직제학으로서 졸하였다.

⑥ 崔沆은 1434년(세종 16) 갑과 1등으로 급제하고 곧바로 참상직인 집현전 부수찬에 제수되었고, 집현전과 성균관직을 역임하고 16년 만에 당상관에 올랐다. 이후 승정원·육조·의정부직 등을 역임하면서 20년 만에 종2, 24년 만에 정2, 26년 만에 종1, 34년 만에 정1품 의정직에 올랐다.

⑦ 梁誠之는 1441년(세종 23) 문과에 급제하고 출사하여 제부직을 역임하고 참상관에 올랐고, 장기간 집현전직에 근무한 후 25년 만에 당상관이 되었다. 이어 중추부·5위·육조·사헌부직 등을 역임하면서 출사한 후 32년 만에 종2, 32년 만에 정2, 40년 만에 종1품직에 올랐다.

⑧ 姜希孟은 1447년(세종 29) 문과에 급제하고 급제성적에 따라 곧바로 육조속아문 참상직에 제수되었고, 육조·집현전직을 역임하고 21년 만에 당상관이 되었다. 이어 육조·의정부직을 중심으로 중추부·제부직을 역임하면서 출사한 지 28년 만에 종2, 33년 만에 정2품직에 올랐다.

⑨ 朴楗은 1453년(단종 1) 문과에 급제하고 급제성적에 따라 바로 집현전 참상직에 제수되었고, 관각직을 중심으로 육조직을 역임하고 22년 만에 당상관이 되었다. 이어 승정원·육조·의정부·중추부직 등을 역임하면서 출사한 지 28년 만에 종2, 39년 만에 정2, 45년 만에 종1, 53년 만에 정1품에 올랐다.

⑩ 洪貴達은 1460년(세조 6) 문과에 급제하고 출사하여 관각직을 역임하고 참상직에 올랐고, 이후 관각직을 중심으로 육조직을 역임하고 16년 만에 당상관이 되었다. 이후 승정원·육조·의정부직을 중심으로 중추부직 등을 역임하면서 출사한 지 19년 만에 종2, 32년 만에 정2품에 올랐다.

⑪ 楊熙止는 1474년(성종 5)에 문과에 급제하고 출사하여 관각직을 역임하고 참상관에 올랐고, 삼사직을 중심으로 육조·의정부·관각직 등을 역임하고 30년 만에 당상관에 올랐으며, 승정원직을 중심으로 대간·육조직 등을 역임하고 35년 만에 종2품관이 되었다.

⑫ 崔溥는 1482년(성종 13) 문과에 급제하고 출사하여 교서관직을 역임하고 참상관이 되었고, 이후 육조속아문직을 주로 하여 사헌부·홍문관직을 역임하면서 정3품관이 되었다.

⑬ 鄭光弼은 1492년(성종 23) 문과에 급제하고 출사하여 관각직과 육조속아문직을 역임하고 참상관이 되었고, 삼사직을 중심으로 육조속아문·육조직 등을 역임하고 20년 만에 당상관이 되었다. 이어 육조·의정부직을 중심으로 승정원·외관직 등을 역임하면서 출사한 지 24년 만에 종2, 25년 만에 정2, 29년 만에 종1, 29년 만에 정1품 의정직에 올랐다.

이상에서 신개 등 조선초기 문과급제자 13명은 대부분이 관각직을 역임하고 참상관이 되고, 육조속아문, 육조, 외관, 관각, 대간 등직을 역임한 후 출사한 지 16~30년에 정3품 당상관에 승진하였으며, 이후 승정원, 육조, 외관, 중추부, 충훈부, 의정부 등직을 역임하면서 18~35년에 종2품, 29~40년에 정2품관, 26~45년에 종1품관, 29~53년에 정1품 의정직에 올랐다고 하겠다. 이들이 역임한 중심 관직과 정3품 당상~정1품관 승진에 소요된 기간을 정리하여 제시하면 다음의 표와 같다.

〈표 8-2〉 조선초기 문과급제자 관력과 당상관승진 소요기간[6)]

	사관기간	관력			당상관 승진 소요기간					비고
		참하관	참상~당하관	당상관	정3상	종2	정2	종1	정1	
신개	66	한림	대간, 육, 외	대간, 육[7)] 외, 한, 도, 중, 의[8)]	20	21	37	43	46	
하연	57	관각, 주서	육속, 육, 외, 대간	승, 외, 도, 육*, 대간, 의	21	23	33	44	49	
윤회	36	육속	육, 육속, 관각	승, 집, 도, 육, 외, 사헌, 관각	16	18	32			
정척	42	교서관	육속, 대간, 육, 의, 관각	중, 육, 부, 관, 한	30	34	40			
남수문	18	집현전	집현(직제학졸)							
최항	40	직수참상	집현*, 관각	대사간, 집, 승*, 육*, 중, 의	16	20	24	26	34	공신
양성지	41	제부	관각, 집현*	육속, 중, 제, 5, 육, 대사헌	35	32	32	40		공신
강희맹	36	직수참상	육속, 육, 집현*	육*, 중, 부, 의*	21	28	33			공신
박건	56	직수참상	집현*, 관각, 육, 의, 외	승, 외, 한, 육*, 중*, 의	22	28	39	45	53	공신
홍귀달	52	관각	외, 육, 관각, 사헌	승*, 외, 육, 한, 중, 의	16	19	32			공신
양희지	40	관각	홍*, 육, 육속, 외, 사헌	승*, 대간, 외, 육	30	35				
최부	25	교서	육속, 삼*, 전예빈 정졸							
정광필	46	관각,육속	육속, 삼*, 육	홍문, 육*, 승, 의*, 외	20	24	25	29	29	공신
평균(년)	43				22.4	25.6	33.7	37.8	42.2	

* 장기간 재직관아. 대간-사헌부·사간원, 도-도총제부,삼사-대간·집현전이나 홍문관, 승-승정원, 외-외관(감·병사 이하) 위-5위, 육-육조, 육속-육조속아문, 의-의정부, 제부-인수부 등, 중-중추부, 한-한성부)

6) 졸저, 2020, 『조선초기 관인 이력』에서 종합.
7) 육조재직기간은 다음과 같이 참의, 참판, 판서를 합하여 총 5.6년이다(위 〈표 8-1〉에서 종합. 이하 양성지까지의 전거제시는 번다함을 피하여 생략한다).
참의(0.8년)-태종 14.4~14.12(예, 병).
참판(3.7년)-대종 16(공), 세종 7(형), 세종 15.11~17.3(이).
판서(1.3년)-세종 16.3~6, 17.9~18.4(형), 20. 10~21.6(이).
8) 의정부재직기간은 다음과 같이 참찬, 찬성을 합하여 총 10.2년이다(앞 〈표 8-1〉에서 종합).
참찬(0.2년)-세종 18.4~6(우).

2) 武科及第者

『조선초기 관인 이력』에 적기된 무과 확인자나 추측자는 283명(성관자 210, 성관불명자 73)으로 전체 12,514명(종친 489명 제외)의 2.2%에 불과하고 그나마 체계적으로 관력을 확인할 수 있는 경우는 최고위 관직까지 진출한 소수에 불과하다. 이러한 한계는 있지만 여기에서는 曹備衡 등 10명을 표집하여 그 관력을 살펴본다.

〈표 8-3〉 조선초기 무과급제자 관력[9]

연대	曹備衡 1376~1440	金孝誠 ?~1454	權復 ?~1435	朴好問 ?~1453	盧濕 세종~세조
태종2	무과				
4	호군				
6	대호군				
7		경시서령			
9	상호군				
11	도총제부동지총제, 신무시위사절제사				
13		감찰(~13), 파직			
14		공좌랑(~14), 파직			
17		호군	무과		
18	함길도도절제사				
세종1	우군총제	병마사		무과	
2	우군도총제, 중군 도 총제, 하정사, 호판				
3	예판, 판한 성부사, 우군도총제				
4	경상우도수군도안 무처치사, 호판	상호군, 함길 도조전 절제사			
5	중군도총제				
7	공판			의금부지사, 대호군	
8		(충청좌도도만호~8), 충군	진법훈도관		
9	의정부참찬, 파직, 도총제 겸평안도 도				

찬성(2.4년)-세종 18.6~20.10.
의정(9.1년)-세종 21.6~28.1(우, 좌).

9) 졸저, 2020, 『조선초기 관인 이력』에서 종합.

연대				
	절제사			
11	중군도총제			
12				사복시소윤, 파직
13	평안도도절제사, 사직	안동부사		
14	중추부사, 사은사	내시위절제사, 호참의	사복시판사, 판통례, 병조우참의	
15		평안도도진무, 조전절제사, 중추 부사	호우참의, 병좌	
16		공좌참판	이조참의, 이참의, 판강계부사	봉상시윤
17		충청도수군처치사	강계부사졸	상호군겸사복시윤
18	중추사	공참판		판회령부사
19	중추사졸			?무과
21			하옥	
24		첨지중추		결성현감
27		중부, 함길병마도절제사, 중추사		
29		병판, 평안병마도절제사		삭주절제사, 파직
30		공판		
31		지중추		
32		사은부사(문종즉)		공조참판(단종즉), 동지사, 평안좌도도절제사, 자헌대부 함길도 도절제사, 피살
단종1		판중도진무, 정난1등연산군		
2		연산부원군졸		
세조3				행5위부사정, 세조원종 3등

연대	權崇厚 (세종~세조대)	金鏵 (세조~성종대)	文孟孫	邊處寧 (성종대)	蘇起坡
세종23	무과				
32	의주판관(문종즉)				
세조1	5사대호군, 세조원종3등공신				
5	5위부장				
6		무과	무과		
7			내금위(건시직⋅)시직	?무과	
10		?역홍산현감, 상주판관, 장례원사의			
11			理山군수겸절제사		
13			도총사이준군관		

성종7	전삭령군수			
11			절충장군부사직	
13			통정대부정주목사	?무과
17			동부승지, 우부, 가선대부전라 도수군절도사	
20			경상좌도절도사	
22			동지중추, 훈련 도정	5위부장, 북정 도원수허종군관
23			진하부사, 파직	? 김제군수
중종대	.			? 전라도병마절도사

① 曹備衡은 위의 표에서와 같이 1402년(태종 2) 무과로 출사하여 8년간 5위 호군·대호군·상호군을 역임하고 정3품 당상관에 승진하였고, 그 1년 후에 종2품관에 오르고 이후 도총제부직을 중심으로 외직과 육조·의정부·중추부직 등을 역임하면서 출사한 지 18년 만에 정2품직에 올랐다.

② 金孝誠은 태종초에 무과에 급제하고 출사하여 수년 만에 참상관에 승진하였고, 이어 5위·외관 무직을 중심으로 사헌부·육조직 등을 역임하고 세종 14년에 당상관에 승진하였으며, 외관 무관직을 중심으로 중추부·육조·의정부직 등을 역임하면서 당상관이 된 익년에 종2, 8년 후에 정2, 13년 후에 종1, 14년 후에 정1품 부원군이 되었다.

③ 權復은 1417년(태종 17) 무과에 급제하고 출사하여 8년 후에 종3품 대호군이 되었고, 그후 6년간 육조속아문직을 역임하고 정3품 당상관에 승진하였으며, 이후 2년간 육조직을 역임하고 종2품관이 되었다.

④ 朴好問은 1419년(세종 1) 무과에 급제하고 출사하여 11년 후에 종3품 사복시소윤이 되었고, 이후 5년간 육조속아문·5위직을 역임하고 정3품 당상관을 거쳐 종2품관에 승진하였으며, 다시 6년간 외관 무직을 주로 하여 육조·중추부직을 역임하고 정2품관이 되었다.

⑤ 盧湜은 세종대 중반에 무과에 급제하고 출사하여 세종 24년에 참상관에 승진하였고, 당하관까지 승진하였다.

⑥ 權崇厚는 1441년(세종 23) 무과에 급제하고 출사하여 9년 후에 종5품 의주판관이 되었고, 이후 5위직 종3품관에 승진하였다.

⑦ 金鏵는 1460년(세조 6) 무과에 급제하고 출사하여 3년 후에 참상관에 올랐고, 이후 외관 무관직과 육조속아문직을 역임하고 종4품관이 되었다.

⑧ 文孟孫은 1460년(세조 6) 무과에 급제하고 급제성적에 따라 바로 무관 참상직에 제수되었고, 내금위직을 거쳐 종4품관이 되었다.

⑨ 邊處寧은 세조 중기에 무과에 급제하고 출사하여 20년 미만(성종 11)에 당상관에 승진하였고, 이후 2년간 외관직·승정원직을 거쳐 종2품관으로 승진하여 외관 무반직과 중추부직을 역임하였다.

⑩ 蘇起坡는 성종 중반기에 무과에 급제하고 출사하여 10여 년 후(성종 22)에 참상관에 올랐고, 종4품관에 이르렀다.

이상에서 조비형 등 조선초기 무과급제자 10명은 대부분이 훈련원과 5위직을 역임하고(추정) 참상관이 되고, 5위, 육조속아문, 외관 등직을 역임한 후 출사한 지 16~30년에 정3품 당상관에 승진하였으며, 이후 도총제부, 외관, 육조, 중추부 등직을 역임하면서 18~35년에 종2품, 29~40년에 정2품관, 26~45년에 종1품관, 29~53년에 정1품 의정직에 올랐다고 하겠다. 이들이 역임한 중심 관직과 정3품 당상~정1품관 승진에 소요된 기간을 정리하여 제시하면 다음의 표와 같다.

〈표 8-4〉 조선초기 무과급제자 관력과 당상관승진 소요기간[10]

	사관 기간(년)	관력			당상관 승진 소요기간				
		참하관	참상~당하관	당상관	정3상	종2	정2	종1	정1
조비형	38		위	도', 외, 육', 의, 중'	8여	9	18		
김효성	50여		육속, 대간, 육, 위, 외		28여	29	41	49	50
권복	18		위, 육속	육, 외	15	17			
박호문	31		육속, 위	외', 육	?	17	31		
노식	20여		외, 위						
권승후	20여		외, 위						

10) 앞 〈표 8-3〉에서 종합.

김화	20여	외*, 육속						
문맹손	10여	위, 외						
변처령	15여	위	위*, 외*, 승, 중	15여	17			
소기파	20여	위, 외	외*					
계	20여			16여	17.6	26.6	49	50

* 장기재직관아, 도-도총제부, 외-외관, 위-5위, 육-육조, 육속 육조속아문, 의-의정부, 중-중추부

3) 蔭敍者

음서자는 18세 이상이나 20세 이상이 되어 조·부·숙부·형·장인(공신과 2품이상관), 조·부(실직 3품관), 부(이조·병조·도총부·사헌부·사간원·홍문관·부장·선전관 역임자)의 공로나 관력에 의해 제수된 인물이다.[11]

조선초기 관인 이력에 적기된 음서자와 음서추측자는 1,077명(성관자 1,055·성관불명자 22, 음서자 909·음서후 문과나 무과자 168)으로 관인 확인자 12,514명(종친 489명 제외)의 9.6%를 점하였는데,[12] 이 중 체계적으로 관력을 확인할 수 있는 노한 등 10명을 표집하여 그 관력을 살펴본다.

① 盧閈은 다음의 표와 같이 1393년(태조 2) 음서로 출사하여 육조속아문직을 역임하고 참상관이 되었고, 이어 육조속아문, 육조, 5위직 등을 역임하고 사관한 지 10년 만에 당상관인 절충장군행상호군에 제수되었다. 이후 의정부직을 중심으로 5위, 승정원, 외관, 제부직 등을 역임하면서 사관한 지 12년, 25년, 29년, 32년에 각 종2, 정2, 종1, 정1품 우의정에 승진하였다.

② 尹普老는 고려말에 음서로 사관하였고, 1396년(태조 5)에 종4품 중군장군이 되었으며, 이어 육조속아문과 5위직을 역임하고 1419년(세종 1) 당상관에 승진하면서 첨총제에 제수되었다. 이후 도총제부, 외관직을 역임하고 1429년(세종 11) 종2품 인순부윤이 되었다.

---

11) 『경국대전』 권1, 이전 음자제.
12) 뒤 〈별표 3〉에서 종합.

〈표 8-5〉 조선초기 음서자 관력[13]

연대	盧閈	尹普老	姜碩德	成奉祖	金漑	權摯
	1376~1427	태조~세종	1395~1459	1401~1474	?~1484	1414~1472
태조2	음서, 종사랑적경서승					
4	사수감승					
5		중군장군				
7	예빈소경					
정종2	합문지후, 공조의랑					
태종1	봉상경겸지합문사, 삼사좌사겸 지합문사, 대호 군겸지사간		? 계성전직			
3	절충장군상호군겸판합문사					
4	우부승지					
5	좌부승지, 가선대부이조전서, 경기관					
6	좌군동지총제					
7	풍해관					
		(전사재감)의흥시위사대호군				
9	(한성부윤)파					
12			?군자감주부			
16			공조좌랑			
세종1		우군첨총제		? 순승부행수		
2		판진주목사				
4		파직			음제남부녹사	
9	한성부윤, 형판					
10	의정부참찬					
11		인순부윤		한성부소윤	세자우시직	
12		?부윤졸		풍덕군사		
13	판한성					
14	의정부찬성사					음 서검교상서녹사
16	찬성겸대사헌, 찬성					?~31 역 사복직장, 예문관봉례랑, 감찰, 상의사옹원제거
17	우의정				주부	
19	(우의정)파직		? 양근군사, 인수부소윤			

---

13) 졸저, 앞 책(2020)에서 종합.

21			집의			
22			지형조사	장령		
23			우부승지	지사간, 동부승지		
25	전우의정졸		좌부, 좌승지	우부승지, 형참의, 통정대부전라병마절제사, 공, 형참의, 첨중		
26			호참판	형참의, 경상관, 호참의		
27			대사헌	충청관		
28			이, 형참판			
29				가선대부경상도절제사		
30			개성유수			
31			중추사	전라관	의금부지사	
32, 문종즉			동중			양주부사(32)
문종1			지돈령부사	한성부윤		
2			대사헌, 중부			
단종1			형참판, 함길관	첨지중추	사재감판사	
3				동중		
세조1		원종2	지돈령, 원종1, 승정대부지돈령	첨중, 원종2, 동중		
2			공, 형판			상호군 겸 판통례, 우부승지~
3			우참찬	중추부사, 첨중		
4			이판			
5		지돈령졸	우참찬			(우승지), 인수부윤, 공, 호, 공, 호참판, 개성유수겸병마절도사
7				지중추		
8						가정대부첨중
9			좌참찬, 우찬성	정헌첨중, 중부		
10				지중추		
11				승정대부지중추		
13			우찬성겸판호조사	의정부좌참찬, 좌참찬 겸도총관		
14			영중추	파직		동중
성종1						행상호군
2			좌리3領中樞 昌城府院君, 우의정			
3				상호군	상호군졸	
4				판중		
5			부원군, 부원군졸			
15				전판중졸		

연대	金脩	沈決	沈貞源	愼守勤
	세종~세조	1419~1470	세조~성종	1450~1506
세종21	직장			
문종즉	집의	음제돈령주부		
단종1	지사간, 의금부진무	?동첨지돈령		
2	유배			
세조1	지통례원사, 원종2	동부지돈령, 원2, 첨중		
2	겸집의	가선대부첨중, 동중		
3	예빈시판사			
5	첨중황해관	인순부윤		
6	이참판, 첨중	중추사		
7		공조판서		
9		판중추	음제세자참군	
11	광주목사			
12	?동중			
13			선전관, 첨정	
성종즉		대광보국숭록대부판중추		
1		판중졸	부상	
3			군기시정	
12			절충장군행사용, 전라수사	
15				음제 통훈대부장령
16			영해부사	
17				겸장령
19			행부호군	
23				동부승지
24				(좌부승지)첨중, 호참의
연산3				도승지
6				이판(~8, 부상)
11				좌찬성
연산12				우의정, 좌의정피화

③ 姜碩德은 1401년(태종 1)경에 음서로 출사하여 권무직 등을 역임하고 태종 12년에 참상관이 되었고, 이어 육조속아문, 육조, 외관직 등을 역임하고 1440년(세종 12) 당상관에 오르면서 지형조사에 제수되었다. 이후 승정원, 육조, 중추부, 돈령부직 등을 역임하면서 출사한 지 43년, 48년에 각각 종2, 정2품에 올랐다.

④ 成奉祖는 1419년(세종 1) 음서로 사관하여 권무직 등을 역임하고 참상관이 되었고, 이어 제부, 외관, 대간직 등을 역임하고 1441년(세종 23) 당상관에

오르면서 우부승지에 제수되었다. 이후 승정원, 외관, 육조, 외관 문·무반, 의정부직 등을 역임하면서 출사한 지 28년, 36년, 44년, 49년에 각각 종2, 정2, 종1, 정1품 영중추부사에 올랐다.

⑤ 金漑는 1422년(세종 4) 음서로 출사하여 권무직과 육조속아문직을 역임하고 참상관이 되었고, 이어 육조속아문, 의금부직 등을 역임하고 1453년(단종 1) 당상관인 절충장군첨지중추가 되었다. 이후 중부, 의정부직 등을 역임하면서 출사한 지 35년, 39년, 41년에 종2, 정2, 종1품 판중추가 되었다.

⑥ 權摯는 1432년(세종 14) 음서로 출사하여 권무, 육조속아문, 관각직을 역임하고 참상관이 되었고, 이어 사헌부, 육조속아문, 외관, 5위직 등을 역임하고 1456년(세조 2) 당상관에 승진하면서 우부승지에 제수되었다. 이후 좌부승지와 우부승지를 역임하고 1459년(세조 4) 종2품 인순부윤이 되었고, 육조, 제부, 육조, 중추부직 등을 역임하고 졸하였다.

⑦ 金脩는 1418년(세종 즉)에 음서로 출사하여 육조속아문직을 역임하고 참상관이 되었고, 대간, 육조속아문직을 역임하고 1459년(세조 5) 당상관에 오르면서 첨지중추겸황해관찰사에 제수되었다. 이후 육조, 중추부, 외관직 등을 역임하고 세조 12년 종2품 동지중추부사에 승진하였다.

⑧ 沈決은 1450년(세종 32) 음서로 출사하면서 곧바로 참상관인 돈령부주부에 제수되었고, 이후 돈령부직을 역임하고 사관한 지 5년만인 1455년(세조 1) 당상관에 오르면서 첨지중추부사에 제수되었다.[14) 이후 중추부, 제부, 육조직 등을 역임하면서 출사한 지 7년, 11년, 12년에 각각 종2, 정2, 종1직에 승진하고 19년 만에 정1품에 승진하면서 행판중추에 제수되었다.

---

14) 출사한 지 5년 만에 당상관이 된 것은 전례가 없는 일이다. 이것은 아마도 심결이 부인 영의정 沈溫(여 세종비 심온왕후)이 태종의 외척제거도모에 따라 원사하였고, 세조의 심온 후손에 대한 배려와 인사독단과 맞물리면서 이루어진 특례로 보아야 할 것 같다.

⑨ 沈貞源은 1463년(세조 9) 음서로 사관하여 육조속아문직을 역임하고 참상관이 되었다. 이어 육조속아문직 등을 역임하고 1481년(세종 12) 당상관에 오르면서 절충장군행오위사용에 제수되었으며, 외관 무직과 오위직을 역임하고 졸하였다.

⑩ 愼守勤은 1484년(성종 15) 음서로 사관하면서 바로 정4품 사헌부장령에 제수되었고, 사관한 지 8년만인 성종 23년에 당상관에 승진하면서 동부승지에 제수되었다. 이후 중추부, 육조, 의정부직 등을 역임하면서 10년, 17년, 22년에 각각 종2, 정2, 종1품에 승진하고, 1506년(연산 12) 정1품 우의정에 오르고 곧 좌의정이 되었다가15) 중종반정시에 살해되었다.

이상에서 노한 등 조선초기 음서자 10명은 대부분이 권무직을 역임하고 참상관이 되었고, 육조속아문직을 주로 하여 육조·5위직 등을 역임하고 출사한 지 6~29년 만에 당상관에 승진하였다. 이후 승정원·육조직을 중심으로 중추부·외관직 등을 역임하면서 출사한 지 7~43년에 종2품, 11~48년에 정2품, 12~44년에 종1품, 19~49년에 정1품직에 각각 올랐다. 이들이 역임한 중심 관직과 정3품 당상~정1품관 승진에 소요된 기간을 정리하여 제시하면 다음의 표와 같다.

〈표 8-6〉 조선초기 음서자 관력과 당상관승진 소요기간(단위 년)16)

	사관기간	관력			당상관 승진 소요기간				
		참하관	참상~당하관	당상관	정3상	종2	정2	종1	정1
노한	44	육속	육속*, 육*, 위	위*, 승*, 외*, 의*, 부*	10	12	25	29	32
윤보로	40여		도, 육속*	도, 외, 부	30여	31			
강석덕	58	권무	육속*, 육*, 의*	승*, 육*, 중, 돈령	39	43	48		
성봉조	55	권무		승*, 육*, 중, 돈령	22	28	36	44	49
김개	50여	권무, 육속	육속*, 의금부	중*, 의	31	35	39	41	

15) 신수근이 사관한 지 8년 만에 당상관에 승진하고 20년여에 좌의정까지 승진한 것은 그가 출사와 함께 곧바로 정4품 장령에 제수되기도 하였지만, 누이가 연산비 왕후이고 연산의 정사독단에서 기인된 특례로 생각된다.

16) 앞 174~179쪽에서 종합.

권지	40	권무, 관각	삼사, 육속*, 외*, 위	승*, 부, 육*, 중	24	27			
김수	30여	육속	대간, 육속*	외, 중	30여	31			
심결	20		직서돈령주부, 돈령	중*, 부, 육*	6	7	11	12	19
심정원	20여	육속	육속*	위 외*	18				
신수근	22		직서장령	승*, 육, 의*	8	9	14	20	22
계	34여				21.6	24.7	28.8	29.2	30.5

* 장기재직관아, 관-관각, 대간-사헌부·사간원, 도-도총제부, 부-한성부, 제부, 삼사-대간·집현전이
나 홍문관, 승-승정원, 외-외관, 위-5위, 육-육조, 육속-육조속아문, 의-의정부, 중-중추부

4) 蔭敍후 文科와 武科及第者

(1) 蔭敍후 文科及第者

조선초기에 음서후에 문과에 급제한 관인은 157명이 확인된다. 이 중 권제 등 8명을 표집하여 그 관력을 살펴본다.

① 權踶는 뒤의 표와 같이 1410년(태종 10)경에 음서로 출사하여 태종 14년경에 정6품 감찰에 승진하였고, 태종 14년 문과에 급제하고 정5품 사간원 우헌납에 제수되었다. 이어 육조, 육조속아문, 의정부, 사헌부직 등을 역임하고 1419년(세종 1) 당상관인 집현전부제학에 승진하였다. 이후 승정원, 육조, 관각, 중추부, 의정부직 등을 역임하면서 출사한 지 17년, 26년, 36년에 각각 종2, 정2, 종1품직에 올랐다.

② 成念祖는 1416년(태종 16)경 음서로 출사하여 1419년(세종 1) 종7품 직장으로서 문과에 급제하고 정6품 감찰에 제수되었고, 이어 대간직을 주로 하여 육조, 의정부직 등을 역임하고 세종 19년 정3품 당상관인 동부승지에 제수되었다. 이후 승정원, 육조, 의정부, 제부, 중추부직을 역임하면서 출사한 지 26년과 31년에 각각 종2품과 정2품에 올랐다.

③ 李皎然은 1442년(세종 24) 이전에 음서로 권무직에 제수되었고, 세종 24년 녹사로서 문과에 급제하고 정6품 감찰에 제수되었으며, 이후 대간,

육조, 육조속아문, 외관, 관각직 등을 역임하고 1457년(세조 3) 정3품 당상관인 절충장군행대호군에 제수되었다. 이후 육조와 승정원직을 역임하고 세조 6년 종2품 형조참판에 올랐으며, 이어 사헌부, 중추부, 외관, 육조직 등을 역임하고 졸하였다.

④ 丘達衷은 세종말에 음서로 출사하여 1451년(문종 1) 이전에 정5품 오위사직에 승진하였고, 문종 1년 사직으로서 문과에 급제하였으며, 이어 육조, 대간, 육조속아문, 관각, 5위, 외관직 등을 역임하고 1483년(성종 14) 당상관에 오르면서 남원부사에 제수되었다.

⑤ 李陸은 세조초에 음서로 출사하여 1462년(세조 8) 이전에 참상관이 되었고, 세조 8년 부사직으로서 문과에 급제하였으며, 이어 관각, 육조속아문, 사헌부직 등을 역임하고 1471년(성종 2) 정3품 당상 장예원판결사에 제수되었다. 이후 육조속아문, 육조, 외관, 제부, 중추부직 등을 역임하면서 출사한 지 십수년, 24년에 각각 종2, 정2품관에 올랐다.

⑥ 成健은 세조후반에 음서로 출사하여 1462년(세조 8)에 참봉으로서 문과에 급제하고 성균관전적에 제수되었으며, 이후 관각, 육조속아문, 사헌부, 홍문관직 등을 역임하고 1483년(성종 14) 정3품 당상관 홍문관부제학에 승진하였다. 이후 육조직을 중심으로 승정원, 외관, 중추부직 등을 역임하면서 출사한 지 23년여, 26년여에 각각 종2, 정2품직에 올랐다.

⑦ 權健은 성종초에 음서로 출사하였고, 1476년(성종 4) 오위사용으로서 문과에 급제하고 곧바로 정5품 성균관직강에 제수되었으며, 이어 홍문관직을 주로 하여 관각, 육조직을 역임하고 성종 12년 정3품 당상관 홍문관부제학에 승진하였다. 이후 승지직을 두루 역임하고 성종 17 종2품 예조참판에 승진하였으며, 육조, 사헌부, 중추부직 등을 역임하고 졸하였다.

⑧ 宋瑛은 세조 후반에 음서로 출사하여 1469년(예종 1)에 정6품 감찰에 승진하였고, 이어 육조, 사헌부직 등을 역임하고 1486년(성종 17) 장령으로서 문과에 급제하고 바로 당상관인 병조참지에 승진하였다. 이후 승지직을

두루 역임하고 성종 20년 종2품 공조참판에 승진하였으며, 육조, 중추부, 외관직을 역임하고 졸하였다.

(2) 蔭敍后 武科及第者

조선초기에 확인된 음서후 무과급제자는 23명이다. 여기에서는 이 중 최윤덕 등 6명을 표집하여 그 관력을 살펴본다.

① 崔潤德은 뒤의 표에서와 같이 1396년(태조 5)에 음서로 곧바로 종5품 오위부사직에 제수되었고, 1402년(태종 2) 낭장으로서 무과에 급제하고 정4품 5위호군에 승진하였으며, 이어 오위, 외관직을 역임하고 태종 10년 당상관에 승진하면서 동북면조전절제사로 파견되었다. 이후 시위사, 도총제부, 의정부, 중추부직 등을 역임하면서 출사한 지 16년, 19년, 31년, 37년에 각각 종2, 정2, 종1, 정1품관에 승진하였다.

② 成達生은 1391년(고려 공양왕 2)에 음서로 곧바로 6품 낭장에 제수되었고, 1404년(태종 4) 호군으로서 무과에 급제하고 종3품 대호군에 승진하였으며, 이어 외관, 시위직 등을 역임하고 태종 12년경 당상관에 승진하였다. 이후 도총제부를 중심으로 외관, 육조, 중추부직 등을 역임하면서 사관한지 20년, 24년, 36년, 42년에 각각 종2, 정2, 종1, 정1품관에 올랐다.

③ 郭承祐는 태조초에 음서로 출사하여 1404년(태종 4) 호군으로서 무과에 급제하고 정3품 상호군에 승진하였으며, 풍해도조전절제사를 거쳐 태종 10년 당상관 도총제부첨총제에 승진하였다. 이후 주로 도총제부·시위사직을 역임하면서 출사한 지 15년과 25년에 종2품관과 정2품관에 승진하였다.

④ 朴居謙은 태종후반에 음으로 출사하였고, 1442년(세종 24) 대호군으로 무과에 급제하고 훈련원지사에 승진하였으며, 이어 주로 외관직을 역임하고 1450년(문종 즉) 당상관에 승진하면서 행경흥부사에 제수되었다. 이후 외관

직을 주로 하여 5위직 등을 역임하면서 사관한 지 31년과 53년에 종2품과 정2품관에 올랐다.

⑤ 具致洪은 세종말에 음서로 출사하여 1455년(세조 1) 이전에 참상관이 되었다. 이후 5위직을 주로 하여 육조속아문; 외관, 돈령부직을 역임하고 1488년(성종 19) 당상관에 승진하면서 첨지중추부사에 제수되었으며, 1492년(성종 23) 무과에 급제하고 정2품자헌대부행훈련도정에 승진하였다.

⑥ 朴仲善은 세종말에 음서로 출사하였고, 1460년(세조 6) 이전에 종4품 부호군이 되었으며, 세조 6년 부호군으로서 무과에 급제하고 종3품 훈련부정에 승진되었다. 이후 육조속아문직을 역임하고 세조 8년 당상관에 오르면서 지병조사에 제수되었으며, 이어 외관직을 중심으로 육조, 중추부부직 등을 역임하면서 출사한 지 18년여, 22년, 23년, 32년에 각각 종2, 정2, 종1, 정1품직에 승진하였다.

〈표 8-7〉 조선초기 음서후 문·무과 급제자 관력[17]

연대	權踶 1387~1445	成念祖 1400~1450	李皎然 1423~1475	丘達衷 문종~성종	李陸 1438~1498	成健 1438~1495
태종14	(감찰)문과, 우헌납, 병정랑					
16	성균사예	? 음				
18	의정부사인, 직예문 관, 전사소윤 겸시강 원문학					
세종1	집의, 집현전부제학, 동부승지	(직장)문과, 감찰				
5	(좌승지)모상	(정언)예조좌랑				
6		지평				
7		(지평)파, 지평				
8	예조참판					
9		이정랑				
10		장령				
12		의정부사인				
13		장령				
15		(집의)사직(부병)				

17) 졸저, 앞 책(2020)에서 종합.

16		부상			
17	이조판서				
19	예판	동부승지			
20	예문대제학, 지중	우부, 좌부, 우승지			
21	집현제학, 지중	좌승지	?음		
23	지중겸대사헌	예참판			
24	동지중추	경상관	(녹사)문과, 감찰		
25	의정부좌참찬, 좌참찬겸 판이조사	경창부윤, 행사직(병)			
26		병참판	좌정언		
27	우찬성		예, 이좌랑	?음	
28	우찬성졸	형참판, 판한성			
29		개성유수, 사직(병), 첨중			
31			좌헌납		
32		지중, 사직, 졸			
문종1			종부시소윤	(사직)문과	
2			장령		
단종1			밀양부사, 직예문관	형자랑	
2			원주목사		
세조1			원종3	세조원종3, 겸지평	
3			절충장군대호군		
4			지병조사, 병참의	/음	
5			우부승지		
6			(좌승지)형, 호참판		
7			대사헌, 중부, 개성유수	장령	
8				(부사정)문과	
10			봉상시판관	겸예문관	
11			충청관		
12			첨중	(종학사회)발영시	?음
13			예참판겸동지의금부사		
14			형참판, 충청관	?시강원필선, 지사간, 예문직제학	(참봉)문과, 성균전적
예종1			한성좌윤	장령	
성종1			부호군		구치관종사관
2				(장령)판결사	
3			상호군	대사성	
4					경연시독관

5					판결사, 공참의
6			부호군졸		예문관교리, 통훈대부지평
7					성균직강
8				충청관	사복시첨정
9					예참의
10					이, 호참의
13			?성주목사		집의, 홍문관전한, 직제학
14			통정남원부사	병조참지	홍문부제학, 동부승지
15				형참의, 가선대부경상관	
16				한성우윤	
17					(도승지)경기관
18					예, 병참판, 대사헌, 첨중
19				동중, 형참판, 강원관	동중
20				예참판	경연특진관, 공판
22					형판, 우참찬, 이, 예판
23					지중
24				병, 형참판	형판
연산1					형판졸
4				병참판졸	

연대	薛孝祖	申自繩	具致洪	朴仲善
	세종~세조	세종~성종	세조~성종	1435~1481
세종17	무과			
18	별시위			?음
26		(주부)문과, 좌정언	/음	
문종1		형조도관정랑		
2		지평		
단종1		예조정랑		
세조1	안무사, 원종2	부지돈령, 원종3	행부사정, 원종3	
4	제주목사, 공참의	지사간, 파직		
6				(부호군겸선전관)무과, 훈련부정, 파직
7			호군	
8	절충장군상호군, 오위장, 행호군			역 훈련기시, 예빈소윤, 부 지봉례, 군기판사, 지병 조사
9		겸집의		병참의
12				병참판
13			예빈첨정, 도총사이준종사관, 부호군	병참판겸도총부부총관, 가정대부 병조판서, 적개 1등平陽君
14				평안중도절도사, 익대3등병조

연대						
					판서	
예종1		대사성			평양군	
성종1				위장		
2					영안북도절도사, 좌리3, 평양군	
3			해주목사			
6			부지돈령			
7					판중	
8					승정대부평양군겸경기관	
9					평양군, 이판	
10					평양군	
11					판돈령	
12				강릉부사	평양군졸	
15			(호군)파			
19				첨중		
23				무과, 자헌대 부훈련도정		

연대	權健 1458~1501	宋瑛 ?~1495	崔潤德 1376~1445	成達生 1376~1444	郭承祐 ?~1431	朴居謙 ?~1481
공양왕2				낭장(음서)		
태조5			음제부사직		?음	
정종2				(호군)무과		
태종2			(낭장)무과, 호군	대호군		
3			대호군			
4					(호군)무과, 상호군	
5					풍해도조전절제사	
6			태안군사			
7			대호군	흥덕진병마사		
10			(상호군)무과중시, 동북면조전병마사, 경성병마사	예빈판사	도총제부첨총제, 경원병마사, 우군동지총제	
11			호분시위사절제사, 우 군 동지총제	신무사첨절제사	동지총제 겸 시위사절제사	
12			중군절제사	? 승 절충장군	중군총제	
13				가선대부성주목사	동총 시위중군절제사	?음
15			우군도총제	경성절제사		
16				중군동지총제		
17				전라관겸병마절제사		
18			좌군도총제	동지총제내금위절제사, 함길병마절제사겸관길주목사	세종즉, 총제우금위2번절제사	
세종1			3군도절제사, 의정부 참찬	중군총제, 삼도수군처치사, 좌군동총		

2			좌군총제, 경상 우수군도절제사	도총제	
3		공조판서		강계절제사	
4			좌군총제, 자헌 평안관		
5		평안도병마도절 제사, 우군도총제	파직		
6			총제		
7		참찬	평안도절제사		
8					호군
9		판좌군도총제부사	공판		
10		병조판서	도총제	별시위절제사	
12		판중군도총제부사		중군총제	
13		겸사복제조	함길도절제사	전수군처치사졸	
14		판중추	함길도절겸판길 주목사		
15		우의정			
16			함길도절제사		
17		좌의정겸판이조사	숭정지중추		
18		좌의정, 영중추			
22			판중추		
24					(대호군)무과, 훈 련원지사
26			판중졸		
27		영중추졸			?북청부사, 훈련 관사
문종즉					경흥부사, 승통 정 대부
단종1					경상우도수군도 절제사
세조1					첨중, 절충장군상 호군, 원종2
3					위장, 중추부사, 첨중
6					황해평안도체찰 사한명회부장
8					가선대부안주목 사
11					중부
13					위장
예종1	감찰				강원병마절도사 겸강릉부사, 경상 좌병사
성종2					좌리4등
4					경상우도병사
7	(사용)문과,				

	성균 직강					
8	예좌랑					鐵城君
10	홍문응교					자헌대부전라좌수사
11	전한	공정랑				
12	부제학	장령				충청병사, 병사졸
13	예참의, 동부승지~	지평				
14		장령				
15	도승지	장령				
16		(부사) 문과, 병조 참지				
17	예참판, 동중	동부승지~				
18	예참판, 대사헌					
20		(도승지)공참판, 대사헌, 동중, 호 참판				
21	병, 호참판	경기관				
22		첨중, 이참판				
23	첨중	영안순찰사				
24	동중, 대사성					
25	동중 겸 성균 지사, 한성좌윤, 호참판	예참판				
연산1		예참판졸				
7	수지중졸					

이상에서 권제 등 조선초기 음서후 문과에 급제한 10명은 대부분이 권무직과 육조속아문직을 역임하고 참상관이 되고, 육조속아문직을 주로 하여 5위, 외관, 대간직 등을 역임한 후 출사한지 6~39년 만에 정3품 당상관에 승진하였으며, 이후 승정원·육조직을 주로 하여 외관, 중추부직 등을 역임하면서 출사한 후 7~43년에 종2품, 11~48년에 정2품, 12~44년에 종1품, 19~49년에 정1품관에 승진하였다. 한편 음서후에 무과에 급제한 6명은 5위직·외관직을 주로 하여 육조속아문직 등을 역임하고 당상관에 승진하였고, 이후 외관직·3군5사직을 주로 역임하면서 출사한 후 16~31년에 종2품, 19~53년에 정2, 31~36년에 종1, 31~36년에 정1품관에 각각 승진하였다.

그런데 음서후 문과와 무과급제자의 관력을 문과급제자, 무과급제자와 비교하여 보면 참상관~당하관직은 문과나 무과급제자와 같이 대간·육조속 아문·관각·외관직 등이나 5위·육조속아문·외관직 등을 역임하였고, 당상직 은 승정원·육조·외관·중추부직 등이나 도총제부·외·육조·중추부 등직을 역임하였다. 당상관 승진소요기간은 문과나 무과급제자에 비해 1(종1)~3년 (정3상)과 3(정2)~18년(종1)이 더 소요되었다. 즉 음서후에 문과나 무과급제 자 모두 문과나 무과자 보다 정3품 당상관 이상에 승진하는 소요기간이 많았다고 하겠다. 음서후에 문과와 무과급제자가 역임한 주요 관직과 당상관 소요기간을 표로써 정리하면 다음과 같다.

〈표 8-8〉 조선초기 음서후 문·무과 급제자 관력과 당상관승진 소요기간(단위 년)[18]

	사관기간	관력			당상관 승진 소요기간				
		참하관	참상~당하관	당상관	정3상	종2	정2	종1	정1
권제	31		대간, 육, 의, 외	집현, 승, 육, 외, 중, 의	10여	17	26	36	
성념조	34	육속	대간, 육, 의	승, 육, 의 부, 중	22	26	31		
이교연	40여	권무	대간, 육, 육속, 외, 관각	중, 육, 승, 외, 부	24	27			
구달충	30여		위, 육, 대간, 관각, 외	외*	30여				
이육	40여	위	관각, 대간	육속, 외, 육, 부, 중	20여	24			
성건	30여	관각	관각*, 대간, 육속	홍문, 승, 외, 육, 중, 의	20여	23	26		
권건	40여	위	관각, 육, 홍문	홍문, 육*, 승, 중	10여	15			
송영	30여		대간*, 육조	승, 육, 중	20여	24			
계	34여				18.3	22.3	27.7	36	
최윤덕	50		직서부사직, 위, 외	도*, 의, 육, 외, 중	15	16	19	31	37
성달생	42		위, 외, 도	외, 도*, 육, 중	19	20	24	36	42
곽승우	26		위*, 외	도, 외	15여	15	25		
박거겸	50여		위, 육속, 외사	외, 도	30여	31	53		
구치홍	33		위*, 육속, 외	위, 육속	30여		33		
박중선	30여		위, 육속	육, 외*, 부	20여	22	23	27	
계	39여		위*, 육속	위, 외, 돈령	22.5	22.8	29.5	31.3	39.5

* 장기재직관아, 관-관각, 권-권무, 대간-사헌부·사간원, 도-도총제부, 부- 부윤부, 위-5사·5위, 육-육조, 육속-육조속아문, 의-의정부, 중-중추부

---

18) 앞 182~188쪽에서 종합.

5) 기타 : 雜科及第者, 천거출신 관직자, 군사출신 관직자

(1) 雜科及第者

잡과에는 譯科, 醫科, 陰陽科, 律科가 있고, 다시 역과는 한학·몽학·왜학·여진학, 음양과는 천문학·지리학·명과학으로 나누어 선발하였다(의과와 율과는 공통).[19]

『조선초기 관인 이력』에 적기된 잡과합격자와 잡과추정자는 그 수가 400여 명(성관자 13, 성관불명자 392)에 불과하고 그나마 관력을 체계적으로 확인할 수 있는 인물은 그 수가 아주 적다. 그중에서 의과급제자 6명, 음양과급제자 6명을 표집하여 그 관력을 살펴본다.

의과급제자는 ① 박윤덕은 다음의 표와 같이 1417년(태종 17) 이전에 종6품 전의감주부가 되었고, 그 후 내의원에 근무하다가 1428년(세종 10)에

〈표 8-9〉 조선초기 雜科者 관력[20]

	醫科					
	朴允德	盧重禮	曹敬智	車孟康	金元謹	金尙珍
	태종~세종	?~1453	세종~성종	세조~성종	세조~예종	세조~성종
태종17	(전의감주부)유					
세종1	의원					
3		내의				
5		사재감부정				
8	내의					
10	전의감부정					
14	내의					
15	부정	(전의감정)판사				
23			전의감판관			
26			호군			
27		첨지중추				
28		전의감정				

---

19) 『경국대전』 권3, 예전 제과.

20) 졸저, 앞 책(2020)에서 종합.

연대						
29		첨중				
30		절충상호군				
문종2			수고신, 잉사 내의원, 환 고신			
단종1			사사복시			
세조1			호군, 원종2			부사직, 원종2
3						내의
5			어의			
6			가선대부, 피핵강 통정대부상호군		(사직)원종3	
8				의관		
10						첨중
13						동중
예종1					내의원정	동중
성종2				전의감부정		
3						행상호군
10				전의정		
13				승당상관		
21			자헌대부부사과			

陰陽科						
연대	金恕	柳塘生	崔揚善	金允善	安孝禮	金貴枝
	태조~태종	태종대	세종~세조	문종~세조	세조~성종	세조~성종
태조7	서운관겸주부					
태종10	부정	(서운관승)유				
14		(부정)수금				
세종12			전서운관장루			
문종2			풍수학훈도			
단종1			행부사직			
세조1				(행사정)원종3	(행사용)원종3	(서운관사진)원종3
3					서운관부정	
6			(부정)원종3			
12					(관상감첨정)정	
예종즉					절충부사직	
1					행부사맹	
성종1					행사정, 행호군	
3						관상감정, 검교한성부윤
12						절충장군사정겸관상감부제조
13						행사과
14						행사직

종3품직인 내의원부정에 승진하였다.

② 노중례는 1421년(세종 3) 이전에 내의원관을 역임하고 세종 5년 종3품 사재감부정에 전출되었다. 세종 15년 이전에 전의감정에 제수되었고, 세종15년 정3품 전의감판사에 승진하였으며, 세종 27년 당상관에 승진하면서 첨지중추에 제수되었다. 이후 행전의감정, 첨중, 행상호군을 역임하고 졸하였다.

③ 조경지는 1441년(세종 23) 전의감판관이 되었고, 익년에 종4품 호군에 체직되었으며, 이후 내의원, 육조속아문, 5위직을 역임하고 1459년(세조 5) 어의가 되면서 당상관에 승진하였다. 이어 세조 6년 행상호군에 제수되었고, 1490년(성종 21) 정2품 자헌대부에 승진하면서 행오위부사과에 제수되었다.

④ 차맹강은 1481년(성종 2) 전의감부정에 제수되었고, 성종 9년 전의감정에 승진하였으며, 성종 13년 당상관에 승진하였다.

⑤ 김원근은 1460년(세조 6) 이전에 5위사직에 체직되었고, 1469년(예종 1) 내의원정에 승진하였다. ⑥ 김상진은 1455년(세조 1) 5위부사직에 체직되었고, 세조 3년 다시 내의원관에 제수되었으며, 세조 10년 당상관에 승진하면서 첨지중추에 제수되었다. 세조 13년 종2품에 승진하면서 이후 동지중추에 제수되었고, 행상호군을 역임하고 졸하였다.

음양과급제자는 ① 김서는 1398년(태조 7) 서운관주부에 제수되었고, 1410년(태종 10) 서운관부정에 승진하였다.

② 유당생은 1410년(태종 10) 이전에 서운관승이 되었고, 태종 14년 서운관부정에 승진하였다.

③ 최양선은 1430년(세종 12) 서운관장루에 제수되었고, 1460년(세조 6) 이전에 서운관부정에 승진하였다.

④ 김윤선은 1452년(문종 2) 풍수학훈도에 제수되었고, 1453년(단종 1) 행부사직에 승진하였다.

⑤ 안효례는 1453년(세조 1) 이전에 오위행사용에 체직되었고, 세조 3년에 서운관에 복직되면서 부정에 승진하였다. 세조 12년 관상감정에 승진하였고,

1468년(예종 즉) 당상관에 승진하면서 행부사직에 제수되었으며, 이후 행부사맹, 행사정, 행호군을 역임하고 졸하였다.

⑥ 김귀지는 1455년(세조 1) 이전에 서운관사진에 제수되었고, 1472년(성종 3) 관상감정에 승진하였다. 성종 3년 검교한성부윤에 제수되었고, 성종 12년 당상관에 승진하면서 오위행사정겸관상감부제조에 제수되었으며, 이후 행사과, 행사직을 역임하고 졸하였다.

이를 볼 때 의과급제자는 醫司와 5위직을 역임하고 소수가 당상관에 승진하였고, 음양과급제자는 陰陽司직을 역임하고 소수가 당상관에 승진하였다. 당상관에 승진된 의관과 음양관 모두 정3품직이 상한이기 때문에 문무반직으로 전환될 수밖에 없었고, 또 그 출신과 관련되어 준직에 제수되지 못하고 대부분이 4품이하의 5위 군직에 행직으로 제수되었다.

(2) 薦擧者

조선초기에 확인된 천거사관자는 130여 명에 불과하고, 그 대부분이 1, 2의 관력을 남기고 있어 체계적인 관력의 파악이 어렵다. 그렇기는 하나 여기서는 학행과 효행으로 천거된 민건 등 6명을 표집하여 관력을 살펴본다.

학행천거자를 보면 다음과 같다.

① 민건은 다음의 표와 같이 세종초에 천거로 사관하여 1429년(세종 11) 군자감직장에 승진하였다.

② 기건은 세종초에 사관하여 1433년(세종 15) 이전에 정5품 지평에 승진하였고, 익년에 종4품에 승진하면서 경원부경력으로 파견되었다.

③ 신자건은 1419년(세종 11)에 출시하여 세종 14년 이전에 상의원직장이 되었고, 세종 14년 정5품 지평에 승진하였으며, 세종 20년 정4품 장령에 승진하였다.

효행천거자는 ④ 고약해는 1411년(태종 11) 출사와 함께 곧바로 참상직인

연대	학행			효행		
	閔騫	奇騫	愼自建	高若海	權忖	洪伊
	세종대	세종대	세종대	태종대	세종대	세종대
태종11				서용, 공부주부		
17				형조정랑		
세종11	군자감직장		서용			
13					(부사직)감찰	서용
14			(상의원직장)지평			
15		? 지평			강진현사	
18		경원부경력				
20			장령			
22			(전라도사)파직			
26						守中部令
27						(내자시주부)파직

정6품 주부에 제수되었고, 태종 17년 정6품 공조정랑에 승진하였다.

⑤ 권촌은 세종전반기에 서용되어 1431년(세종 13) 이전에 종5품군직인 5위부사직이 되었고, 세종 13년 동반직에 전환되면서 강직되어 정6품 사헌부감찰에 제수되었으며, 세종 18년 종6품직인 지강진현사에 파견되었다.

⑥ 홍이는 1431년(세종 13)에 서용되었고, 세종 24년 6품관으로서 종5품직인 중부령에 수직으로 제수되었으며, 곧 종6품 내자시주부에 체직되었다가 파직되었다.

이를 볼 때 학행천거자와 효행천거자 모두 육조속아문과 5위직 등에 임용되었고, 육조속아문과 외관 당하관직 이하를 역임하였고 하겠다.

(3) 기타 출신자

가) 儀賓·宗親

의빈은 다음의 표와 같이 ① 趙大臨(태종녀 경정공주 부마)은 1405년(태종

---

21) 졸저, 앞 책(2020)에서 종합.

5) 결혼과 함께 종1품 숭정대부에 제수되었고, 1422년(세종 4) 정1품 보국숭록대부에 올랐다.

<표 8-11> 조선초기 의빈 관력(관계)[22]

연대	趙大臨 배 태종공주	金世敏 정종옹주	朴從愚 태종옹주	黃裕 태종옹주	尹師路 세종옹주	姜子順 문종옹주	洪常 덕종옹주
태종5	평양군						
6	숭록대부평양군						
18		부지돈령	가정대부운성군				
세종1			자헌대부				
4	보국숭록대부평양부원군						
7		(동첨지돈령)유					
9			정헌대부				
14				가선대부회천군			
17				가정대부	영천위		
18			숭정대부				
26				통헌대부			
27					통헌대부		
28				봉헌대부			
단종즉					숭덕대부		
1			보국숭록대부운성부원군				
2					홍덕대부	반성위	
세조1					좌익1등영천군		
2					보국숭록영중추		
3					영천부원군		
12							부빈
14							승빈
예종즉							승헌대부 당양군
성종1							통헌대부
2							숭덕대부
11						승헌대부	
16						통헌대부	

② 金世敏(정종녀 숙신옹주 부마)은 1418년(태종 18) 부지돈령부사가 되었고, 1422년 동첨지돈령에 승진하였다.

22) 졸저, 앞 책(2020)에서 종합.

③ 朴從愚(태종녀 정혜옹주 부마)는 1418년 혼인과 함께 가정대부에 제수되었고, 1419년(세종 1) 정2품, 세종 18년 종1품, 1453년(단종 1) 정1품직에 각각 승진하였다.

④ 黃裕(태종녀 숙안옹주 부마)는 1432년(세종 14) 결혼과 함께 가선대부에 제수되었고, 세종 26년에 정2품직에 올랐다.

⑤ 尹師路(세종녀 정현옹주 부마)는 1435년(세종 17) 결혼과 함께 종2품 영천위에 제수되었고, 이후 세종 27년 정2품, 1452년(단종 즉위) 종1품, 1456년(세조 2) 정1품직에 각각 승진하였다.

⑥ 姜子順(문종녀 경숙옹주 부마)은 1454년(단종 2) 종2품에 제수되었고, 1480년(성종 11) 정2품직에 승진하였다.

⑦ 洪常(덕종 명숙옹주 부마)은 1466년(세조 12) 부빈에 제수되었고, 1468년 승빈, 1468(예종즉위) 정2품, 1471년(성종 2) 종1품직에 각각 승진하였다.

이를 볼 때 의빈은 배우자의 신분과 관련되어 종1~종2품(정종 부마는 종3)에 제수되었고, 특지나 공훈에 의해 정1~정2품에 승진하였다고 하겠다. 그런데 정종부마인 김세민의 초직과 승진이 태종과 세종~덕종부마에 비해 큰 차이가 나는 것은 1412년(태종 12) 태종이 조선의 왕통을 태조-태종계로 확립하면서 정종을 "繼世之君이 아니고 寄生之君이다"[23]라고 하면서 그 자손을 鎭安大君 등의 자손과 같이 봉작하도록 상정한 바에서 연유된 것이다.[24]

종친은 다음의 표와 같이 ① 이비(부 태종)는 1414년(태종 14) 정3품 당상관인 正尹에 제수되고, 곧 종2품 元尹에 승진하였으며,[25] 이후 태종

---

23) 『태종실록』 권23, 12년 4월 병술 ; 권24, 12년 10월 무인.

24) 졸저, 2014, 『조선의 패왕 태종』, 계명대학교출판부, 132~134쪽.

25) 원윤과 정윤의 품계는 국초에는 정2품과 종2품이었고, 태종 11년에 종2품과 종3품으로 개정되었다가 태종 14년에 다시 정윤이 정4품이 되었으며, 세조 12년경에 원윤이 정3품 정, 정윤이 종3품 부정으로 각각 개칭되고 직질이 개정되면서 정비되어 경국대전에 법제화되었다(졸고, 1984, 「조선세조대(1455~1468) 종친연구」, 『한국학논집』 22, 191쪽, 주11).

17년 정2, 1425년(세종 7) 종1, 세종 12년 정1품직에 각각 승진하였다.

〈표 8-12〉 조선초기 종친 관력[26]

연대	李褙	李禔	李善生	李溥	李孝叔	李僖	李禶
	부 태종	부 양녕대군	조 정종	부 세종	조 정종	불명	부 경령군
태종14	정윤, 원윤						
17	정헌대부경령군						
세종7	숭록대부						
9		가정대부순성군					
12	대광보국숭록대부경령군	정윤					
17		숭록대부					정윤
23			원윤				
26		소덕대부					
31							정의대부은천군
문종2			가덕대부영순군				
단종1		흥록대부					
세조1				소덕대부			
4			? 도정				
5				흥덕대부			
6					부윤감		중의대부
7					부령		
8						(모산감)모산정	승헌대부
11					부수		승헌대부
12						도정	
13				적개2			
14							가덕대부
예종즉			정의대부무림군	익대1	부정		
1							소덕대부
성종1			중의대부				
4			?승헌대부		정		

② 이개(부 양녕대군)는 1427년(세종 9) 종2품에 제수되었고, 세종 17년 종1품에 승진하였다.

③ 이선생(부 정종)은 1430년(세종 12)에 종3품 정윤에 제수되고 세종

---

26) 졸저, 앞 책(2020)에서 종합.

23년 정3품 원윤이 되었으며,[27) 1458년(세조 4) 정3품 당상관 都正, 1468년(예종 즉위) 종2, 1473년(성종 4) 정2품직에 각각 승진하였다.

④ 이부(부 세종)는 1452년(문종 2) 종1품직에 제수되었고, 1459년(세조 5) 정1품직에 승진하였다.

⑤ 이효숙(부 덕천군 효생, 조 정종)은 1460년 감에 제수되었고, 이후 세조 7년 副令, 세조 11년 副守, 1468년(예종 즉) 副正, 1473년(성종 3) 正에 각각 승진하였다.

⑥ 이희(부 불명)는 1462년(세조 8) 이전에 監에 제수되었고, 이후 세조 8년 正, 세조 12년 都正에 각각 승진하였다.

⑦ 이찬(부 경령군 비, 조 태종)은 1435년(세종 17) 정윤에 제수되었고, 이후 세종 31년 종2품, 1462년(세조 8) 정2, 세조 14년 종1품에 각각 제수되었다.

이를 볼 때 종친은 그 가계와 관련되어 정6품 감~종1품 군에 제수되었고, 고과나 특지 등에 의해 정3품 당상관~정1품 군에 승진하였다고 하겠다. 이 중 정종의 자인 이선생과 손자인 이효숙의 초직이 태종계 종친에 비해 직위가 낮고 승진기간이 긴 것은 태종이 자신을 중심한 왕통의 확립에 따라 정종계를 강등시켰고, 실제로도 그와 관련되어 차별되었음을 입증하고 있다고 하겠다.[28)

이상에서 조대림 등 의빈은 혼인과 함께 의빈부 정3품 당상직 이상에 제수되었고(정종부마는 당하관), 이후 종2~정1품 위를 역임하면서 2, 5, 10.5, 24.7년에 각각 종2, 정2, 종1, 정1품계에 승진하였다. 이비 등 종친은 성년과 함께 정6품 감~정3품 당상 정윤에 제수되었고, 당상관인 도정이 된 후에는 종친부 종2~정1품 군을 역임하면서 19.3, 22, 27, 12년에 각각 종2, 정2, 종1, 정1품계에 올랐다. 의빈과 종친이 역임한 관직과 정3품 당상~정1품관 승진에 소요된 기간을 정리하여 제시하면 다음의 표와 같다.

---

27) 동상 조.
28) 앞 주 24).

	사관	관력		당상관 승진 소요기간					비고
		참상~당하관*1	당상관*2	정3상	종2	정2	종1	정1	
조대림	태종5		정2평양군*, 종1, 정1부원군			*	1	16	배 태종
김세민	태종18이전	종3부지, 정3동첨지돈령							
박종우	태종18		종2군*, 정2~정1부원군		*	1	18	35	
황유	세종14이전		종2군, 정2군						
윤사로	세종17		종2영천위*, 정2~정1부원군		*	12	19	23	
강자순	단종2		종2군, 정2군						
홍상	세종12		정3상부빈*, 승빈, 정2~종1위	*	2	2	4		
계				0	2	5	10.5	24.7	
이비	태종13		정3상정윤*, 종2원윤, 정2~종1군	*	1	4	12	17	
이개	세종9		종2군*, 정2~종1군		*	8			
이선생	세종12	종3정윤*, 정3원윤	도정, 종2~정2군	22	33	37			
이부	문종2		종1군, 정1군				*	7	
이효숙	세조6	감*, 부령, 부수, 부정, 정							
이희	세조8이전	감*, 정	도정	40					
이찬	세종17	정윤*	도정, 종2~종1군		14	25	31		
계				31	19.3	22	27	12	

*1 의빈직 : 첨위(3품), 부위(정3상), 위(종2~정1)
*2 종친당하직 : 감(정6), 부령(종5), 령(정5), 부수(종4), 수(정4), 부정(종3), 정(정3)

나) 軍士·胥吏

조선초기에 확인된 군사출신과 서리출신은 120명과 50여 명에 불과하고, 대부분이 1, 2의 관력을 남기고 있어 체계적으로 관력을 확인하기 어렵다. 그렇기는 하나 여기에서는 김윤수 등 6인을 표집하여 관력을 살펴본다.

군사출신은 ① 김윤수는 다음의 표와 같이 태종초에 군사로 기신하여 갑사를 역임하고 참상관에 올랐고, 이후 오위부사직을 거쳐 1422년(세종 4) 정4품 의금무신무와 10사 호군을 역임하였다.

② 안경손은 세종후반기에 군사로서 기신하여 내금위갑사를 역임하고

29) 앞 195~198쪽에서 종합.

1453년(단종 1) 참상관인 5사 부사직에 올랐고, 이후 호군과 대호군을 역임하고 1455년(세조 1) 당상관인 첨지중추가 되고 대호군을 거쳐 세조 9년 종2품 부윤이 되었다.

〈표 8-14〉 조선초기 군사·서리출신 관인관력[30]

연대	군사		서리			
	金允壽	安慶孫	韓有紋	沈龜壽	元郁	李貴男
	태종~세종	세종~성종	?~1436	태조~세종	태종~세종	세조~성종
고려말			?서리			
태조6				지인		
태종5			사재소감			
6					지인	
8			내섬소윤			
12	(갑사)부사직		밀양군사			
14				사직		
16				수군만호		
17			의금진무		감찰파	
세종1	3군도절제사진무					
6			강원관겸호참의			
7	호군		강원관, 파직			
8			이, 호참의		제천현감	
9			전주부윤			
14			중추부사			
18			전중부졸			
19		내금위				
단종1		부사직, 정난3				
3		호군				
세조1		대호군, 3군진무, 내자시윤, 첨지중추				
3		절충대호군				
6						(녹사)원종3
9		인순부윤				
11		公山君				
12						현감
예종1		동지중추				
성종3		공산군				
7						평산부사

---

30) 졸저, 앞 책(2020)에서 종합.

서리출신은 위의 표와 같이 ③ 한유문은 고려말에 서리로 기신하였고,[31] 이후 사재소감, 내섬소윤, 밀양군사, 의금진무를 역임하고 1424년(세종 6) 당상관인 강원관찰사겸호조참의에 승진하였으며, 전주부윤을 거쳐 세종 13년 종2품 중추부사가 되었다.

④ 심구수는 1397년(태조 6) 지인으로 사관하여 1414년(태종 14) 정5품 사직이 되었고, 만호를 역임하고 졸하였다.

⑤ 원욱은 1406년(태종 6) 지인이 되었고, 태종 17년 이전 감찰에 승진하였고, 제천현감을 역임하고 졸하였다.

⑥ 이귀남은 1460년(세조 6) 이전에 녹사가 되었고, 세조 12년 참상관에 승진하면서 현감이 되었으며, 1476년(성종 7) 종3품 평산부사가 되었다.

이상에서 군사출신은 5위 각급 군직을 역임하고 대부분은 정3품관 이하에서 퇴직하였고, 소수가 당상관에 승진하여 5위행직을 주로 하여 제부직을 역임하였다. 서리출신은 권무직을 역임한 후 참상관에 승진하였고, 대부분이 육조속아문과 외관직을 역임하고 종3품관 이하에서 퇴직하였고, 소수가 당상관에 승진하여 외관직과 중추부직 등을 역임하였다.

지금까지 살핀 군사와 서리출신의 관력과 당상관 승진소요기간을 정리하면 다음의 표와 같다.

〈표 8-15〉 조선초기 군사·서리출신 관력과 당상관승진 소요기간(단위 년)[32]

	사관 기간	관력			당상관 승진 소요기간				
		참하관	참상~당하관	당상관	정3상	종2	정2	종1	정1
김윤수	20여	갑사	부사직, 진무						
안경손	30여	갑사	부사직, 호군, 대호군, 윤	첨중, 대호군, 부윤	25여	33			

31) 세종 7년 강원관찰사 재직시에 탄핵될 때 "지인출신으로 李原(1368~1430)과 동갑이고 친분이 있었다(『세종실록』 권29, 7년 7월 4일)"고 하였음에서 우왕말에 서리가 된 듯하다.
32) 앞 200~201쪽에서 종합.

한유문	40여	서리	소감, 소윤, 군사	강원관겸호조참의, 전 부부윤, 중부	30여	38		
심구수	20여	서리	사직, 만호					
원욱	?	서리	감찰					
이귀남	20여	서리	현감, 부사					
계	26				27.5	30.5		

다) 여진·왜 귀화인

조선 정부는 여진과 왜인의 귀화를 장려하기 위하여 관직을 제수하고 식량 등 물자를 사여하였다. 관직제수(초수)는 입조자는 그 본토에서의 족세와 명으로부터 받은 관직을 토대로 하여 제수하였고, 시위자원자는 참하~참상의 군직에 제수하였다. 여진과 왜 귀화인은 각각 400여 명과 60여 명이 확인되는데, 여기에서는 호심파 등 9명과 임온 등 3명을 표집하여 살펴본다.

여진귀화인은 ① 호심파는 다음의 표와 같이 1405년(태종 5) 입조와 함께 6품관인 백호에 제수되었고, 이후 천호, 만호, 호군, 대호군을 거쳐 1416년(세종 8) 당상관에 승진하면서 도만호에 제수되었다.

② 김도을온은 1440년(세종 22)에 5품관인 천호에 제수되었고, 만호를 역임하고 1453년(단종 1) 당상관에 승진하면서 도만호에 제수되었으며, 1456년(세조 2)에 종2품 중추부사에 승진하였다.

〈표 8-16〉 조선초기 여진·왜 귀화인 관력[33]

연대	여진 귀화인					
	好心波	金都乙溫	浪伊升巨	浪三波	管秀	浪金世
	태종~세조	세종~세조	세종~세조	단종~성종	단종~성종	단종~세조
태종5	백호					
세종10	천호					
22		본토천호				
25		만호				
26			호군겸사복			
단종1		도만호	대호군	행사직		

---

33) 졸저, 앞 책(2020)에서 종합.

3			첨지중추	호군	본처만호	사직
세조1			원종2등	원종2		
2	올량합만호	중추부사	중부		부만호	본처부만호
3			동지중추		증부	
5	호군					만호
6				첨중, 겸사복, 행호군		첨중
7	대호군					
8	본처도만호					
11						도만호
성종3				행부호군		
8				겸사복		

연대	여진 귀화인			왜 귀화인		
	柳要時老	金之下里	金阿剌	林溫	井大郎	井可文愁界
	단종~세조	세조~성종	세조~성종	태조~태종	문종~세조	성종대
태조5				왜만호		
7				선략장군중랑장		
태종11				(호군)대마도수 호만호		
문종1					대마도호군	
단종3	호군					
세조1						
2	본처부만호	본처부만호				
4	?상호군				대호군	
5	도만호	만호				
6			본처부만호			
8			?상호군			
9	중추사					
10	지중추					
12			첨중			
성종즉		첨중				
4		도만호, 중부				
5			도만호			
8						5위사정
19			중부			호군

③ 낭이승거는 1444년(세종 26) 종4품 호군에 제수되었고, 대호군을 거쳐 1455년(단종 3) 당상관에 승진하면서 첨지중추에 제수되었고, 1456년(세조 2) 종2품 중추부사에 승진하였다.

④ 낭삼파는 1453년(단종 1) 5위행사직에 제수되었고, 호군을 거쳐 1460년(세조 6) 당상관에 승진하면서 첨지중추에 제수되었다.

⑤ 관수는 1454년(단종 2) 종4품 만호에 제수되었고, 1457년(세조 3) 종2품 중추부사에 승진하였다.

⑥ 낭금세는 1455년(단종 3) 정5품 사직에 제수되었고, 부만호, 만호를 거쳐 1460년(세조 6) 당상관직인 첨지중추에 제수되었다.

⑦ 유요시로는 1455년(단종 3) 정4품 호군에 제수되었고, 상호군을 거쳐 1459년(세조 5) 정3품 당상직인 도만호에 승진하였다. 이어 세조 9년 종2품 중추사가 되었고, 세조 10년 정2품직인 지중추에 제수되었다.

⑧ 김지하리는 1456년(세조 2) 정5품 부만호에 제수되었고, 만호를 거쳐 1469년(성종 즉) 당상직인 첨지중추에 제수되었으며, 성종 4년에는 종2품직인 중추부사에 제수되었다.

⑨ 김아랄은 1460년(세조 6) 정5품 부만호에 제수되었고, 상호군을 거쳐 세조 12년 정3품 당상직인 첨지중추에 제수되었으며, 1488년(성종 19) 종2품 직인 중추부사에 제수되었다.

왜인귀화인은 ① 임온은 1396년(태조 5) 종4품 만호에 제수되었고, 1411년 (태종 11) 조선 종4품직인 5위호군에 제수되었다.

② 정대랑은 1451년(문종 1) 종4품 호군에 제수되었고, 1458년(세조 4) 종3품 대호군에 승진하였다.

③ 정가문수개는 1477년(성종 8) 시위를 원해 입조함과 동시에 정7품 5위사정에 제수되었고, 성종 19년 종4품 호군에 승진하였다.

이상에서 호심파 등 여진귀화인은 입조와 함께 정5~종4품 외관 군직에 제수되었고, 이후 20여년간 종4~정3품 군직을 거쳐 무반 당상관에 승진하여 중추부 정2품직 이하에 제수되었다. 임온 등 왜귀화인은 입조와 함께 정7~종4 품 군직에 제수되었고, 여진귀화인이 정2품에까지 승진하였음과는 달리 정3품 상호군이하에서 그쳤다.

여진과 왜 귀화인이 제수된 관직은 대부분이 본토에 거주하면서 받은 명예직이기에 관력의 파악은 큰 의미가 없겠지만 이들이 제수된 관직과 당상관 승진에 소요기간을 표로 정리하면 다음과 같다.

<표 8-17> 조선초기 여진·왜 귀화인 관력과 당상관승진 소요기간(단위 년)[34]

	입조년	관력			당상관 승진 소요기간				
		참하관	참상~당하관	당상관	정3상	종2	정2	종1	정1
호심파	태종5		백호, 천호, 만호, 호군, 대호군	도만호	54				
김도을온	세종22		천호, 만호	도만호, 중부	55				
낭이승거	세종26		호군, 대호군	첨중, 중부	11	13			
낭심파	단종1		행사직, 호군	첨중	7				
관수	단종2		만호	중부	2	3			
낭금세	단종3		사직, 부만호, 만호	첨중	6				
유요시로	단종3		호군, 상호군	도만호, 중추사, 지중	4	8	9		
김문하리	세조2		부만호, 만호	첨중, 중부	13	17			
김아랄	세조6		부만호, 상호군	첨중, 중부	8	22			
계					17	12.6	9		
임온	태조5		만호, 선략장군						
정대랑	문종1		호군, 대호군						
정가문수계	성종8	사정	호군						

이상에서 야인과 왜 귀화인은 입조시의 족세에 따라 종4품 호군이하에 제수되었고, 본토에 거주하면서 20여 년이 경과되면 중추부 정3품 당상관~종2품에 승진하였다고 하겠다. 조선초기 관인의 출사로별 개략적인 관력경향을 정리하면 다음의 표와 같다.

<표 8-18> 조선초기 관인 출사로별 관력경향(단위 년)[35]

	사관평균기간	관력			당상관 승진 소요기간				
		참하관	참상~당하관	당상관	정3상	종2	정2	종1	정1
문과	43	관각	육속, 육, 외, 대간	승, 육, 외, 중, 훈, 의	22.4	25.6	33.7	37.8	42.2
무과	20여	육속, 위	5위, 육속, 외	도, 외, 육, 중	16여	17.6	26.6	49	50
음서	34여	권무	육속, 육, 위	승, 육, 중, 외	21.6	24.7	28.8	29.2	30.5
음·문	34여	권무, 육속	위, 외, 대간	승, 육, 외, 중	18.3	22.3	27.7	36	
음·무	39여		위, 외, 육속	외, 위, 3군	22.5	22.8	29.5	31.3	39.5
잡과		의사, 음양사	의사, 음양사, 위	위					
천거		육속, 위	육속, 외						

34) 앞 202~205쪽에서 종합.
35) 앞 159~205쪽에서 종합.

구분									
의빈				승빈, 종2~정1위	0	2	5	10.5	24.7
종친			감~정	도정, 종2~정1군	31	19.3	22	27	12
군사	30여	위	위	위, 제부	25여	33			
서리	26.6	권무	육속, 외	외, 중	30여	38			
여진귀화인		위	위	위, 중	17	12.6	9		
왜귀화인		위	위						

* 도- 도총부, 승-승정원, 외-외관, 위-5위, 육-육조, 육속-육조속아문, 의-의정부, 제부-부윤부,
중-중추부, 훈-충훈부)

2. 官人의 追崇

관인은 사후에 본인의 관직·공훈·재행에 따라 諡號를 받고 관직을 추증받고 종묘에 배향되었으며, 그 자손의 顯貴로 인해 시호와 관직을 추증받았다.

종친과 문·무관 정2품 실직관인과 친공신 종2품 이하 관인은 사후에 생시의 재행·공훈에 봉상시가 議定한 시호를 받았다.[36]

친공신 종2품관 이하는 사후에 본인의 관계에 구애되지 않고 모두 정2품직에 추증되고 정3품 통정대부·절충장군 이하는 '君號'를 추증받았다.[37]

공훈·업적·재행이 탁월한 정1~정2품 관인은 사후에 장기간 보필하였던 왕이 훙서하면 朝議와 대행왕의 遺命에 따라 배향신하가 되었다.[38]

---

36) 『경국대전』 권1, 이전 증시조. '諡號議定事'를 관장한 봉상시가 시호의 공정한 의정을 위하여 도제조·제조를 배제하고 正의 주관하여 속관이 대상자의 가족이 제출한 行狀에 따라 3望으로 이조에 보고하면 이조가 국왕에게 상계하여 낙점을 받아 결정하여 시행하였다.

37) 『경국대전』 권1, 이전 경관직 추증.

38) 태조~성종대의 역대 배향신하를 보면 다음의 표와 같이 대부분이 공신이면서 최고 관직인 의정이었고, 종1~정2품관은 5명이었다(『전고대방』 권4, 종묘배향록).

	배향자(관직)		배향자(관직)
태조실	조준(공신·의정), 이화(공·대군), 남재(공·의), 이제(공·의빈), 이지란(공·찬성사), 남은(공·참찬문하), 조인옥(공·이판)	세조실	한확(공·의), 권람(공·의), 한명회(공·의)

종친과 문·무관 실직 종2품 이상 관인의 부·조·증조는 그 자손이 종2품 이상 실직에 승진하면 그로 인해 부는 정1품~종2품, 조부는 종1품~정3품 당상직, 증조부는 종2품~정3품 당하관직에 각각 추증되었다.[39]

사망한 왕비의 부·조·증조부는 왕비의 책봉 때에 각각 정1품직과 부원군·종1품직·정2품직에 추증되었고,[40] 대군의 처부와 왕자군의 처부는 정1품직과 종1품직에 추층되었다.[41]

사망한 친공신의 부는 아들이 공신에 책록될 때 그 공신호에 관계없이 그 모두가 1등공신의 부는 純忠積德秉義補祚功臣, 2등공신의 부는 純忠積德補祚功臣, 3등공신의 부는 純忠補祚功臣과 某某君에 추증되었다.[42]

<표 8-19> 조선초기 관인 추숭 종합[43]

		본인 추증			조상 추증		
		관직	시호	종묘배향	부	조	증조
친공신	종2이상		시호	선임자	純忠積德秉義補祚功臣某君종2~정1직(1등), 순충적덕보조공신모군종2~정1직(2), 순충보조공신모군종2~정1)		
	정3이하	정2품	시호		純忠積德秉義補祚功臣某君(1등), 순충적덕보조공신모군(2), 순충보조공신모군		
조관	정1품실직		시호	선임자	정1품직	종1품직	정2품직
	종1		시호	선임자	종1	정2	종2
	정2		시호	선임자	정2	종2	정3당상

정종실	이방의(공·대군)	예종실	박원형(공·의)
태종실	하륜(공·의정), 조영무(공·의), 정탁(공·의), 이천우(공·부원군), 이래(군)	성종실	신숙주(공·의), 정창손(공·의), 홍응(공·의)
세종실	황희(의), 허조(의), 최윤덕(의), 신개(의), 이제(대군), 이보(대군), 이수(이판)	계	28명(공·대군2, 공·의12, 공·의빈1, 공·부원군1, 공·찬성1, 공·참찬1, 공·판서1, 대군2, 의5, 군1, 판서1)
문종실	하연(의)		

39) 『경국대전』 권1, 이선 성관식 추증 宗親及文武自實職—品以上 追贈三代-父母准己品 祖父母曾祖父母 各遞降一等.
40) 동상 조.
41) 『경국대전』 권1, 이전 경관직 추증조.
42) 『경국대전』 권1, 이전 경관직 추증조.
43) 앞 206~207쪽에서 종합.

	종2				종2	정3당상	정3당하
종	대군처				정1품직		
친	왕자군처				종1품직		
왕비					정1품직·부원군	종1품직	정2품직

제3부

官人의 經濟基盤과 婚姻

제9장 官人의 經濟基盤

조선초기 관인의 경제기반에는 조상전래의 민전·가옥·노비, 국가로부터 지급받은 직전·녹봉, 공신책봉으로 받은 토지·노비, 그 외 각종 임무수행으로 받은 토지·직물 등이 있다. 이 중 직전과 녹봉은 모든 관인에 해당되고 가장 명확하지만 민전은 명확하지 못하고 그 외는 그 대상자가 소수에 불과하다. 이와 관련하여 여기에서는 토지, 민전, 직전, 녹봉, 기타로 구분하여 살펴본다.

1. 土地

1) 民田

민전은 조상으로 전래된 사유지로 양반가문의 경제적 기반이 된 토지이다. 조선초기 관인이 소유한 민전의 규모가 어떠하였는가는 자료의 부전으로 구체적으로 알 수 없다. 그렇기는 하나 1456년(세조 2) 단종복위를 도모하다가 피죄된 절신의 토지소재지와 이 토지가 사급된 인물과 토지소재지가 확인되기에 이의 분석을 통해 양반가문 관인이 소유한 민전의 규모를 개략적이나마 추정할 수 있다고 본다.

세조 2년에 피화된 권자신 등 56명이 소유한 민전을 보면 다음의 표와 같이 본가 소재지를 위시한 전국의 수~10여 군현에 산재하였다.

〈표 9-1〉 단종복위 도모 절신 소유 토지(소재지)[1]

성명	본관	부/조	출사로	피화시 관직	전지소재지
權自愼	안동	중추사 전/검 교한성윤 백종	음	호조참판	홍주
權著					풍기, 성주, 의성
高黼					장단
金堪	불				선산
金珣琊					양지
金文起	金寧	사직 관, 호판 순	문	공판	영동, 옥천, 안동
金龍					양주
金漢之					
朴耆年	순천	형 팽년	문	홍문수찬	신창, 천안
朴大年	순천	형 팽년	문	교서정자	신창
朴遂					廣州
朴永年	순천	형 팽년		미사	신창, 천안
朴引年	순천	형 팽년	문	이조좌랑	신창
朴崝	밀양			첨중	수원
朴仲林	순천	고사 안생/ 공조전서 원상	문	예문제학	해남, 신창, 아산, 과천, 석성, 전의, 연기, 천안
朴彭年	순천	이조판서 중림	문	중부	신창, 삭령, 온양
奉紐					온양
成文治	창녕			호군	양근
奉汝諧	불명			사옹별좌	신창
成三問	창녕	지중추 승	문	좌부승지	당진, 양천, 함열, 예안, 평산, 고양(아지)
成三聘	창녕	형 삼문	음	부사	함열
成勝	창녕	판중 달생/대제학 석용	무	지중	고양, 홍주, 함열, 양주, 천안
宋昔同	불명	장인 성발도		첨중	충주
宋昌					영평
沈愼	부유	직장 철보/호판 도원	문	이조좌랑	충주, 상주
嚴自治	영월			판내시부사	풍양
柳誠源	문화	의정사인 사근/	문	성균사성	廣州, 청주
兪應孚	기계			동중	白川, 포천, 김포 (아지)
柳漢					해주, 개령(아지)
尹金孫					홍주
尹令孫					서산, 회덕, 적성, 영암(아지)
李塏	한산	정랑 계주/지중 종선	문	집현부제학	함열, 한산, 충주, 임피, 여산
李末生					평산
李保仁	전주	종친		전호군	풍양
李石貞	전주	종친		충청관	연안
李午					풍덕

1) 『세조실록』 권7, 3년 3월 병술.

李瑜	전주	세종/			금성대군	당진
李裕基	불명				의금진무	풍덕
李璟	전주	세종/			영풍군	수원
李昊						연산, 은진, 용인, 부평·白川(아지)
李徽	양성	지중 사검/지중 옥	문		공조참의	평산, 영평, 원평
任進誠						수원
張貴南						연안, 안동(아지)
鄭冠						문화
鄭悰	해주	판서 충경/찬성 易, 장인 문종			전영양위	금천
趙淸老	평양	군 석산/부원군 견			점마별감	홍주, 통진, 양천, 청주
崔得池						
崔沔						양주
崔斯友						홍주, 해미, 면천·덕산 (처)
崔始昌						임천, 포천, 양주
崔閏石						공주
崔致池						천안, 은진(처), 은진 (첩)
河緯地	단계	현감 담/	문		예조참판	선산
許慥	하양	장령 눌/의정 조	문		집현교리	통진, 하양
黃善寶						홍주

이와 관련하여 정부는 권자신 등으로부터 몰수한 토지를 다음의 표와 같이 양녕대군 이제 등 39명에게 사급하였는데 그 토지 소재지를 보면 양녕대군 이제는 이휘의 평산전 일부를 받았고, 임영대군 이구는 이유의 당산전과 성삼문의 당진·양천전을 받았으며, 효령대군 이보는 이휘의 평산전 일부를 받았다. 영응대군 이염은 권자신·조청로·황선보·윤금손의 홍주전과 권저의 풍기전을 받았고, 계양군 이증은 유성원의 광주전과 성승의 고양전을 받았으며, 익현군 이관은 권저 성주전과 조청로·허조의 통진전 및 최사우처의 면천전을 받았다. 이공은 성승의 홍주전과 최사우의 홍천전을 받았고, 연창위 안맹담은 이휘의 평산전을 받았다. 공판 양정은 이개아지 개령진, 김용 양주진, 이휘 영평전, 이유기 전령선, 쇼별 상난선, 성분지의 양근전을 받았고, 조석문은 이휘와 송창의 원평전, 이유기 현풍전, 윤영손의 적성전을 받았다. 우의정 강맹경은 이호 용인전, 이개·성삼문·박팽년의 함열전을 받았고, 부원군 박종우는 유한 해주전, 박중림·박팽년·박기년·박

인년·박대년·박영년·봉여해의 신창전, 박수의 광주전을 받았고, 도승지 한명회는 심신의 상주전, 박팽년의 온양전, 조청로·유성원의 청주전, 이개의 여산전, 허조의 하양전, 이문의 안산전, 정종의 평산전을 받았으며, 우승지 윤자운은 박중림·박기년·박영년의 전의전, 박중림의 연기전, 박중림·성승·최사우·박팽년의 천안전을 받았다. 병판 홍달손은 박중림의 석성전, 성삼문 아지 고양전, 박팽년의 삭령전을 받았다.

〈표 9-2〉 단종복위 도모 절신 소유 토지(소재지) 수급자[2]

성명	관직	직전 책록공신 (공신전결수)	사급토지
李禔	대군		이휘 평산전
李璆	대군		이유 당진전, 성삼문 당진·양천전
李補	대군		이휘 평산전
李瑛	대군		권지신 조청로·황선보·윤금손 홍주전, 권저 풍기전
李璔	군	좌익1(150)	유성원 廣州田, 성승 고양전
李瑾	군	좌익1	권저 성주전, 조청로·허조 통진전, 최사우처 면천전
李玒	군		성승 홍주전, 최사우 홍천전
安孟聃	연창위		이휘 평산전
李琛	군		윤영손 서산전, 이호 연산전
李瑭	군		李昊阿之 富平·白川田, 유응부 白川田, 金珣어 양지전
清平尉公主			尹令孫阿只 영암전, 박중림 해남전, 崔斯友妻 덕산전
清城尉翁主			鄭冠 문화전, 권저 의성전
鄭麟趾	영의정	좌익2(100)	김문기 영동전, 崔閏석 공주전
韓確	졸좌의정	좌익1	하위지·김감 선산전, 최시창 임천전
鄭昌孫	좌의정		최득지·이호·최지지처와 첩 은진전, 최시창 포천전
姜孟卿	우의정		이호 용인전, 이개·성삼문·박팽년 함열전
朴從愚	부원군		유한 해주전, 박중림·박팽년·박기년·박인년·박대년·박영년·봉여해 신창전, 박수 廣州田
尹師路	부원군		
李季甸	전판중추		이개 한산전, 성삼문 예산전, 이유 기·이오 풍덕전, 박중림 아산전, 최 사우 해미전, 봉뉴 온양전, 윤영손 회덕전, 이개 이피전
尹巖	파평군		김문기 옥천전
申叔舟	우찬성		유응부 포천전, 유응부아지 김포전
黃守身	좌참찬		이개·심신·송석동 충주전, 박중림 과천전, 최득지 수원전, 조청로 양천전

---

2) 『세조실록』 권7, 3년 3월 병술.

朴仲孫	우참찬		성삼문·이말생 평산전
權覽	이판		김문기 안동전, 장귀남아지 안동· 연안전, 성승 양주전
洪達孫	병판		박중림 석성전, 성삼문아지 고양전, 박팽년 삭령전
洪允成	예판	좌익3	이개 한산전, 김문기 옥천전
崔恒	대사헌	좌익2	유한 해주전
楊汀	공판	정난2(150)	이개아지 개령전, 김용 양주전, 이휘 영평전, 이유기 천령전, 高髓 장단전, 성문치 양근전
奉石柱	동지중추	정난2	유한 해주전
田畇	판내시부사	좌익2	이석정 연안전, 최면·최시창 양주전
韓明澮	도승지	좌익1	심신 상주, 박팽년 온양, 조청로· 유성원 청주, 이개 여산, 허조 하양, 이문 안산전, 정종 평산전
曺錫文	좌승지	좌익3(80)	이휘·송창 원평, 이유기 현풍, 윤영손 적성전
尹子雲	우승지	좌익3	박중림·박기년·박영년 전의, 박중림 연기, 박중림·성승·최사우·박팽년 천안전
韓繼美	좌부승지	좌익3	성승 낙안·금천· 원평전
金礩	동부승지	좌익3	최치지 은진전
尹士昐	전첨지중추		李璟·최진성 수원전
趙得琳	상호군	좌익3	朴嶠 수원전
朴炯	중추부사		鄭悰 금천전
全循義	대호군		엄자치·이보인 풍양전

이를 볼 때 사급자에게 차등을 두고 지급하였는지와 그 결수는 알 수 없지만 지급된 토지의 소재지를 볼 때 사급자에게 최소 수십결이 지급되었을 것으로 추측된다. 이렇게 볼 때 이휘의 경우는 적어도 100여 결을 상회하였을 것으로 추측된다. 박팽년의 경우도 일부이기는 하나 5명에게 지급되었는데, 피죄와 함께 재산을 적몰할 때 "(세조즉위 이후에) 받은 녹봉을 먹지 않고 곳간에 보관해 두었다"[3]라고 한 것에서 녹봉을 먹지 않아도 생활에 지장이 없었을 정도로 충분한 토지를 보유한 것으로 추측된다.

이를 볼 때 단종복위를 도모하다가 피화된 관인은 생계를 뒷받침할 정도의 상당한 결수의 토지를 소유하였고, 많게는 백여결 이상을 소유한 것으로 추측된다.

또 세종 18년에 소유한 토지결수에 따라 민호의 등급을 구분할 때 강원도의

---

3) 『연려실기술』 권4, 단종조 육신모복상왕 (전략) 受祿不食 封閉一庫.

경우에 다음의 표와 같이 많게는 50결 이상을 소유하는 등 10결 이상을 소유한 민호가 15%나 되었다. 이러한 강원도의 예에서 토지의 비옥도와 전결수 사족의 분포를 보면, 경기·경상·전라·충청도의 경우는 10결 이상을 소유한 민호가 보다 많았을 것이고, 이들의 대부분이 사족지주였을 것이라고 추측되었다.[4]

〈표 9-3〉 세종 18년 강원도 호등분등[5]

호별 소유전결	호등	호수	비율/누계	호등별 추정결수	비율
50결 이상	대호	10호	0.1	75결×10=750결	1.18
20결 이상	중호	71	0.6/0.7	35×71=2,485	3.91
10결 이상	소호	1,641	14.2/14.9	15×1,641=24,615	38.7
6결 이상	잔호	2,043	17.7/32.6	8×2,043=16,344	25.7
5결 이하	잔잔호	7,773	67.4/100	2.5×7,773=19,433	30.5
합계		11,538	100%	63,627결	100%

이러한 단종복위 도모 피화 관인의 민전 소유와 세종 18년 강원도 민호분등 시의 민호토지소유를 볼 때 단종복위 도모로 인해 피화된 관인은 물론 여타 양반가문의 관인도 차이는 있겠지만 관인으로서의 생활을 뒷받침할 정도 이상의 민전을 소유하였다고 하겠다.

2) 功臣田

공신전은 공신에 책봉될 때 사급되는 토지이고, 사유지와 같이 자손에게 세전되었다. 조선초기의 공신전은 1392년(태조 1)에 개국공신이 책록된 이후 1471년(성종 2) 좌리공신 책록 때까지 총 8차에 걸쳐 등급에 따라 차별을 두고 지급되었다. 공신에게 지급된 전결 수는 다음의 표와 같다.

---

4) 김태영, 「토지제도」, 『한국사』 24, 72~73쪽.
5) 『세종실록』 권74, 18년 7월 갑인(김태영, 「토지제도」, 『한국사』 24, 72쪽 〈표 2〉에서 전재).

	1등	2등	3등	4등	계	비고(책록시기, 사유)
개국공신	220~150	100	70			태조 1년, 개국 유공
정사공신	200	150, 100				태조 7년, 태종집권 유공
좌명공신	150	100	80	60		태종 1년, 태종즉위 유공
정난공신	200	150	100			단종 1년, 세조집권 유공
좌익공신	150	100	80			세조 1, 세조즉위 유공
적개공신	150	100	80			세조 13, 이시애난 토벌 유공
익대공신	150	100	80			예종 즉위, 남이역모치죄 유공
좌리공신	40	30	20	10		성종 2, 성종즉위 유공

위의 표를 볼 때 공신은 공신책록과 함께 최소 10결(좌리4등)에서 최고 220결(개국 1등)을 받았고, 그중에도 상당수가 수차에 걸쳐 공신에 책록되면서 수백결을 받았다.[7]

이러한 공신전은 공신을 중심한 자손의 경제적 기반이 되면서 그 자손에게 세전되면서 후대에 가세가 번창하는 토대가 되었다고 하겠다.

3) 別賜田

별사전은 대명외교나 국정운영 등에서 특별한 공로가 있는 관인에게 특별히 하사하는 토지이다. 별사전은 공신전에 비해 지급된 전결 수는 적지만 이 또한 사전과 같이 자손에게 세전되었던 만큼 공신에게 주어진 인사특혜와

---

6) 『조선왕조실록』 태조 1년 8월 신해·7년 10월 계묘, 태종 1년 1월 을해, 단종 1년 11월 계축, 세조 1 9월 임오·13년 11월 갑자, 예종 즉위년 10월 갑인, 성종 2년 3월 기해조에서 종합.

7) 2회 이상 공신에 책록된 관인은 한명회 등 70명이다. 그중 한명회 등은 4차에 걸쳐 책록되었는데 그들이 받은 공신전은 다음과 같다(단위 결).

	개국	정사	좌명	정난	좌익	적개	익대	좌리	계
이화	170	200							370
신숙주				150	150		150	40	490
정인지				200	100		80	30	410
조석문					80	150	80	30	340
한명회				200	150		150	40	540

함께 본인과 자손의 경제에 크게 기여하면서 그 가문이 거족가문으로 성장하는 토대가 되었다. 별사전은 조선초기를 통해 수시로 1~수십인에게 수~수십결을 지급하였다. 그 대표적인 예가 1456년(세조 2)에 상왕복위도모피화인의 몰수토지를 양녕대군 이제 등 40여 명에게 수십결씩 사급한 것[8] 등이다.

2. 職田

직전은 관인의 생계를 보장하기 위하여 국가가 관인에게 그 관직의 품계(직질)에 따라 차등을 두고 지급하는 토지이다.

직전은 처음에는 고려말의 과전법을 계승하여 1과 재내대군~문하시중 150결 18과 권무·산직 10결을 지급하였다.[9] 그후 1460년(세조 6)경 『경국대전』 편찬 때에 친왕자 225(대군)·180(군)결, 정1품직 110결직~종9품직 10결로 정비되어[10] 법제화되었다. 『경국대전』에 규정된 문무관 직전은 다음의

---

8) 이때 지급된 결수는 알 수 없다. 그런데 세조 21년 상왕복위 관련자를 추국할 때에 朴彭年이 세조즉위 이후에 녹봉을 손대지 않고도 생활을 하였으니 그의 소유 전지가 수십결은 되었을 것으로 추측된다(『연려실기술』 권4, 단종조 六臣謀復上王 (전략) 受祿不食 封閉一庫).

9) 『태조실록』 권1, 1년 7월 정미. 과전법에 규정된 각과별 지급결수는 다음의 표와 같다(김태영, 1994, 「토지제도」, 『한국사』 24, 40쪽 〈표 1〉에서 전재).

과등	관직	지급액	과등	관직	지급액
제1과	재내 大君~문하시중	150결	10	육조의랑~제부소윤	65결
2	재내 府院君~검교시중	130	11	문하사인~제시부정	57
3	문하찬성사	125	12	육조정랑~화령부판관	50
4	재내 諸君~지문하	115	13	전의시승~10위중랑장	43
5	판밀직~동지밀직	105	14	육조좌랑~10위낭장	35
6	밀직부사~밀직제학	97	15	동·서반 7품	25
7	재내원윤~좌·우상시	89	16	동·서반 8품	20
8	판통례문사~제시판사	81	17	동·서반 9품	15
9	좌·우사의~전의감정	73	18	권무·산직	10

10) 박병호, 1995, 「경국대전의 편찬과 반행」, 『한국사』 22, 208쪽.

표와 같다.

<표 9-5> 조선초기 관인 직전(『경국대전』 호전)[11]

품	지급액	품	지급액	품	지급액
무품(왕자)	대군 225결 군 180결	종3품	55결	정7품	20결
정1품	110	정4	50	종7	20
종1	105	종4	45	정8	15
정2	95	정5	40	종8	15
종2	85	종5	35	정9	10
정3당상	65	정6	30	종9	10
정3당하	60	종6	25		

3. 祿俸

조선왕조에서는 관인의 경제생활을 보장하기 위하여 직전과 함께 녹과(녹봉)로 각종 미곡·포와 저화를 직품별로 차등을 두고 지급하였다.

녹과는 춘, 하, 추, 동의 4차에 걸쳐 분급하였는데 녹직인 정직 정1~종9품직 관인은 중미 14·조미 40·전미 2·황두 23·소맥 10석, 주 6·정포 10필, 저화 10장~조미 8·전미 1·황두 2·소맥 1석, 면포 2필, 저화 1장을 받았다. 이 녹봉은 다수의 전결을 가진 유력가문 출신 관인은 물론 가세가 빈한한 관인의 경제적 기반이 되었다. 『경국대전』에 규정된 문무관 녹과는 다음의 표와 같다.

<표 9-6> 조선초기 관인 녹봉(『경국대전』 호전)[12]

	과	中米	糙米	田米	黃豆	小麥	紬	正布	楮貨
1과	정1품	14석	40석	2석	23석	10석	6필	15필	10장
2	종1	12	40	2	21	9	5	15	10
3	정2	12	40	2	18	9	5	14	8

11) 앞 <표 9-1, 2> 참조.

4	종2	12	37	2	17	8	5	14	8
5	정3당상	11	32	2	15	7	4	13	8
5	정3당하	10	30	2	15	7	4	13	8
6	종3	10	27	2	14	7	3	13	6
7	정4	8	25	2	13	6	2	12	6
8	종4	8	23	2	12	6	2	11	6
9	정5	6	21	2	11	5	1	11	4
10	종5	6	20	2	10	5	1	10	4
11	정6	5	18	2	9	4	1	10	4
12	종6	5	17	2	8	4	1	9	4
13	정7	3	15	2	5	3		7	2
14	종7	3	14	2	4	3		6	2
15	정8	2	12	1	4	2		4	2
16	종8	2	10	1	4	2		4	2
17	정9		8	1	3	1		3	1
18	종9		8	1	2	1		2	1

4. 奴婢

노비는 관인의 재산이면서 관인의 가내노동을 담당하고, 소유 토지를 경작하였다. 즉 관인은 노비의 노동에 의거하여 생활하고 양반으로서의 특권을 유지하고 행사하였다.

관인이 소유한 노비에는 조상으로부터 世傳된 노비, 혼인으로 인해 취득된 노비, 매매를 통해 취득한 노비, 공신책록으로 인해 사급받은 노비, 국정에 끼친 공로로 사급받은 노비 등이 있었다.

이 중 비중이 가장 큰 것은 세전된 노비와 혼인을 통해 취득한 노비였지만, 공신인 경우에는 사급된 노비가 중심이 되었고, 거듭 공신에 책록된 경우는 그 수가 아주 많았다.[13] 관인이 소유한 노비 수를 구체적으로 알 수는

---

12) 『경국대전』 권2, 호전 직전·녹과.
13) 예컨대 단종 1~성종 2년에 정난·좌익·익대·좌리 1등 공신에 책록된 한명회의 경우에 사급 받은 노비가 총 46명이나 되었다. 공신별로 사급된 노비는 다음과 같다(『조선왕조실록』 태조 1·7, 태종 1, 단종 1, 세조 1·13, 예종 즉위, 성종 2년조에서 종합.

없지만 1457년(세조 3) 단종복위로 피화된 관인과 연루자 56명의 몰수노비가 노비 각 765구이고 평균이 노비 각 17구였음에서[14] 관인이 소유한 노비가 각각 수~수십구 이상이 되었을 것으로 추측된다. 또 1457년(세조 3)에는 단종복위를 도모한 절신의 몰수노비를 다음의 표와 같이 임영대군 이구 등 43명의 왕녀·종친·중신·신임의 관인 등에게 노비 각 35~각 6구를 사급하였다.

〈표 9-7〉 단종복위 도모 절신 몰수외거노비 수급자와 구수[15]

성명	관직	노비수	비고(정-정난, 좌-좌익공신)	성명	관직	노비수	비고(정-정난, 좌-좌익공신)
이구	임영대군	각35구	세종자	권준	도관찰사	각10	정
이염	영응대군	각35	세종자	유하	첨지중추	각10	정
안맹담	연창위	각35	세종부마	김처의	첨지중추	각10	정
이증	계양군	각30	세종자, 좌	유사	판선공사	각10	정
이관	익현군	각30	세종자, 좌	유자환	종부소윤	각10	정
윤사로	영중추	각30	좌	곽연성	겸사복	각10	정
신숙주	우찬성	각30	정, 좌	최윤	호군	각10	정
權覽	이판	각30	정, 좌	이몽가	호군	각10	정
홍달손	병판	각30	정, 좌	권공	화천군	각6	좌
양정	도절제시	각30	정	황수신	좌참찬	각6	좌
한명회	도승지	각30	정, 좌	박강	지중추	각6	좌
윤사분	전첨지중추	각30		박원형	이참판	각6	좌
이제	양녕대군	각20		구치관	병참판	각6	정
이보	효령대군	각20		강곤	동지중추	각6	정, 좌

단위 명. 공신책록시기와 사유는 앞 〈표 9-5〉 참조).

	1등	2	3	4
개국공신	30~15	10	7	
정사공신	25	15		
좌명공신	13	10	8	6
정난공신	25	15	7	
좌익공신	13	10	8	
석개공신	13	10	8	
익대공신	13	10	8	
좌리공신	5	4	3	2

14) 뒤 〈표 9-7〉에서 종합.
15) 『세조실록』권6, 3년 2월 을미.

이공	의창군	각20		한명진	졸서원군	각6	정
이침	밀성군	각20		이흥상	계림군	각6	정
이당	영해군	각20		원효연	대사헌	각6	좌
	貞順公主	각20	태종녀	조석문	좌승지	각6	좌
	貞安翁主	각20	세종녀	윤자운	우승지	각6	좌
이부	영순군	각20		한계미	좌부승지	각6	좌
윤암	파평군	각20	좌	황효원	이참의	각6	좌
정인지	영의정	각20	정, 좌	이예장	졸병참의	각6	정
한확	졸좌의정	각20	정, 좌	조효문	관찰사	각6	좌
정창손	우의정	각20	정, 좌	이극배	예참의	각6	좌
강맹경	좌찬성	각20	좌	한종손	병참의	각6	좌
홍윤성	예판	각20	정, 좌	권언	첨지중추	각6	정
김질	동부승지	각20	정	최유	첨지중추	각6	좌
전균	판내시부사	각20	정, 좌	권개	지병조사	각6	좌
이비	경령군	각15		이극감	판군기사	각6	좌
이인	함령군	각15		권반	판종부사	각6	정, 좌
이이	익령군	각15		정수충	성균사성	각6	좌
김효성	졸판중추	각15	정	유서	상호군	각6	정
이계린	졸한산군	각15	좌	임자번	대호군	각6	정
이계전	판중추	각15	정, 좌	안경손	대호군	각6	정
최항	전대사헌	각15	정, 좌	홍순로	대호군	각6	정
유수	도절제사	각15	정	한서구	사복소윤	각6	정
윤사균	전예문제학	각15	정, 좌	송익손	전농소윤	각6	정
봉석주	동지중추	각15	정	설계조	내자소윤	각6	정
조득림	상호군	각15	정, 좌	권경	부정	각6	정
박종우	부원군	각10	정	홍순손	부정	각6	
이징석	판중추	각10	좌	임운	사직	각6	정
윤형	졸좌참찬	각10	좌(추증)	합계	84명	각765구	68(정29, 좌24, 정·좌15)
박중손	우참찬	각10	정				

그 외에도 노비는 부모 중 1인이라도 천인이면 노비가 된다는 규정(一賤則賤)에 따라 그 소생 모두가 주인에게 귀속(노비주가 다른 경우는 반분)되었던 만큼 역년과 함께 그 수가 크게 증가되었다. 또 그 매매가가 "1구당 5승포 150필(말 1필은 500~200필)"에 달하였듯이[16) 관인의 경제에서 차지하는 비중이 토지에 못지않았다.

---

16) 『태종실록』 권2, 1년 10월 무오, 남도영, 1994, 「마정」, 『한국사』 24, 586쪽 〈표11〉에서 종합.

5. 其他

관인의 재산에는 각종 토지, 노비 외에도 토지로부터 취득된 곡식, 식리를 통한 곡식, 공신책록 등을 통해 사급받거나 획득한 각종 물품이 있었다.

관인이 소유 토지와 식리를 통한 곡식을 알 수는 없겠지만 세전토지 등 사전, 직전 등을 고려할 때 그 수량이 막대하였을 것이라고 추측된다. 또 공신책록시에 사급된 재물도 금·은은[17] 물론 말과 반당 등이 망라되었던 만큼[18] 대단하였을 것이라고 추측된다. 그 외에도 소수의 특별한 경우이기는 하지만 韓確과 金德章은 1417년(태종 17) 명에 貢女로 들어가서 永樂帝의 후비가 된 누이를 수행하였다가 귀국할 때 명으로부터 하사받아 가지고

---

17) 좌익공신과 익대공신에게 지급된 금속은 실록에서는 백금이라고 적기되었으나 좌명·적개공신에게는 은이 지급되었고, 금은 고가의 희귀물이고 당시 조선왕실이 보유한 금이 수백 냥에 지나지 않았기에 그 총지급액을 고려할 때 백금이라고 보기 어렵다. 자의상으로 볼 때 '백색의 금' 즉 은이 백색이니 백금으로 적기한 듯하다. 이 점에서 백금은 백은·은으로 파악한다(단위 냥, 전거는 앞 주 6) 참조).

	1등(은)	2	3	4	비고
개국공신					
정사공신					
좌명공신	50	25	25*	25*	2품 이상(3품 이하는 마 1필)
정난공신					
좌익공신	50	25	25		
적개공신	50	25	10		
익대공신	50	25	25		
좌리공신					

18) 전거는 앞 주 6) 참조(단위 인과 필).

	1등(반당/마)	2(반당/마)	3(반당/마)	4(반당/마)
개국공신				
정사공신				
좌명공신				
정난공신				
좌익종신				
적개공신				
익대공신				
좌리공신	/1	/1	/1	/1

온 물화가[19] 수만금(미곡으로 환산시 2,262석 이상)에 달하였던[20] 만큼 이 물화는 한확과 그 자손의 경제와 관직생활에 크게 기여하였다고 하겠다.[21]

---

19) 한확과 김덕장이 하사받은 물품과 그중 왕과 왕비에게 헌납한 물품은 다음과 같다(태종실록 권34, 17년 신축).

	한확		김덕장	
	사급수량	왕, 왕비전 진헌수(환급)	사급수량	왕, 왕비전 진헌수(환급)
馬	6필		3필	
안자	1개		1개	
금	50냥	25(25)냥		
백은	600냥	100(50), 100냥	100냥	50(50)냥
各色紵絲	56필	5, 4필	10필	3필
錦	8段			
各色綵絹	200필	5, 3필	40필	3필
氈子4필 등10여종	수백점*1	10여점*2		
세				

20) 이들 물품을 미곡 등으로 환산하면 다음의 표와 같다(『태종실록』 권2, 1년 10월 정사(대마하등=5승포400필, 단자 상품1필=5승포 90필·官絹 상품 1팔=5승포 30필)·권3, 2년 1월 입진(저화 1장=5승포 1필=미 2두) ;『문종실록』 권7, 1년 4월 신미(금30냥9전=미553석) ; 원유한, 1994, 「화폐의 유통」, 『한국사』 24, 178~181쪽(저화-면포가) ; 남도영, 1994, 「마정」, 『한국사』 권24, 589쪽 〈표 14〉(마·견·5升布·綿布價) ; 李在洙, 2003, 『朝鮮中期 田畓賣買研究』, 集文堂, 255쪽 〈부표 1〉(토지-목면가〈16세기 답3·4등전 1결=5승포 4동〉)에서 종합).

물목과 단위		단위당 환산가			비고
		오승포(필)/계	미곡(석)/계	토지/계	
馬	필		4.6/28	1.05	准 大馬 下等
안자	개		?		
금	냥		18/900	9	
백은	냥	16/1,600	/213	16	
各色紵絲	필	30/1,470	/196	14.7	准 上品
錦	段	30/1,240	/165	12.4	准 上品
各色綵絹	필	20/5,760	/760	57	准 上品
氈子4필 등 10여종	수백점*1	?	/?	?	
합계		?	2,262	110.15결	

*1 백항라금 20條, 백어라수박 50조, 백금도화수건 4조, 저사 5, 채수침정 5副, 각색직금화저사합포 30개, 白糖 80斤.

*2 백항라금 3, 2조, 각색직금화합포 3, 2개, 백당입성 1, 1器.

21) 한확의 후손은 아들이 3명(서자제외)이고, 손자가 7명(서손제외)이었다. 이들을 보면 다음과 같이 정1~종2품관이 7명이고, 종4품관이 2명인데, 이들의 이러한 관력은

성종대의 정치를 주도한 인수대비(성종생모, 덕종비)가 누이와 고모인 가세노 작용하였겠지만 그로부디 싱속받은 재물도 크게 기여하였을 것으로 추측된다(자손의 관력은 졸저, 앞 책(2020), 591~598쪽에서 종합).
자 : 치인(판돈령), 치의(병판), 치례(영돈령)
손 : 한(형참판)·찬(한성우윤)·건(이참판)·종(사도첨정), 위(지중)·탁(평해군수), 익(공조정랑)

제10장 官人의 婚姻

1. 婚姻年齡

관인의 혼인연령은 가정사정에 따라 차이는 있지만 다음의 표와 같이 혼인연령이 확인된 河演 등 13명의 경우에 15·16·17·20세가 각 1명이고, 18·21·22세가 각 2명이며, 19세가 3명 등 평균연령이 19세였다.

〈표 10-1〉 조선초기 관인 혼인과 소·대과 급제 연령[1]

성명	생몰년	연령			성명	생몰년	연령		
		혼인	소과	대과			혼인	소과	대과
尹祥	1373~1455		20	24	洪貴達	1438~1504	20	22	24
申槩	1374~1446		17	20	成俔	1439~1504		21	24
河演	1376~1453	19	21	21	楊熙止	1439~1504		24	36
河緯地	1412~1456		24	27	兪好仁	1445~1494		18	30
丁克仁	1401~1481		29	53	金訢	1448~1492	22	21	24
南秀文	1408~1442		19	19	李宜茂	1449~1507		19	29
金守溫	1409~1481		30	33	蔡壽	1449~1515	18	20	21
崔恒	1409~1474			26	表沿沫	1449~1498		21	24
梁誠之	1415~1482		27	27	丁壽崗	1454~1527		21	24
李石亨	1415~1477		27	27	曹偉	1454~1503	21	19	20
朴彭年	1417~1456		16	18	崔溥	1454~1504	17	24	29
申叔舟	1417~1475	16	22	23	鄭光弼	1462~1538		31	31
成三問	1418~1456	18	18	21	申用漑	1463~1519		21	26
徐居正	1420~1488	19	19	25	姜渾	1464~1519		20	23
李承召	1422~1484		17	26	金馹孫	1464~1498	15	23	23
姜希孟	1424~1483	19	18	24	權五福	1467~1498		20	20
金宗直	1431~1492	21	23	29	李賢輔	1467~1555	22	29	31
崔淑精	1432~1480		31	31	평균		19.0	22	25
李陸	1435~1498		22	27					

그런데 조선초기 관인의 사관연령을 보면 문과급제자의 경우는 가문의 후원이나 개인적인 자질에 따라 차이가 있지만 위의 표를 볼 때 소과급제연령은 16~19세가 10명이고 20~31세가 24명이며,[2] 대과급제연령은 18~19세가 5명이고 20~53세가 30명인[3] 등 급제평균연령이 소과는 22세이고, 대과는 25세이다. 또 조부의 공훈이나 관직으로 사관하는 음서자의 경우 사관할 수 있는 연령이 시기별로 차이가 있지만 대개 20세였고,[4] 음서시의 연령이 확인된 李伯剛 등 47명의 연령이 11~38세이고 평균연령이 22세였다.[5] 즉, 문과의 대과는 물론 소과, 음서의 출사평균연령이 모두 20세 이상이었다.

그런데 조선초기의 혼속을 보면 고려말의 혼풍이 계승되면서 '壻留夫家制' 즉, 혼인과 함께 부부가 장기간에 걸쳐 처가에서 처부모를 부모처럼 여기고 살다가 자녀를 낳고 성장한 후에 남편의 집으로 이주하여 사는 것이 관행이었다.[6] 이 점에서 관인은 혼인한 장인의 집에 살면서 과거준비를 하고, 과거에 급제하고 출사한 후에도 상당기간 장인의 집에서 살았다고 하겠다.

이를 볼 때 관인은 대부분 혼인을 하고 난 후 처가에서 과업을 준비하고

---

1) 관인의 혼인연령과 출사연령은 여러 자료에서 확인되지만 『한국문집총간』 해제에 수록된 조선초기 인물의 연보를 통하여 보면 윤상 등 35명 중 혼인연령이 확인된 하영 등 13명은 다음에 제시된 표에서와 같이 15~29세, 평균 19세에 혼인하였다.

2) 연령별 인원은 16세 1명, 17-2, 18-3, 19-4, 20-4, 21-6, 22-3, 23-2, 24-3, 27-2, 28-1, 29-1, 30-1, 31세 2명이다(위 〈표 10-1〉에서 종합).

3) 연령별 인원은 18세 2명, 19-3, 20-4, 21-7, 22-1, 23-2, 24-4, 25-1, 26-2, 27-4, 29-2, 31-2, 33-1, 53세 1명이다(위 〈표 10-1〉에서 종합).

4) 음서로 출사할 수 있는 연령은 최초로 태조 6년에 18세 이상으로 규정하였으나 실시되지 않았고, 태종 13년경에 20세 이상, 세종 11년에 25세 이상으로 연령이 상향되면서 실시되다가 세종 15년에 20세 이상으로 개정되면서 확립되어 『경국대전』에 규정되었다(뒤 〈표 5-6〉 음서자 입사연령에서 종합).

5) 연령별 인원은 11세 1명, 16-3, 17-5, 18-6, 19-6, 20-1, 21-3 21-7, 22-1, 23-3, 24-4, 25-1, 26-3, 27-2, 28-1, 30-1, 31-1, 32-1, 33-1, 38세 1명이고, 평균연령은 22세이다(김창현, 앞 논문(1994), 8쪽 〈표 1〉에서 종합).

6) 최재석, 1994, 「가족제도」, 『한국사』 25, 258쪽(『태종실록』 권27, 14년 1월 기묘 ; 『성종실록』 권206, 18년 8월 계유 ; 권241, 21년 6월 무신).

문과나 음서 등을 통해 사관하였기에 그 입신에는 '처가의 영향이 친가에 못지 않았다'고 하겠다. 따라서 관인의 혼인에는 본인의 재식보다는 본가의 위상과 함께 처가의 재력·처 부·조부의 관력 등이 고려되었다고 하겠다.

2. 官人의 婚姻家門과 妻父 官職

위에서 제시하였듯이 관인의 혼인은 관인 본인 보다는 가문이나 부조의 여건에서 결정되었다. 이에 따라 여기에서는 문과급제자 42명과 4거족·4비거족가문을 표집하고 그 각각의 본가 조·부와 처 조·부의 관력을 관련시키면서 혼인의 실상을 살피기로 한다.[7]

1) 文科及第官人 本家와 妻家 家系

(1) 家門

조선초기에 저명한 학자·관인으로서 『문집』을 남긴 尹祥 등 42명의 혼인시[8] 본가와 처가의 성관을 보면 다음의 표와 같이 본가는 유력성관이 23명 55%이고 한미한 성관이 19명 45%이며, 처가는 성관이 확인된 32명의 경우에 유력성관이 21명 66%이고 한미한 성관이 11명 34%이다.[9]

---

7) 문과급제자 42명은 문집을 남긴 저명한 관인·학자이고, 거족성관 3가문은 청주한씨(영정계)·광주이씨(지직계)·한산이씨(색계)·청주경씨(습계)이며, 비거족성관 4가문은 청주경씨·현풍곽씨·봉화금씨·선산김씨이다(42명의 문집명과 거족성관·비거족성관의 선정배경은 『영인표점 한국문집총간』(민족문화추진회) 해제 1과 뒤 231~244쪽 참조).

8) 혼인연령이 명확한 하연 등 13명은 혼인시의 연령에 따라 파악하고 그 외는 잠정적으로 앞 228쪽에서 제시된 평균연령 19세를 적용하고, 당시 관인의 본가와 처가 조·부의 관력은 졸저, 2020, 『조선초기 관인 이력』을 참고하여 파악한다.

〈표 10-2〉 조선초기 문과급제 관인 본가와 배우자 가계[10]

성명	생몰년 1373~1455	혼인 연령	본가			처가		
			본관	부	조	본관	부	조
尹祥	1374~1446		예천	증참판 善	증참의 臣端	안동	낭장 全敬忠	
申檠	1376~1453		평산	종부령 晏	전리판서 誾	선산	군사 金可銘	君起
河演	1412~1456	19	진주	自宗	대사헌 允源	성산	개성윤 李存性	
河緯地	1388~1433		진주	종부소윤 澹	문하평리 之伯		全氏	
柳方善	1401~1481		서산	부원군 沂	관찰사 厚	固城	우의정 李原	
丁克仁	1408~1442		영광	부사직 坤	전농판사 光起	九皐	현감 林殷	
南秀文	1409~1481		고성	판서 琴	부윤 奇	하음	판서 李漢儉	
金守溫	1409~1474		永同	소윤 調	찬성 宗敬			
崔恒	1415~1482		삭령	사예 士柔	전서 潤文	달성	判事 徐彌性	典書 義
梁誠之	1415~1477		남원	예빈시윤 九疇	판위위사 碩隆	원주	호군 邊尙勤	총제 頥
李石亨	1417~1456		연안	대호군 懷林	부사 宗茂	오천	현감 鄭保	참의 宗誠
朴彭年	1417~1475		순천	대제학 仲林	庫使 安生		全彌	
申叔舟	1418~1456	16	고령	참판 墻	참의 包翅	무송	부정 尹景淵	중추사 淮
成三問	1420~1488	18	창녕	도총관 勝	판중추 達生	연안	군사 金仍	판한성 自知
徐居正	1422~1484		달성	목사 彌性	전서 義	선산	군사 金如晦	
李承召	1424~1483		양성	증우찬성 蕰	목사 思謹		동중추 鄭碩	
姜希孟	1427~1456	19	진주	지돈령 碩德	도순문사 淮伯	순흥	관찰사 安崇孝	판중추 純
成侃	1431~1492		창녕	지중추 念祖	동중 揜	성주	졸집현전교리 李咸寧	부윤 師厚
金宗直	1432~1480	21	선산	교수 叔滋	진사 琯	昌山	현령 曹繼門	산원 深
崔淑精	1435~1498		양천	사정 仲生	병부시랑 承洽	경주	교리 鄭之智	吉祥
李陸	1438~1504		고성	돈령정 墀	좌의정 原	고령	현감 朴秀林	현감 持
洪貴達	1439~1504	20	부계	증판서 孝孫	증참판 得禹	상산	사정 金淑貞	副正 尙保
成俔	1439~1504		창녕	지중추 念祖	동중추 掩		부통례 李塾	
楊熙止	세종~세조		중화	군수 孟淳	판서 漢	학성	녹사 李宗根	
孫肇瑞	1445~1494		일직	庫使 寬	한성부윤 永裕	진주	倉丞 河灝	
兪好仁	1448~1492		고령	낭장 信	蔭		李敏道	
金訢	1449~1507	22	연안	지중추 友臣	내자윤 侅	파평	현감 尹墀	
李宜茂	1449~1515		덕수	군수 抽	지돈령 明晨	창녕	교리 成壎	좌참찬 揆
蔡壽	1449~1498	18	인천	부사 申保	필선 倫	안동	부사 權以順	감찰 擇
表沿沫	1454~1527		신창	유학교수 繼	좌부승지 河	성산	호군 李從林	
丁壽崗	1454~1503		압해	소격서령 子伋	증참 衍		지평 金彦辛	安繼
曹偉	1454~1504	21	창녕	현령 繼門	증참의 深		현감 申允範	
崔溥	?~1499	17	탐진	진사 澤	進義副尉 井元	해남	참군 鄭貴瑊	

---

9) 유력성관은 공신·의정·판서 등을 2명 이상 배출한 가문이고, 한미한 성관은 그렇지 못한 가문이다(그 기준은 앞 43~44쪽 참조).

10) 관인의 부조와 처의 부조 관력은 졸저, 2020, 『조선초기 관인 이력』에서 발췌.

李宗準	?~1499		경주	생원 時敏	대사헌 繩直	안동	權綽	
李黿	1462~1538		경주	현령 工麟	관찰사 尹仁	순천	참판 朴彭年	판서 仲林
鄭光弼	1463~1519		동래	판서 蘭宗	직제학 賜	은진	정랑 宋順年	판관 繼祀
申用漑	1464~1519		고령	관찰사 澈	영의정 叔舟	밀양	부원군 朴楗	좌참찬 仲孫
姜渾	1464~1498		진주	별제 仁範	집의 叔卿		崔雄	
金馹孫	1467~1498	15	김해	집의 孟	克一	단양	참판? 禹克寬	
權五福	1467~1555		예천	별제 善	대제학 孟孫			
李賢輔	?~1504	22	영천	현감 欽	봉례 孝孫	안동	충순위 權孝誠	
李冑			고성	현감 泙	현감 增	종친	列山正 李俊	原川군 宜

관인과 처의 성관을 대비시켜 보면 유력성관 관인 23명중 14명 61%가 유력가문이고 9명 39%가 그 외의 가문이었으며, 한미한 가문 관인 19명은 7명 37%가 유력가문이고 12명 63%가 그 외 가문이었다.[11]

(2) 본가와 처가 조·부 관직

관인의 혼인연령이 확인된 13명의 혼인시 부·조의 관직과 배우자 부조의 관직을 보면 부조가 관인 11명은 처조부가 모두 관직이 비슷한 관인이었고, 부조가 미사인 2명은 1명은 부조가 미사였고, 1명은 부가 오위사정이었다.[12]

---

11) 앞 〈표 10-2〉에서 종합.

12) 하연 등 13명의 혼인시 본가와 처가 조부의 관력을 표로 정리하여 제시하면 다음과 같다(위 〈표 10-2〉, 졸저, 2020, 『조선초기 관인 이력』에서 종합).

성명	혼인년	본가		처가	
		부	조	부	조
하연	세종13	미사 윤원		미사 이존성	
신숙주	16	졸참판 장	졸참 시	미사 경연	예문제학 회
성삼문	20	중부 승	도절제 달생	군사 김잉	졸개성유후 자지
서거정	23	전판사 미성		군사 김여해	
강희맹	28	형참판 석덕		장령 안숭효	졸병판 순
김종직	단종1	졸사예 숙자		진무 조계문	
홍귀달	세조5	미사		사정 김숙정	
김흔	7	판관 우신		현감 윤지	
채수	13	역현령 신보		역부사 권이공	
조위	성종6	역진무		미사 시?	역현감 윤범
김일손	13	역집의 맹		참봉 金尾孫	

이를 볼 때 혼인연령이 확인된 하연 등 13명은 조부와 처조부의 관직이 대등하였다고 하겠다. 즉 혼인연령이 확인된 그 모두는 가문의 격과 부조의 관직이 대등한 관인의 여·손녀와 혼인하였다고 하겠다.

이상에서 조선초기에 문집을 남긴 관인 윤상 등 42명은 대부분 가격이 대등하고 관직이 비슷한 관인의 여·손녀와 혼인하였고, 이 중 혼인년이 확인된 하연 등 13명의 경우도 이러한 경향과 같았다.

2) 鉅族出身官人

조선의 양반가문 관인은 위에 분석되었음과 같이 가격이 비슷하고 관직이 비슷한 관인의 여·손녀와 혼인하였다. 그렇기는 하나 양반가문에서는 그 가격의 유지나 상승과 관련하여 격이 비슷하거나 격이 높은 가문과의 혼인을 열망하였다.

이를 살피기 위해 거족가문 중에서도 수대에 걸쳐 고관과 공신을 배출한 가문인 청주한씨(영정계), 진주강씨(울파), 한산이씨(색계) 출신 관인과 당대에 현달한 청주경씨 출신 관인의 혼인을 분석해 보면 다음과 같다.

(1) 淸州韓氏 永矴(-確, 磧, 袱)系

청주한씨는 조선초기에 가장 많은 많은 왕비, 공신, 의정, 판서, 승지를 배출한 가문이다.[13] 이 중 영정계는 장자인 確이 태종~세조초에 판서, 좌찬성을 거쳐 좌의정에까지 이르고, 정난·좌익1등공신에 책록되는 등으로 현달하

| 이현 | 20 | 현감 | | 충순위 권효성 | |

13) 왕비가 4명(태조비 신의왕후, 덕종비 인수왕후, 예종비 안순왕후, 성종비 공예왕후)이고, 공신이 16명, 의정이 4명, 판서가 9명, 승지가 13명이다(공신 등은 뒤 〈표 12-3〉 참조).

면서[14] 한명회로 대표되는 수계파, 한백륜으로 대표되는 계복계와 함께 청주한씨의 중추가 된 계파이다.[15]

조선초기 청주한씨 영정계 관인 43명 중 통혼가문이 확인된 33명의 성관을 보면 거족성관이거나 유력성관이 남양홍씨 등 성관 22명 67%이고, 그 외 성관이 10명 33%이다.

<표 10-3> 청주한씨 영정 자~증손 관인 혼인가문과 처조부 관직[16]

| 성명 | 생몰년 | 관직 | 부 | 조 | 배우자가계 | | | 비고(영정과의 관계) |
					본관	처부	처조부	
韓確	1403~1456	좌의정	지군사 영정	호분위 녹사 영	남양	이판 洪汝方	개국2등남 양군 吉旼	자
礩	?~1447	예조참의			평산	장령 申丁理	시사 霽	
碌		공조정랑			한양	도총제 趙敍	우정승 英茂	

---

14) 확의 관력은 졸저, 2020, 『조선초기 관인 이력』 참조.
15) 각 계파와 관련된 상세약보는 다음과 같다.

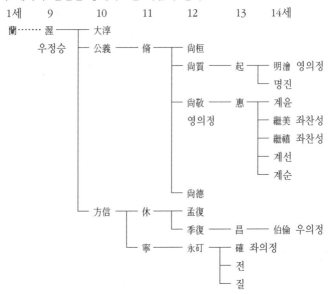

16) 졸고, 1995, 「조선초기 청주한씨 영정(~1417이전, 지군사증영의정)계 가계연구」, 『계명사학』 6집에서 종합.

致仁	1421~1477	판돈령	좌의정 확	군사 영정	백천	관찰사 趙瑞安	참찬 肸	손
致義	1440~1473	병조판서			전의	군사 李恒全	병사 承幹	
致禮	1441~1499	영돈령			죽산	延昌尉 孟聃	望之	
忠仁		전라병사	참의 전		안동	지돈령 仲淹	총제 五文	
忠義		부정			봉화	목사 琴以詠	대사성 柔	
忠禮		돈령부정			안동	권씨		
忠智		이조참의			경주	병마사 金有栗		
忠常		첨절제사			남양	도사 洪瑞		
忠順		돈령부정			전주	이씨		
致元	1429~?	군자첨정	정랑 질		반남	錦川君 朴䨿	좌의정 誾	
致亨	1434~1502	영의정			종친	양녕대군 李禔	太宗	
致良	1436~1525	부사			단양	사용정 禹垓	참판 孝剛	
偛	?~1496	형조참판	판돈령 치인	좌의정 확	여산	礪山君 宋益孫	군사 瓊	증손
償	1469~	공조판서			충주	현령 安謹		
健		이조참판			상주	박사 金貞用		
倧	?~1496	시정			평산	감찰 申永錫	부정 元祐	
偉	1465~1511	지중추	판서 치의		진주	목사 姜子正	대호군 徽	
倬		군수			함평	첨중 李桂林		
翊	1460~1488	판관	영돈령 치례		순천	판중추 朴仲善	부지돈령 去疎	
訓	1459~1498	서령	수사 충인	참의 전	광주	군수 鄭纘禹		
謹		첨정			예안	현령 李敍疇		
謙		감역						
伯		직장	부정 충의		안동	창수 權長孫		
潭		판관	부정 담		함양	병판 呂自新	현감 宗肅	
汲		급제						
汶		副將						
俶		내자판관	참의 충지		적성	생원 李繼根	참의 士侗	
倫		영흥판관			양찬	사정 이	판중 純	
佐		현감						
俊		만호						
讚	1482~1541	승지	참판 충신					
澮		별좌			전의	李謹		
樞		동지중추	도정 충순					
運	1448~1514	첨정	첨정 치원	정랑 질	예안	찰방 李成愼		
達	1466~?	별제			金山	金興善		
選	1463~?	별검			연안	부사 李允若		
遇	1473~?	노승지			원주	통정대호군 元淳		
迹		황간현감	의정 치형*		전주	현감 李近愚		생부 치원
禹昌	1452~1515	평창군수	좌통례 치량		광주	첨중 安克思		
道		인제현감						

또 부조가 관인인 43명과 통혼가문 부조의 관직을 비교하여 보면 정1~정3품 당상관 33명은 정1~정3품 당상관이 13명 40%이고 정3~종6품관이 20명 61%였으며, 정3~종6품관 10명은 6명이 정1~정3품 당상관이고 4명이 정3~종6품관이었다.

이를 볼 때 조선초기 청주한씨 영정 자~증손 관인 대부분은 가격이 비슷하고, 관직이 대등한 여·손녀와 혼인하였다고 하겠다.

(2) 廣州李氏 集(-之直, 之剛, 之柔)系

광주이씨는 고려초의 호장 自成을 시조로 하여 계승된 가문으로 자성의 8대손인 판전교시사 集의 후손이 조선초기에 크게 번창하면서 명문가문이 되었다.[17] 여기에서는 집의 손~고손을 표집하여 살펴본다.

광주이씨 집 손~고손 관인 40명 중 통혼가문이 확인된 32명을 보면 다음의 표와 같이 거족이나 가세가 번창한 성관이 교하노씨 등 26성관 32명 중 18성관 26명 81%이고, 그 외가 6성관 7명 19%이다.[18]

〈표 10-4〉 광주이씨 집 손~고손 관인 혼인시 본인과 배우자 가계[19]

| 성명 | 생몰년 | 관직 | 부 | 조 | 배우자가계 | | | 비고(집과의 관계) |
					본관	처부	처조부	
長孫	1390~1420	의정부사인	참의 之直	판사 集	안동	金氏		손
仁孫	1395~1463	우의정			교하	별장 盧信	판사 瑜	
禮孫	?~1459	황해관			밀양	현감 朴曙		
一元	?~?	예빈정	성주목사 之柔		불명			
中元	?~?	판결사						
貞元	?~?	이조정랑						
克圭	?~?	병조참의	사인 장손	참의 지직	해주	吳孝敏		증손
克培	1422~1495	영의정	우의정 인손		경주	필선 崔有宗	정랑 潯	
克堪	1427~1468	예조판서			전주	창수 崔德露		

17) 집의 상세세계는 『광주이씨대동보』 참조.
18) 그 외 성관은 예안노·원주이·해주오·경주최·청풍김·안산김·정선김씨이다.
19) 졸고, 1999, 「조선초·중기 광주이씨 율파 가계연구」, 『조선사연구』 8집에서 종합.

克增	1431~1494	판중추			청풍	부사 金理	관찰사 義之	
克墩	1435~1503	좌찬성			안동	참판 權至	관찰사 循	
克均	1437~1504	좌의정			성주	군수 李繼根	직장 次弓	
克基	1426~1491	공조참판	관찰사 예손		아산	지중추 李念義	부윤 元恒	
克堅	?~1504	좌통례			남양	南城君 洪錫		
克齡	1435~1511	홍원교수	통사랑 맹손	도총제 지강	강릉	함씨		
克坤	?~?	경기수사	예빈정 一元			응교 鄭仁竟		
克昌	?~?	첨지중추	정랑 정원					
用浩	1456~?	순천군수			청주	군수 韓明元		
成壽	?~?	현령	참의 극규	사인 장손	김제	趙씨		고손
世忠	?~?	안악군수	의정 극배		전주	직장 崔約		
世弼	?~1488	대사헌			여주	목사 閔孝根	부사 紹生	
世匡	?~1504	도승지			창원	참찬 玄碩圭	소윤 孝生	
世柱	?~?	사축별제			장수	참판 黃眘		
世良	1455~?	참군			경주	金壽奎		
世勛	?~?	별좌			성주	생원 李萬迪		
世佐	1445~1504	판중	예판 극감		양주	관찰사 趙瑾	영중추 末生	
世佑	1449~1490	경기관			안동	판관 權蠆	永和	
世傑	1463~1504	첨중			정선	봉사 金守溫		
世弘	1471~1520	선공감정	판중 극증		평산	사정 申承參	첨중 允甫	
世銓	?~?	부사	찬성 극돈		양성	현감 李質	현감 宗蕃	
世卿	1450~?	장령			안동	權씨		
世貞	1461~1528	전라관			종친	蘂川君 李䓋	무림군 佺	
世綸	?~?	병조참의			전주	군수 崔이		
世應	?~?	봉사			영일	鄭씨		
世俊	?~?	남양부사	의정 극균		예안	부사 盧晟		
世健	?~1504 이전	좌통례			교하	정랑 盧彦邦	장령 鐵剛	
誾	1455~1522	내자첨정	참판 극기		한양	찰방 趙孝孫	목사 之唐	
攀	1460~1534	부사	좌통례 극견		원주	李씨		
小知	?~?	예빈정	수사 극곤		청주	의금부도사 韓世甲		
傳春	?~?	적성현감	첨중 극창		원주	현감 元炯		

또 부조의 관직과 통혼가문의 관직을 비교해 보면 정1~정3품 당상관 29명은 정1~정3품 당상관이 8명 28%이고, 정3~종6품관이 15명 52%이며 정7품이하·기타가 6명 21%이다. 정3~종6품관 3명은 정1~정3품 당상관이 1명 33%이고, 정3·종6품관이 2명 67%이나. 이를 볼 때 광주이씨 집계 관인의 대부분은 가격이 비슷하고 관직이 대등한 관인의 여·손녀와 혼인하였 다고 하겠다.

(3) 韓山李氏 穡系

한산이씨는 고려 숙종대에 호장인 允卿을 시조로 하여 계승된 가문으로서 조선초기에 윤경의 6대손인 韓山府院君 李穡의 자손이 크게 현달하면서 명문가가 되었다.[20] 여기에서는 이색의 손~고손을 표집하여 살펴본다.

조선초기 한산이씨 색의 손~고손 관인 68명 중 52명의 통혼가계가 확인되었다. 뒤의 표에 따라서 통혼가문을 보면 부, 조가 1~2품직을 역임하거나 성현의 『용재총화』 등에서 거족성관으로 기재된 성관이[21] 전의이씨 등 43성관 83%, 가세가 미약한 성관이 풍기진씨 등 9등 성관(성씨만 적기된 2명 포함) 17%이다.

〈표 10-5〉 한산이씨 색 손~고손 관인과 배우자 가계[22]

성명	생물년	관직	부	조	배우자 가계			비고(색과의 관계)
					본관	처부	처조부	
孟畦	?~?	판군기감사	동지밀직 종덕	한산백 색	온양	방씨		손자
孟畇	1371~1438	좌찬성	동상		전의	목사 李丘直	摠郎 德榮	
孟畯	?~?	연일현감	동상		불명	문씨		
孟軫	1374~1456	판중추	동상		무송	군사 尹忠輔	지평 湜	
叔野	?~?	光州목사	첨서밀직 종학	동상	강화	부윤 奉由仁	판도판서 質	
叔畦	?~?	진주목사	동상					
叔當	?~?	첨총제	동상		강릉	부사 金天益	지문하 斯革	
叔畝	1386~1439	형판	동상		종친	대군 李芳雨	太祖	
叔福	1388~1418	성균직강	동상					
叔時	1390~1446	참찬	동상		순흥	판중추 安純	부원군 景恭	
季疇	?~1456	정랑	판중추 종선	동상	삼척	판사 陳明禮	동중 忠貴	피화
季疄	1401~1455	좌찬성	동상		청주	淸平尉 李伯剛	좌정승 居易	
季甸	1404~1459	영중추	동상		풍기	군수 秦浩	副令 少儒	
季畹	?~?	정언	동상		여흥	지평 閔道	불명	
季町	?~?	집의	동상		죽산	朴遂良		

20) 이색의 상세세계는 『한산이씨대동보』 참조.
21) 거족성관이 전의이씨 등 40성관이고, 거족성관에 포함되지는 않았으나 당시 현창한 가문이 청주이씨. 풍양조씨의 2가문이다.
22) 졸고, 1997, 「조선전기 한산이씨 색(-종덕, 종학, 종선)계 가계연구」, 『계명사학』 8, 213~219쪽 〈도 2-ㄱ~ㄷ〉, 241~248쪽 〈표 6〉에서 종합.

裕基	?~1456	도총제부진무	인령부사윤맹유	밀직 종덕				증손, 피화
保基	1404~1458	부정	찬성 맹균*		교하	미사 盧定山	불명	생부 맹진
奇	?~?	부사직	현감 맹준					
衍基	1399~1471	군기판사	판중추 맹진		순흥	경력 安從信	典書 瑗	
順基	?~?	참봉(불취)	동상		나주	미사 鄭童		
蓄	1402~1473	황해관	목사 숙야	밀직 종학	이천	판서 徐選	지밀직 遠	
思	1402~1464	용인현령	첨총제 숙당		평강	蔡氏		
畏	?~?	정릉참봉	동상					
魁	1411~1477	좌통례	동상		전의	승지 李宜洽	집의 作	
元增	?~?	청주목사	형판 숙무		문화	참의 柳光洙	낭장 松節	
亨增	?~?	첨중	동상		함양	총제 朴矩	개성부윤 元澤	
文垺	?~?	군수	직강 숙복		보성	오씨		
文彊	?~?	화순군수	동상		서원	직장 廉順良	통례문사 怡	
文齡	?~?	참봉	동상		충주	만호 安思謙	불명	
文浩	?~?	직장	행참찬 숙치		문화	찬성사 柳蔓殊	대언 總	
增	1417~1456	집직제학	정랑 계주	판중 종선				피화
塾	?~?	상례	찬성 계린		안동	감찰 金孟廉	좌사간 顧	
垓	?~?	목사	동상		성주	현감 李錦	좌참찬 堅基	
圭	?~?	현감	동상		인동	감찰 張供	불명	
塙	1432~1467	대사성	영중추 계전		이천	사성 徐晉	판사 孝孫	
坡	1434~1486	찬성	동상		파평	영평위 尹季童	문하평리 承順	
封	1441~1493	형판	동상		안동	현감 金三老	시사 진	
堧	?~?	현감	정언 계완		교하	현감 盧定山	불명	
墩	?~?	참봉	동상		廣州	우의정 李仁孫	참의 之直	
埒	?~?	이조정랑	동상		光州	좌의정 金國光	감찰 鐵山	
均	1452~1501	부제학	집의 계정	진무 유기	양천	장령 許迪	불명	고손
濬	1426~1485	호군	부정 보기*	찬성 맹균	진주	감찰 姜希增	대사성 碩德	*생부 숙규
涵	1444~1494	부사과	동상		평산	사용 申翊	불명	
沆	?~?	문소전직	판사 연기	판중 맹진				
湆	?~?	직장	동상		진보	현감 趙聘	대제학 庸	
渭	1431~1504	부사직	동상		남양	집의 洪演		
淳	?~1512	청도군수	동상		초계	부사 鄭允恪	불명	
堣	1429~1481	좌참찬	관찰사 축	목사 숙야	종친	대군 李補	太宗	
公淳	1435~?	부령부사	현령 사	첨총제 숙당	풍양	贈漢山君 趙溫之	공좌랑 安平	
允迪	?~?	보운현감	참봉 외		문화	유씨		
耕源	1435~1483	진위현령	좌통례 괴		죽산	찰방 安遇臣	불명	
命根	1452~1509	목사	통정목사 원증	형판 숙무				
永根	?~?	참판	동상		칠원	미사 尹思	주부 參	
仁堅	?~?	홍전한	첨중 형증		문화	검교한성윤 柳京生	좌의정 亮	
義堅	?~?	인순부윤	동상		원주	지돈령 元昌命	판중 庠	
禮堅	1436~1510	대사간	동상		선산	미사 金寬安	불명	

克連	?~?	장예원사의	군수 분비	직강 숙복	의령	정언 余孝溫	부사 溥潤	
克蕃	?~?	현감	동상		문화	군수 柳從京	불명	
賓	?~?	판관	직장 문호	행참찬 숙치	여산	직장 宋邦賢	불명	
止堈	1445~1500	부사	상례 숙	찬성 계린	순흥	안	참찬 崇善	
長潤	1445~1526	현감	대사성 우	영중 계전	고령	현감 朴仁孝	불명	
德潤	?~?	직장	찬성 파		여주	군수 李曾碩	지돈령 孜	
德洪	?~?	판관	형판 봉		함종	어		
德濟	?~?	별좌	동상		고령	관찰사 申澍	영의정 叔舟	
德溥	?~?	현감	동상		청주	목사 韓금	영중추 繼美	
允洞	?~?	첨절제사	이정랑 한	정언 계완	나주	박		
善長	?~?	군수	부제학 균	집의 계정	충주	첨중 池泳		
善德	?~?	직장	동상					

통혼가문이 확인된 관인 52명의 본인과 처조, 부의 관직을 위의 표에
따라 대비시켜 보면 조·부가 정1~정3품 당상인 48명은 정1~정3품 당상관이
27명 56%이고, 정3~종6품관이 15명 31%이며, 정7품~미사(불명)가 5명 10%
이다. 정3~종6품인 4명은 정3~종6품관이 3명 76%이고, 정7품~미사가 1명
25%이다. 이를 볼 때 한산이씨 관인의 통혼가문은 대부분이 가격이 비슷한
가문이었고, 조, 부가 정1~정3품 당관의 반수 이상이 그들과 대등한 관직자와
통혼하였다고 하겠다.

(4) 淸州慶氏 習(-智, 餘)系

청주경씨는 고려후기의 戶部尙書 蕃을 시조로 하여 계승된 가문인데 그의
증손인 復興이 공민왕조에 좌시중을 역임하면서 가문이 번성하였다. 복흥
은 西原府院君 補, 判書 臻, 節制使 儀의 3남을 두었는데 여기에서는 의의
아들인 掌令 習의 자~고손을 대상으로 통혼가문과 그 부, 조의 관력을
파악한다.

청주경씨 습의 자~고손 관인 19명 중 통혼가문이 확인된 18명을 보면
다음의 표와 같이 거족이 10가문 13명 68%이고, 그 외가 5명 32%이다.

〈표 10-6〉 청주경씨 습 자~증손 관인과 배우자 가계23)

성명	생몰년	관직	부	조	배우자 가계			비고(습과의 관계)
					본관	부	조부	
智		판사	호군 習	절제사 儀	연안	병참판 李伯謙	호판 亮	자
餘		첨지중추			연안	李伯謙	亮	
由善		돈령부정	판사 智	호군 習	청주	영상 李居易	거원백 挺	손
由謹		좌승지			성주	판윤 李師厚	영상 稷	
由亨		군수	첨중 여		청주	동지돈령 楊厚	호전서 添植	
由淳		정주목사			남양	집의 洪演	진사 陟	
由溫		군수			함양	군수 趙瑤		
由惇	1429~1494	보성군수			남양	집의 홍연	진사 척	
由恭		평안병사			평산	申若		
侃		사정	부정 유선	판사 智	양천	군수 許樞	시사 偕	증손
脩		청안현감			여흥	장령 閔孝權		
俊	1437~?	관찰사						
禎		첨중	첨중 유근		평산	申允甫		
祥		덕천군수			고성	참찬 李坾		
祚		의금부도사			안동	부원군 權擥	찬성 提	
綿		진산군수	좌통례 유형	첨중 여	단양	이참판 張自仁	전의현감 德良	
紙		진주목사			단양	판관 禹圻	이참판 孝剛	
緣		현령	부정 유선		밀양	朴		
績		감찰	목사 유돈		전주	사정 崔孝良	판관 承靖	

　처 부조의 관직은 정1~정3품 당상관이 9명 47%이고, 정3~종6품관이 6명 32%이며, 정7품이하·기타가 3명 16%이다. 이에서 조선초기 청주경씨 관인의 대부분은 가격이 비슷하고 관직이 대등한 관인의 여·손녀와 혼인하였다고 하겠다.

　지금까지 살핀 청주한씨 영정계, 한산이씨 색계, 광주이씨 집계, 청주경씨 습계 관인 160명의 통혼가문과 통혼가 부조의 관직을 보면 가문은 거족가문이 103가문 64%이고 그 외 가문과 불명이 57가문 36%였으며, 관직은 정1~정3품 당상관이 49명 21%이고 정3~종6품관이 65명 412%이며, 정7~불명이 56명 36%였다. 이를 볼 때, 물론 소수인 이들 가문의 시례를 일반회히기는 어렵겠지만 거족가문출신 관인은 대부분이 가격이 비슷한 가문하고 관직이

---

23) 『청주경씨족보』 상, 2005, 회상사. 관직은 『청구씨보』 등과 대조하여 수정하여 제시하였다.

비슷한 가문과 통혼하는 경향이 현저하였고, 거족가문출신에 있어서도 배출한 고관·공신의 수 등과 관련하여 차이가 있을 것으로 추측되었음과는 달리(그 수가 소수인 청주경씨 제외) 큰 차이가 없었다. 조선초기 청주한씨, 광주이씨, 한산이씨, 청주경씨 관인의 통혼가문과 부조 관직을 표로 정리하면 다음과 같다.

〈표 10-7〉 조선초기 유력성관 관인과 배우자 가계[24]

		성관				부조 관력			
		거족	그 외	불명	계	정1~정3상	정3~종6	기타	계
청주한	성관	22/51	10/23	11/26	43				
	관직					9/21	17	17	43
광주이	성관	25/63	6/15	9/23	40				
	관직					9/23	17	14	40
한산이	성관	43/63	9/13	16/24	68				
	관직					22/32	25	21	68
청주경	성관	13/68	5/26	1/5	19				
	관직					9/47	6	4	19
합계	성관	103/64%	30/19%	27/17%	160				
	관직					49/21%	65/41%	56/35%	160

3) 非鉅族出身 官人

(1) 玄風郭氏 璉玉系

현풍곽씨는 고려 인종조 문하시중 鏡을 시조로 하여 계승된 가문이고 고려후기에 크게 번창하였으나 조선초기에 쇠락한 가문이다. 여기에서는 5세 병부상서 漢正의 고손 倉丞 璉玉의 손~고손을 표집하여 통혼가문과 그 부, 조의 관력을 고찰한다.

현풍곽씨 연옥의 손~고손 관인 17명 중 통혼가문이 확인된 8명을 보면 다음의 표와 같이 거족이 밀양박씨 등 4가문 50%이고, 그 외가 4가문

---

24) 앞 〈표 13~16〉에서 종합.

50%이다.

〈표 10-8〉 현풍곽씨 연옥 손~고손 관인과 배우자 가계[25]

성명	생몰년	관직	부	조	배우자 가계			비고(연옥과 의 관계)
					본관	처부	처조부	
廷府		고양군수	개성윤 윤명	창승 璉玉	분성	許元輔		손
璊		현감	병전서 允光					
璘		현감						
珠		전서	공전서 允賢					
瓊		사재판사			밀양	상호군 朴吉祥		
恒	1416	용양 부호군	군수정부	윤 윤명	제주	高克敬		증손
惐	1418~1482	부사			남양	판서 洪復興		
成己		직장						
遠		좌랑						
得宗		의영고사	판사 경	전서 윤현	수성	군사 羅斯善		
順宗		목사	부사 함					
鼎		교리		좌랑 원				고손
安邦		익산군수	有宗	판사 경	김해	이정랑 宋褒		
遂寧		교리						
宇		참의	정					
承陽		충좌부사정	안방	득종	선산	서령 金宗紹		
承文		동정			하산	曺씨		

통혼가문 부조의 관직은 정3품 당상관이 1명 13%이고, 정3~종6품관이 4명 50%이며, 그 외가 3명 38%이다, 이에서 현풍곽씨는 다수가 가격이 높은 가문의 정3~종6품 관인의 딸과 혼인하였다고 하겠다.

(2) 奉化琴氏 遇工系

봉화금씨는 고려 고종 때의 학사 儀를 중시조로 하여 계승된 가문인데, 여기에서는 儀의 9대손인 精勇郎將 遇工의 자~고손을 표집하여 통혼가문과 그 부, 조의 관력을 고찰한다.

봉화금씨 우공의 자~고손 관인 28명 중 통혼가문이 확인된 21명을 보면

25) 『현풍곽씨세보』에서 발췌.

다음의 표와 같이 거족이 안동권씨 등 7성관 10명 48%이고, 그 외가 11명 52%이다.

〈표 10-9〉 봉화금씨 우공(-용화, 이화)계 손~고손 관인과 배우자 가계[26]

성명	생몰년	관직	부	조부	본관	부	조	비고(우공과의 관계)
淮		은진현감	낭장 용화	영윤 遇工	남원	지주사	사약	손
滌		장사현감	지후 이화		영양	종부령 金道生	생원 德溥	
淑		경상관			안동	경력 權簡		
美		진무부위	현감 회		회덕	황씨		증손
徵		함양훈도			함양	판서 朴忠信	예참의 矩	
徽	1435~?	영덕현령			안동	부사용 權自謙	현감 居조	
啓	1439~?	군위현감			경주	생원 李時敏	대사헌 繩直	
穑	1399~?	미사	현감 척	지후 이화				
崑		감찰			익흥	판사 李天明		
嵩		대사간			대흥	사직 朴常一		
峀		생원						
嶙		사정			안동	金淮		
嶺		별시위						
嶒		훈련참군			함창	군수 金之모		
埈		만호			대흥	백씨		
繼根		상의별좌	부위 미		옥천	계천위 全希尹		고손
元漢	1460~1505		현령 휘					
元亨		미사						
元貞	1472~?	영해훈도			창원	진사 黃薑卿	봉례 躔	
元彰	1475~?	현감			연안	충순위 金世衡	사정 俱	
元福	1480~1562	면천군수	현감 계		선산	교수 金伸	헌납 成慶	
元壽	1485~1569	사도첨정			안동	장령 權永銖	판관 係權	
衍	1439~1502	성주판관	혜		전주	부정 崔俤男		
孟諴		전연직장	감찰 곤					
致誠		청도군수	사정 인		영양	부사 南敬身	사직 元貴	
致湛		사도첨정	성주판관 간		선성	이판 李淡	현령 小良	
致成		거제현령	사정 린					
致漢		봉사	별시위 령					
致韶	1460~1567	첨중	참군 증		안동	현감 權杖禎	녹사 擴	

통혼가문 부조의 관직을 보면 정2~정3당상관이 5명 24%이고, 정3~종6품 관이 12명 47%이며, 정7품이하·기타가 4명 19%이다. 이에서 봉화금씨는

26) 『봉화금씨세보』 상, 2005, 엔코리안.

다수가 가격이 높은 가문의 정3~종6품 관인의 딸과 혼인하였다고 하겠다.

(3) 善山金氏 起系[27]

선산김씨는 경순왕의 아들 一善君 錘를 시조로 하여 계승된 가문으로 고려 일대를 통해 크게 번창하였다. 여기에서는 시조 추의 19세손인 和義君 起의 자~고손을 표집하여 통혼가문과 부조의 관력을 고찰한다.

화의군 기의 자~5대손 관인 12명 중 통혼가문이 확인된 10명을 보면 다음의 표와 같이 거족은 전주최씨와 인천최씨 각 1명 등 2명 20%이고, 그 외가 8명 80%이다.

통혼가문 부조의 관직은 정2품관이 1명 10%이고, 정3~종6품관이 8명 80%이며, 미사가 1명 10%이다. 이에서 조선초기 선산김씨 기계 관인은 대부분 한미한 양반가문의 정3~종6품 관인인 여·손녀와 혼인하였다고 하겠다.

〈표 10-10〉 선산김씨 화의군 기 자~5대손 관인과 배우자 가계[28]

성명	생몰년	관직	부	조	배우자가계			비고(기와의 관계)
					본관	처부	처조부	
可銘		지군사	和義君 起	서운정 成元	부유	대제학 沈孝生	군수 立仁	자
有贄		통정부사	지군사 可銘	화의군 기	현풍	현감 郭廷寶		손
磾		내금위	통정부사 有贄	지군사 가명	순창	판관 晳	崇謙	증손
光弼		충무부사직	내금위 磾	지군사 가명	안강	安紹宗		고손
光輔		충순위			양산	교리 李悌林	감찰 守中	
光佐		충순위			선산	상호군 林斌	부사직 遇仁	
就精		병조정랑	부사직 광필	내금위 재	불	감역 李		5대손
就鎔		충순위			성주	첨사 都義文		
就器		귀후별제	충순위 광좌		성산	별제 李麟孫		

<hr/>

27) 선산김씨는 『용재총화』에 거족성관으로 기재되었으나 모든 분파를 합해 볼 때는 거족성관에 합당하나 한 분파, 예컨대 확의군 기파만을 볼 때는 거족이라고 보기 어렵다. 이에 따라 여기서는 비거족 성관에 분류하여 파악한다.

28) 『선산김씨 화의군파 대동보』 상권에서 발췌.

就硏	교위						
就鍊	찰방			전주	崔金甲	만호 俊元	
就文	강관			인천	부장 李?		
就彬	능참봉			일선	참봉 文世雍		

(4) 豊山洪氏 龜(-伊, 儀, 俶)系

풍산홍씨는 고려 고종 때 國學直學인 之慶을 시조로 하여 계승된 가문이다. 여기에서는 지경의 4대손인 낭장 龜의 자~고손을 표집하여 통혼가문과 그 부조의 관직을 살펴본다.

구의 자~고손 관인 18명 중 통혼가문이 확인된 13명을 보면 다음의 표와 같이 거족이 전주최씨와 경주김씨 2가문 15%이고, 그 외가 11가문 75%이다. 지금까지 살핀 현풍곽씨 등의 통혼가문과 그 부조의 관직을 표로 정리하면 다음 표와 같다.

〈표 10-11〉 풍산홍씨 龜 자~증손 관인과 배우자 가계[29]

성명	생몰년	관직	부	조	배우자가계			비고(구와 의 관계)
					본관	부	조부	
伊		남평현령	낭장 구	지주사 演	경주	판한성 崔?		자
儀		생원						
俶		사정						
重孫		부사	현령 이	낭장 구	불명			손
樹		성천부사			서산	현감 鄭繼誠		
哲孫		부사정	생원 의		진부	사용 柳㳂		
繼宗		사포별제	사정 숙		전주	부사 崔敬明		
貴枝	1460~?	생원			전의	이씨		
世儀		만호	부사정 철손		이천	서씨		
世信		만호			경주	호군 金慶孫		
世敬		부장			경주	襄信忠		
世輔		통례문인의	부사 중손	현령 이	불명			증손
世弼		사직			불명			
漢良		내금위	생원 귀지	부사 주	여흥	민씨		고손
漢義	1502~?	건릉참봉			강화	참봉 崔潤亨		

---

29) 『풍산홍씨세보』에서 종합.

漢信	1505~?	참봉			서산	현감 柳渉		
處寬		만호	만호 세의	부사정 철손	진주	유씨		
禹甸		부사용	별제 계종	사정 숙	장수	충의위 李林		

통혼가문 부조의 관직은 정2품이 1명 8%이고, 정3~종6품관이 4명 31%이며, 정7품이하·기타가 8명 62%이다. 이에서 풍산홍씨 구계는 대부분이 가격이 비슷한 정3품관 이하 관인의 딸과 혼인하였다고 하겠다.

이를 볼 때 현풍곽씨 등 4가문의 통혼가문은 각 가문의 관인 수가 적어 일반화하기는 어렵지만 대부분이 가격이 높은 가문과 통혼하였고, 통혼가문 부조의 관직은 대부분이 정3품관 이하였다고 하겠다. 이를 표로 정리하여 제시하면 다음과 같다.

〈표 10-12〉 조선초기 비거족가문 관인 통혼가문과 부조관직[30]

		성관(/%)			부조 관력(%)			
		거족	그 외	계	정1~정3상	정3~종6	정7이하·기타	계
청주곽	성관	4/24	13/76	17				
	관직				1/6	4/24	12/71	17
봉화금	성관	10/36	18/64	28				
	관직				5/18	12/43	11/39	28
선산김	성관	2/17	10/83	12				
	관직				1/8	8/67	3/25	12
풍산홍	성관	2/11	16/89	18				
	관직				1/11	4/22	13/72	18
합계	성관	18/24	57/76	75				
	관직				8/11	28/37	49/65	75

이상에서 소수인 이들 가문의 사례를 일반화 하기는 어렵겠지만 거족가문인 청주한씨 등 4가문은 대부분이 거족가문과 통혼하고 그 부조도 정1~종6품관이 대부분이었으며, 비거족가문인 현풍곽씨 등 4가문은 한미한 가문이 대부분이고 그 부조도 정3~종9품관이 대부분이었다. 즉 거족가문은 대부분이 부조가 참상관 이상인 거족가문과 통혼하였고, 비거족가문은 대부분이

---

30) 앞 〈표 8-11〉에서 종합.

부조가 참상관이하인 비거족가문과 통혼하였다고 하겠다.

지금까지 살핀 청주한씨 등 거족가문과 현풍곽씨 등 비거족가문의 통혼가문과 관인 처 부조의 관력을 표로 정리하면 다음과 같다.

〈표 10-13〉 조선초기 양반가문 관인 통혼가문과 부조관직[31]

		성관(/%)			부조 관력(%)			
		거족	그 외	계	정1~정3상	정3~종6	정7이하·기타	계
거족	성관	103/64	30/19	160				
	관직				49/21	65/41	56/35	160
그외	성관	18/24	57/76	75				
	관직				8/11	28/37	49/55	75
합계	성관	121/52	87/48	235				
	관직				57/22	93/40	105/45	235

---

31) 앞 232~245쪽에서 종합.

제4부

官人·家門과 政治運營

제11장 樞要職 官人·功臣과 政治運營

1. 樞要職 官人과 政治運營

　조선초기의 관제를 보면 경외의 정치에 종사한 경·외 문·무관직에는 정1품직인 영·좌·우의정(각1)과 영중추부사(1) 이하 종9품직인 참봉 등 4,044직이 있었지만,[1] 그중에서도 국정운영의 중심이 된 관직은 직질·직장과 관련하여 3의정·6판서·6승지·대간이었다. 즉 3의정은 백관의 수장이면서 국정을 통령한 의정부의 장관이고, 6판서는 국정을 분장한 6조의 장관이고, 6승지는 왕명을 출납한 승정원의 장관이며, 대간은 언론을 통해 선정을 보장하였다. 여기에서는 이러한 의정 등의 정치운영에 끼친 역할-영향력을 기존연구를 참고하면서 정리한다.

1) 議政·判書·承旨와 政治運營

(1) 議政과 政治運營

　議政(3의정, 3공)은 『경국대전』 의정부주에

---

1) 졸저, 앞 책(2006), 204쪽 〈표 5-9〉.

백관을 총령하고 서정을 고르게 하고 음양을 다스리며 국가를 경륜한다.[2]

라고 규정되었듯이 최고의 정치기관인 議政府의 장관으로서 백관을 호령하고 육조를 지휘하면서 국정을 통령하도록 되었다.

이러한 규정과 관련되어 조선초기에 의정(의정부)이 수행한 정치활동은 왕권의 강약, 국정운영체계, 국왕의 통치스타일, 의정의 자질 등과[3] 관련되어 시기적으로 신축되면서 운영되었다.

〈표 11-1〉 정종 2~성종 25년 의정부 정치활동 개황표[4]

		정종	태종	세종	문종	단종	세조	예종	성종	합계
수명		1	121	96	13	2	77	13	164	498
계문		6	507	1,430	273	435	174	18	180	2,949
의의		0	382	1,362	228	303	442	35	1,716	4,570
합계	계	7	1,010	2,888	514	740	693	66	2,060	8,017
	연평균	7	56	90	257	370	192	66	82	89

의정부제가 정착된 1400년(정종 2)으로부터 1494년(성종 25)까지의 의정의 정치활동을 보면 위의 표와 같이 전시기에 걸쳐 가장 적극적인 정치활동인 의의와 계문을 중심으로 서정분장기관인 육조를 직접 지휘하거나(의정부서사제 실시기) 간접적으로 지휘하면서(육조직계제실시기)[5] 정치, 군사, 외교,

---

2) 『경국대전』권1, 이전 경관직 의정부 總百官 平庶政 理陰陽 經邦國..

3) 졸고, 1980, 「조선초기 의정부연구」상, 『한국사연구』31, 122~123, 137~138쪽.

4) 졸저, 2011, 『조선전기 의정부와 정치』, 계명대학교출판부, 155~156쪽, 〈표 27〉 조선초기 의정부 수명·계문·의의활동에서 종합.

5) 국정운영체계에 따른 의정부 정치활동도 왕대별 경향과 큰 차이가 없다. 의정부서사제와 육조직계제 실시기의 의정부 정치활동은 다음의 표와 같다(단위 건, 졸고, 2005, 「조선초기 국정운영체제와 정치운영」, 『조선사연구』14, 46~47쪽 〈표 4〉, 49~50쪽 〈표 4〉에서 종합).

	태종5~태종13	태종14~세종17	세종18~단종3	세조1~성종25	합계
수명	63	69	79	254	498
계문	343	279	1,890	425	2,949
의의	206	894	1,199	2,219	4,570

경제, 문화 등 국정 전반을 주도하거나 강력한 기능을 발휘하였다.

<표 11-2> 조선초기 의정부 시기·분야별 활동 수[6]

	정종2~태종13		태종14~세종17		세종18~단종3		세조1~성종25		합계	
	수	%	수	%	수	%	수	%	수	%
형정등	155	20	251	21	418	13	661		1,448	18
경제등	116	15	71	6	249	8	123		563	7
군사	86	11	188	15	419	13	463		1,156	14
의례등	55	7	90	7	369	12	194		717	9
제도등	53	7			322	10	154		601	8
시무조진	48	6	68	6						
인사	39	4	62	5	352	11	463		916	11
교육등	28	4	38	3	109	3	63		238	3
부역등	24	3								
기타	189	24	461[*1]	37	934[*2]	29	698[*3]	24	2,386[*4]	30
합계 계	793	100	1,233	100	3,172	100	2,819	100	8,017	100
합계 연평균	57		56		158		70		84	

*1 사행 191건, 입법 72건, 외.
*2 진휼 237건, 외교 230건, 외.
*3 외교 275건, 시무 37건, 진휼 69건, 외.
*4 외교 716건, 진휼 375건, 외.

(2) 判書와 政治運營

判書는 서정을 분장한 육조(이, 호, 예, 병, 형, 공조)의 장관으로서 의정부의 지휘를 받거나(의정부서사제 실시기) 직접으로 국왕에게 보고하고 지시를 받으면서 서정을 분장하도록 규정되었다.[7]

육조제가 정착된 1405년(태종 5)으로부터[8] 1494년(성종 25)까지의 육조

합계 계	612	1,233	3,168	2,898	8,017
합계 연평균	68	56	167	72	89

6) 위 책, 203쪽, <표 34> 조신초기 의정부 성지활동 시기·분야별 종합표에서 전재.
7) 졸저, 앞 책(2011), 203쪽 <표 34>에서 종합.
8) 육조는 1392년(태조 1)으로부터 1404년(태종 4)까지는 고려의 육조제가 계승되었다. 그러다가 태종 5년에 태종의 왕권강화도모와 관련되어 되면서 장관의 직질이 정2품으로 격상되고 이와 동시에 육조가 정책·서정분장기관으로 정착되면서 의정부와

의 정치활동을 보면 다음의 표와 같다.

〈표 11-3〉 태종 5~성종 25년 육조 정치활동 개황표[9]

		태종	세종	문종	단종	세조	예종	성종	합계
수명		118	1,072	102	127	717	123	1,157	3,421
계문		600	3,582	166	341	985	95	1,885	7,411
의의		108	268	35	56	135	40	590	1,156
합계	계	826	4,922	303	547	1,837	228	3,622	11,988
	연평균	59	154	152	273	131	228	145	133

(3) 承旨와 政治運營

承旨는 국왕의 측근에서 왕명을 출납하고 왕과 백사·백관 간에 오가는 정사를 매개하였다.[10] 승지는 재상의 대우를 받고,[11] 매개하는 정사에 의견을 제시하면서[12] 왕권의 신축과 관련되면서 영향력을 발휘하였다.

승지는 승정원제가 확립된 태종 5년으로부터 그 기능의 발휘는 그 직장과 관련되어 의정부가 국정운영을 주도한 태종 5~13·세종 18~단종 2년에는 위축되었고, 육조가 국정운영을 주도한 태종 14~세종 17·세조 1~성종 25년에는 강화되었다.[13] 그러면서도 국왕의 정치스타일과 승지에 대한 신임과 관련되어 때로는 의정부·6조의 기능을 제약하는 기능을 발휘하기도 하였다.[14]

함께 대표적인 국정기관이 되었다(육조제의 정비과정은 졸저, 1998, 『조선초기 육조와 통치체제』, 계명대학교출판부, 40~58쪽 참조).

9) 졸고, 2005, 「조선초기 국정운영체제와 정치운영」, 『조선사연구』 10, 58~59쪽, 〈별표 3〉에서 전재.

10) 『경국대전』 권1, 이전 경관직 승정원.

11) 『태종실록』 권35, 18년 4월 신묘, (전략) 命諸代言曰 汝等秩雖通政(大夫) 參決大事 無異於宰相(필자보).

12) 『성종실록』 권187, 17년 1월 을묘 經筵 (중략) 試讀官金訢啓曰 (중략) 承旨等處喉舌之地 出納王命 但爲承順 而無獻替之風 當聖明之時 固無可慮 (중략) 上顧問左右 領事李克培對曰 此言甚是 (承)政院樞機之地也 其任甚重 固當獻可替否 豈可徒爲承順而已 (하략).

13) 졸고, 앞 논문(1987), 60~75쪽.

14) 이러한 영향력을 발휘한 승지는 다음과 같다(재직승지와 시기, 졸고, 앞 논문, 83~85

정종 2~성종 9년에 걸쳐 다음의 표와 같이 수명, 계문, 의의활동을 통해[15] 형정, 국왕거동, 의례, 외교, 제도, 경제 등 국정전반에 참여하였다.[16]

〈표 11-4〉 정종 2~성종 9년 승정원 정치활동 개황표[17]

		정종	태종	세종	문종	단종	세조	예종	성종1~9	합계
수명		0	310	1,355	167	46	1,671	217	410	4,176
계문		0	98	368	94	50	159	66	394	1,228
의의		0	209	603	71	7	321	89	194	1,495
합계	계	0	617	2,326	332	103	2,151	572	798	6,899
	연평균		34	73	166	52	154	572	89	93

쪽에서 발췌).
박석명(도승지, 태종즉~5년)　　　　　김돈(우부~도, 세17.6~23.3)
황희(좌부~지신사, 태5.7~9.8)　　　　　李季甸(동부~도, 세29.4~단종즉.10)
유사눌(좌부~지, 태11.5~16.3)　　　　　신숙주(동부~도, 단1.3~세조1.9)
조말생(동부~지, 태11.5~18.7)　　　　　노사신(동부,우부,도, 세8.1~11.4)
하연(동부~지, 태16.3~세종1.12)　　　　윤필상(동부~도, 세9.9~13.8)
원숙(우부~지, 태17.6~세2.12)　　　　　권감(동부~도, 세13.5~성종즉.12)
안숭선(동부, 도승지, 세12.8~17.2)　　　현석규(동부~도, 성5.8~8.8)

15) 『성종실록』권187, 17년 1월 을묘 經筵 (중략) 試讀官金訢啓曰 (중략) 承旨等處喉舌之地 出納王命 但爲承順 而無獻替之風 當聖明之時 固無可慮 (중략) 上顧問左右 領事李克培對曰 此言甚是 (承)政院樞機之地也 其任甚重 固當獻可替否 豈可徒爲承順而已 (하략).

16) 태종 5~성종 25년 왕대·정치분야별 활동경향은 다음의 표와 같다(단위 건, 앞 논문, 64~65쪽에서 전재).

	태종	세종	문종~단종	세조	예종~성종	합계/%
형정	162	300	43	290	925	1,770/19
외교	32	541	72	312	447	1,444/16
군사	12	151	35	267	287	752/8
인사	31	189	51	74	393	738/8
국왕거동등	64	144	24	257	190	679/7
그 외	316	1,001	210	953	1,533	3,918/42
합계	617	2,326	435	2,151	3,772	9,301

17) 졸저, 2007, 『조선초기 관아연구』, 계명대학교출판부, 270쪽, 〈표 34〉 조선초기 승정원 정치활동에서 전재, 탄핵은 언론활동의 중심이 된 활동인데 성종 10~25년의 경우 총 2,158건, 연평균 135건으로 1~9년의 822건, 91건에 비해 크게 증가하였다. 이 점에서 성종 10~25년의 대간활동은 1~9년에 비해 활동 수가 크게 증가된 것으로 추측된다(10~25년의 탄핵활동 수는 정두희, 1989, 『조선 성종대의 대간연구』, 한국연구원, 10쪽 〈표 1〉에서 종합).

위 표의 정치활동을 정치운영과 관련된 시기로 구분하여 보면 승정원 직장과 관련되어 의정부가 국정운영을 주도한 태종 5~13·세종 18~단종 2년에는 위축되었고, 육조가 국정운영을 주도한 태종 14~세종 17·세조 1~성종 25년에는 강화되었다.[18)

이상에서 조선초기의 승정원은 그 직장에 따라 왕명을 출납하고 국왕과 백사·백관간에 오가는 정사를 매개하고 의견을 제시하면서 형정, 외교, 군사, 인사, 국왕거동 등 국정전반에 영향력을 발휘하였다고 하겠다.

2) 臺諫과 政治運營

臺諫은 백관을 규찰하는 司憲府官과 국왕에게 간쟁하는 司諫院官을 합칭하는 명칭인데, 그 기능발휘를 통하여 국왕과 백관의 선정과 백관의 염근을 도모하였다.

대간의 활동은 대간 1~수명이나 양사합동으로 전개되었는데 활동분야는 간쟁, 탄핵, 시정, 인사이의, 척불, 기타 분야 등 관인과 국왕·백관이 행한 모든 정치활동이 망라되었다.[19)

대간의 활동은 국왕의 대언관관, 왕권, 정치운영·정치분위기 등과 관련되면서 전개되었다. 즉, 조선초기 대간의 활동을 보면 다음의 표와 활동분야별

---

18) 각 시기별 승정원활동은 다음의 표와 같다(/연평균건수, 졸고, 앞 논문(1987), 82~83 쪽 〈표 13-ㄴ〉에서 전재).

	태종5~12	태종14~세종17	세종18~단종3	세조1~성종9	계
형정	59	280	166	670	1,175
외교	11	441	193	469	1,114
군사	6	78	114	358	556
인사	13	132	126	219	490
국왕거동등	30	114	88	329	561
그 외	147	761	619	1,576	3,103
합계	266/30	1,806/86	1,306/73	3,621/150	6,999

19) 최승희, 앞 책(1976), 242쪽 〈표 1〉.

로는 언론의 핵심인 탄핵이 총 활동 수의 반수였고, 시정, 간쟁, 인사이의의 순서였다. 왕대별로는 재위기간이 짧고 왕권이 유명무실한 정종·단종·예종 대와 국초인 태조대를 제외하고 보면 성종대와 문종대는 활동이 왕성한 반면에 태종, 세종, 세조대에는 많이 위축되었다.

〈표 11-5〉 태조 1~성종 25년 삼사 언론활동 개황표[20]

		태조	정종	태종	세종	문종	단종	세조	예종	성종1~9	합계/%
간쟁		16	17	99	300	25	53	36	6	137	688/12
탄핵		63	38	581	932	83	120	277	39	822	2,965/53
시정		33	31	184	337	61	52	57	11	211	977/17
인사이의		1	1	8	177	44	51	73	16	331	702/13
척불		0	0	4	116	43	23	4	0	77	267/5
합계	계	123	87	875	1,862	256	299	447	72	1,578	5,599
	연평균	18	44	49	58	128	150	32	72	175	65

이를 볼 때 대간은 핵심이 된 탄핵활동을 중심으로 국정전반에 영향력을 발휘하였고, 특히 성종대에는 성종의 대간우용을 토대로 강력한 기능을 발휘하였다고 하겠다.

2. 功臣과 政治運營

조선초기의 공신은 1392년(태조 2)~1471년(성종 2)에 조선개창과 이후 각종 정변과 반란토벌에 기여하고 국왕의 신임을 받으면서 파격적으로 승진하고 국정을 총령한 의정부와 서정을 분장한 6조의 장관에 재직하면서 국정을 주도한 정치세력이다. 여기에서는 이들 공신이 조선초기의 정치운영 에 끼친 영향력을 공신책록시기, 정치에 끼친 영향력과 관련하여 개국·정사·

---

20) 졸저, 2011,『조선전기의 의정부와 정치』, 계명대학교출판부, 155~156쪽 〈표 27〉에서 전재.

좌명공신이 책록되고 활동한 태조~세종대, 정난·좌익·적개·익대·좌익공신
이 책록되고 활동한 단종~성종대로 구분하여 살펴본다.

1) 太祖~世宗代

이 시기에는 총 3차에 걸쳐 94명(중복 제외)의 공신이 책봉되었는데 다음의
표에서와 같이 대개 1392(태조 1)~1423년(세종 5)까지 활동하였다. 이 표에
적기된 생몰년을 따라서 왕대별로 활동한 공신 수를 보면 태조말에는
60여 명이었고, 정종~태종대에는 50~20여 명이었으며, 세종 5년에는 7명이
었다.[21]

〈표 11-6〉 개국·정사·좌명공신 관력*(왕자 제외, 당하직 이하 생략)[22]

성명	생몰년	태조1~7	정종1~태종18	세종1~5	비고
高呂	?~1402	高城君	지의금, 군		개국공신
金稇	?~1398	중부, 군			
金輅	1355~1415	중추, 병절, 의절, 판중	延城君, 도총제		
金仁贊	?~1392	중추검사의동			
南誾	1354~1398	판중겸의동, 지문, 삼복, 참문 겸판상			
南在	1351~1419	헌, 참문, 삼복, 예대, 도	예제, 관, 개유, 성겸 판순, 판,	宜寧府院	

---

21) 세종 5년 이후에 생존한 공신 7명도 이숙번은 전직자이고, 김승주는 6년에 졸하였고,
그 외의 민여익(8)·이직(9)·마천목(10)·송거신(8)·연사종(8) 모두 연로로 10년 이전
에 충훈부직에 제수되면서 퇴직하였다. 연도별 생존 공신과 재직 공신은 다음의
표와 같다(뒤 〈표 11-6〉에서 종합).

	생존 공신수	재직 공신수	비고		생존자	재직자	비고
태조1	76	76		태종7	47	42	민무질등 피죄 이후
4	71	71		10	38	38	
7	60	60	정도전등 피살 이후	14	30	30	
정종1	57	57		18	20	19	
태종1	53	53		세종1	18	17	
4	51	51		5	7	7	

22) 정두희, 1983, 『조선초기 정치지배세력연구』, 일조각 ; 졸저, 앞 책(2020)에서 종합.

		병, 정문	성, 우·좌·영의정	君	
閔汝翼	1360~1431	승, 도승, 헌, 관, 총제, 참의, 관, 판	판총, 부군		
裵克廉	1325~1392	문하좌시중			
孫興宗	?~?	전, 중부, 병절	승령부윤		
沈孝生	1349~1398	전, 중학, 관, 동중, 예대			
安景恭	1347~1421	헌, 관, 興寧君	군, 판한, 군, 부원군		
吳蒙乙	?~1398	중추, 부사, 관, 寶城君			
吳思忠	1327~1406	중부, 관, 상중, 정문, 관	판승, 판사평, 寧城君		
柳爰廷	?~1399	중부, 관, 瑞城君	군		
柳敞	?~1421	승, 중부, 첨서중추, 예대	예제, 玉川君, 수릉관, 찬, 부원군		
尹虎	?~1393	판삼사사			
李懃	?~1398	헌, 판중			
李敏道	1336~1395	호전서, 상중, 군			
李伯由	?~1399	完山君			
李敷	?~?	총제			
李舒	1332~1410	헌, 수릉관, 참문	판승, 성, 우·영의정, 安平부원군		
李濟	?~1398	의절, 절제사, 우군절제사			
張至和	?~1398	도승, 관			
鄭道傳	1342~1398	도평의사사사겸판판상, 성겸의절, 팜삼사, 판삼군, 3도도절, 奉化伯			
鄭龍壽	?~1412	판승령, 長城君			
鄭摠	1358~1397	예학, 첨서중추, 정문, 예춘대			
鄭熙啓	?~1396	참문겸판팔위상장군, 찬, 판한			
趙琦	?~1395	동중겸의절, 동중, 의흥상진무, 지중			
趙胖	1341~1401	상문, 참문, 復興君	군		
趙英珪	?~1395	예조전서			
趙仁沃	1347~1396	중부사, 漢山君			
韓尙敬	1360~1423	도승, 첨서중추, 관	경기좌도관, 참지의정, 중군총제, 풍해강원관, 공판, 지의정겸대사헌, 판승령부사, 승문제학, 호판, 참찬, 이판, 우·영의정, 西原府院君	부원군	
韓忠	?~?	대장군			
咸傅霖	1360~1410	대성, 좌상시겸상 서소윤	溟城君, 관, 예제, 참의, 도순, 참의겸헌, 관, 계 림윤, 관, 참의, 관, 판		
洪吉旼	1353~1407	관	상중, 南陽君		
黃希碩	?~1394	의흥도진무, 지중			

이름	생몰				
金士衡	1333~1407	우시중	좌정승, 영사평, 부군		개정
朴苞	?~1400	상중	지중, 의절		
李之蘭	1331~1402	참문겸의절, 도안 무사, 도병, 찬겸판 육의절	靑海君		
張勘	?~?		동중		
張思吉	?~1418	참문겸판육군절제사, 花山君	참찬의정, 도총제, 참찬, 부원군		
張思靖	?~?	상중, 중부, 3도조 절	총제, 도총제, 花山君	화산부원군유(2)	
鄭擢	1363~1423	대성, 직문하, 안렴사, 대성, 승, 중부	관, 예춘대학사, 정문 학, 판한, 삼사, 개유, 淸城君, 참의, 지의정	우의정	
趙浚	1346~1405	우, 좌시중, 도통 사, 좌시중겸 판삼	판문하, 영, 좌·영의정		
李稷	1362~1431	도승, 중학, 대사헌, 중제, 헌	지중, 도순, 지문, 삼사, 참문, 지의, 찬, 예대, 판사평, 이판, 성겸헌, 판겸의판, 도체, 의정	영, 좌의정, 부원군	개좌
黃居正	?~?	중부, 개유	참지의정, 형판		
李和	?~1408	상문, 의절, 판문 겸영의 흥부사	영삼사, 영삼겸의정, 영의정		개정좌, 태조서제
趙璞	1356~1408	전라관, 원주목사	참문겸헌, 삼사, 판한, 사평좌사, 참의, 예대, 개유, 참찬, 판, 도체, 판		
趙英茂	?~1414	상의중추겸강계등처도병마사, 충청도절제사, 판중겸의흥부절제사,	참문, 도독중외제군 사도진무, 우군절, 참 판삼군, 도순, 성, 판승추, 판승겸도총, 판 중겸판, 우정승, 우정 승겸판육, 영삼군부사, 우정승겸영삼, 부군		
趙溫	1347~1417	서북면도순문사, 중추사 겸의흥부절제사	지문, 참문, 심사, 참의, 찰리사, 판, 성, 漢川君, 시절, 부원군		
沈淙	?~?		靑原侯, 도절제사		정사, 태조부마
李福根	?~?		奉寧君, 부원군		태조손
李良祐	?~1417		도총, 성, 完原府院君		
張哲	?~1399		중부		
金承霔	1354~1424		참지의정, 판판승추, 판, 판승추, 지의정, 찬, 시절, 도절, 판, 판총	부원군	정좌
金英烈	?~1404		지의흥, 수군도절, 안 렴사, 삼도수군도지 휘사, 참판승추		
金宇	?~1418		총, 도절, 병마사, 도총		
閔無咎	?~1410		총제, 참지승추		
閔無疾	?~1410		참의, 도병, 참의겸총, 驪城君 겸		

			총, 헌, 판순		
辛克禮	?~1407		전, 동총,도절, 참판 승추, 참지 승추, 찬		
李居易	1348~1412		중군절, 판문하겸판상, 참문, 좌·영의정, 영사평부사, 西原부원군		
李茂	?~1409		찬, 판삼사, 우정승, 도 총, 영승추부사, 丹山부원군, 우정승		
李叔蕃	1373~1440		총, 지승추, 도진무, 지 의, 찬, 총, 도총 겸판 순금, 시위상호군, 도 총, 도절, 찬겸지의흥, 판, 찬, 성, 安城부원군		
李佇	1383~1414		上黨侯, 도절, 삼군 판 도절제, 영부윤, 삼사, 성겸판승추, 성겸 도총	태조부마	
李天祐	?~1417		내갑사제조, 판중, 삼군지절, 도 절, 도총, 판사평, 성, 판, 도총, 성겸 삼군판사, 성겸판의순, 판, 성, 完山부원군		
河崙	1347~1416		정문, 성, 판의삼, 우·좌·영·좌 의정		
金定卿	1345~1419		공안부윤, 도총, 개유, 蓮城君		좌
馬天牧	1358~1431		동총, 총, 시절, 병도, 시절, 판총, 부원군	부원군	
文彬	?~1413		총, 도절제, 군		
朴錫命	1370~1406		지의, 지의겸헌		
朴訔	1370~1422		전, 관, 한윤, 승제, 전라관, 참지 의정겸대사 헌, 판, 판순, 찬겸 판순, 판, 판총, 우, 좌의 정겸 판육조사	좌의정겸 판 육, 府 院君	
徐愈	1356~1411		관, 참, 利城君		
徐益	?~1412		旆城君, 총, 조절		
成石璘	1338~1423		영·우·좌의정	영의정, 부군	
宋居信	1369~1447		礪良君, 시절	도총, 판총, 부원군	
沈龜齡	1350~1413		동총, 도순, 동금, 지의삼, 시절, 豊山君		
延嗣宗	1360~1434		동총, 판한겸총, 찬, 병도, 시절, 도순, 도진무, 찬	판중겸도 총, 谷山부 원군	
柳沂	?~1410		대언, 관, 瑞寧君		
柳亮	1355~1416		관, 예대, 참판사평 겸 헌, 판, 지의, 판한, 판, 참, 판, 찬겸판순,		

			찬, 우의정, 부군	
尹坤	?~1421		총, 도절, 참, 관	판, 참, 군
尹穆	?~1410		한윤, 평양윤, 군	
尹子當	?~1422		도절, 시절	도절, 부군
尹柢	?~1412		사평우사, 참승, 참사, 순금만호, 판순, 판, 참, 찬, 판	
李來	1362~1416		동총, 첨승, 참사, 대헌, 예대, 판	
李淑	1373~1406		도총, 찬, 군	
李升商	?~1413		승, 참, 판	
李原	1368~1430		헌, 관, 승제, 참, 판순, 대헌, 판한, 관, 순, 판, 참, 판, 판총, 찬, 의	
李膺	1365~1414		승, 참, 판, 판순, 판	
李從茂	1360~1425		병절, 시절, 도총, 도병, 도절, 안, 참, 판총	도체, 찬, 부 원군
趙涓	1351~1425		도절, 지중, 삼복, 도총, 개유, 도절, 판	도총, 부원군	개국
趙涓	1374~1429		총, 도총, 조절, 도총, 도절, 시절, 도총, 판, 참, 판총	시절, 찬, 의, 부원군	좌명
趙希閔	?~1410		총, 한윤, 군	
韓珪	?~1416		총, 조절, 총, 조절, 시절, 도총, 판삼, 부군	
洪恕	?~1418		도절, 군	

* 간-대사간, 개유-개성유후, 관-관찰사, 군-종1~종2군, 대성-대사성, 도승-도승지, 도순-도순문사, 도체-도체찰사, 도총-도총제, 동-동지중추, 동금-동지의금부사, 동총-동지총제, 군-부원군, 병도-병마도절제사, 병절-병마절제사, 부제-부제학, 삼복-삼사좌·우복야, 삼사-삼사좌·우사, 성-찬성, 상중-상의중추, 승좌-동부승지, 시절-시위군절제사, 승제-승추부제학, 예대-예문관대제학, 예춘대-예문춘추관대제학, 의-참의, 의동-의흥삼군부동지절제사, 의절-의흥삼군부절제사, 전-전서, 정문-정당문학, 제-예문제학, 조절-조전절제사, 중학-중추학사, 지-지중, 지문-지문하부사, 찬-참찬, 참문-참찬문하부사, 참-참판, 참의-참지의정, 첨-첨중, 첨총-첨총제, 체-체찰사, 총-총제, 판-판서, 판삼-판삼군부사, 판상-판상서사사, 판순-판의용순금사사, 판승-판승령부사, 판육-판육조사, 판중-판중추, 판총-판도총제부사, 헌-대사헌

그런데 각 왕대에 활동한 공신의 관직을 보면 태조~태종대에는 백관의 장관으로서 국정을 총령한 의정에서부터 군정을 총관한 3군부의 장관 이하 당상관, 서정을 분장한 육조의 장·차관, 8도의 행정과 군정을 총관한 관찰사와 도절제사 등이 망라되었다. 이 점에서 개국, 정사, 좌명공신이 태조 1~세종 5년의 정치를 주도하였을 것으로 추측된다.

이들 공신이 발휘한 영향력을 정변·정치제도 정비 등과 관련된 태조 1·5년, 정종 즉위년, 태종 1·5·10·14년, 세종 1·5년을 표집하여[23] 태조~세종 초에 국정의 중추가 된 문하부·의정부의 장관인 정승·의정과 찬성사·찬성, 의흥시위사·3군도총제부의 장관인 판사·도총제, 육조의 장관인 판서재직자 중 공신이 점하는 비중을 통하여 살펴본다. 이와 관련하여 먼저 위의 시기에 문하부 정승·의정부 의정 등 재직자를 정리하면 다음의 표와 같다.

〈표 11-7〉 태조~세종 5 추요직 재직자와 공신(*비공신, 원-원종공신)[24]

		태조1	태조5	정종즉	태종1	태종5
의정부[1]	영문하, 영의정	홍영통(원공)		이화	조준, 이서	조준, 이거이, 성석린
	좌정승, 좌의정	배극렴	조준	조준	민제*, 이거이, 김사형	하륜
	우정승, 우의정	조준	김사형	김사형	하륜, 이서, 이무	조영무
	찬성사, 찬성	김주(원), 김사형, 정도전, 최영지(원)		이지란	이서, 조영무, 곽추*	권근
삼군부[2]	판사/겸총제	윤호/	정도전/	이화(영사)	조영무/	/이숙, 민무질
	지사/도총제			이천우	김영렬, 윤저	/조견등 9인[3]
육조	이판					이직
	호판					이지*
	예판					이문화*
	병판					남재
	형판					유량, 이문화*
	공판					서이*, 한상경, 김승주
지신사						박석명*
계(공신, 재직총수)		8(2원공)/8	3/3	6/6	12/14	17/27

23) 각 연도별 중요 사건은 다음과 같다.
　　태조 1년 : 조선개창, 개국공신 책록　태종 14 : 육조지계제 실시
　　정종 즉 : 무인정변, 정사공신책록　　세종 5 : 세종친정
　　태종 1 : 좌명공신책록
　　　　5 : 6조제 확립
24) 졸저, 2008,『조선초기 관직과 정치』, 계명대학교출판부, 580~605쪽 〈별표 2~5〉, 졸저,『조선전기 의정부연구』, 379~397쪽, 〈별표 1, 2〉, 1998,『조선초기 육조와 통치체계』, 241~268쪽 〈별표 1〉, 졸고, 1994, 「조선초(태조 2년~태종 1년) 의흥삼군부

		태종9	태종14	세종1	세종5
의정부	영의정	하륜	성석린, 하륜	유정현*	유정현*
	좌의정	성석린	하륜, 남재	박은	이원
	우의정	이무, 이서, 조영무	남재, 이직	이원	정탁
	좌/우찬성	남재, 윤저, 이천우	유량, 이숙번	정식*, 이종 무, 정역*	유관*
삼군부	판부사	이천우, 남재	이숙번 등 5명*4	김남수 등 7명*5	이화영* 등 8명*6
	도총제	이구철* 등 9명*7	이화영* 등 8명*8	김만수* 등 6명*9	조질* 등 8명*10
육조	이판	윤저, 남재, 유량	한상경	정역*, 박신*, 맹사성*, 윤곤	허조*
	호판	남재, 유량, 윤저	박신*	신호*, 권진*, 민여익	이지강*
	예판	성석인, 유용 생*, 이빈*, 이응	황희*, 설미 수*, 성석인*	허조*	김여지*, 황희*, 신상*
	병판	이지*, 김한로*, 서유	이응, 김승주	조말생*	조말생*
	형판	이귀령*, 이천우	성발도*	김여지*, 김점*	이발*, 권진*
	공판	박은 등 7명*11	윤형, 박자청*, 권충*, 김남수*	최윤덕*, 이지실*	최윤덕*, 정진*, 오승*
지신사		황희*, 안등*	이관*	하연*	조서로*, 곽존중*
계(공신, 재직총수)		14/28	11/26	9/30	10/34

*1 태조1~정종1년-판문하, 문하좌·우시중, 정종2-문하좌·우정승, 태종1~14 영의정부사, 의정부좌·우정승(14년에 판사), 14-좌·우의정
*2 태조1~정종1년-의흥삼군부판사·도절제사, 정종2년 3군부판사·도절제사(이후 관직 동), 태종1~5년 승추부 → 9년 3군진무소 → 의흥부~12, 18년 삼군진무소 → 세종즉 3군부.
3 김로, 이구철, 김정경, 조연, 임정*, 강석덕*, 최이*, 이귀령*.
4 이귀령, 한규, 이지숭*, 김한로*.
5 이종무, 박자청, 연사종, 조견, 민여익, 유관*.
6 이화영, 민여익, 박자청*, 한장수*, 송거신, 마천목, 황희*.
7 조연, 이화영, 박자청*, 이지*, 권규*, 한규, 유용생*, 이천우.
8 박자청, 한규, 하구*, 민무휼*, 이백온*, 권충*, 최용소*.
9 조질, 노구산, 권희달*, 李湛*, 柳濕*.
10 권진, 이순몽*, 박자청*, 조비형*, 이징*, 최윤덕*, 하경복.
11 이빈, 황거정, 이문화*, 유용생*, 함부림, 황희*.

위의 표에서와 같이 태조 1·5년에는 개국공신이 문하부의 정승·찬성사(2명은 원종공신)와 의흥삼군부 판사를 모두 점유하였고, 정종 즉위년에는 정사공신이 중심이 된 공신이 문하부 정승·찬성사와 의흥삼군부 판사·지사

연구」,『계명사학』5, 15~17쪽 〈표 2〉, 2000, 「조선 태종대(정종2년~세종 4년) 총제연구」,『이수건교수정년기념 한국중세사논총』, 204~210쪽 〈별표 1~2-ㄴ〉 등에서 종합.

를 모두 점유하였다. 태종 1년에는 좌정승 1직을 제외한 모든 문하부·삼군부 장·차관직을 점유하였고, 5·9년에는 의흥삼군부 판사 이상의 모든 관직과 판서의 반수 이상을 점유하였고, 14년에는 의정·찬성 모두와 판도총제·도총 제·판서의 과반을 점유하였다. 세종 1·5년에는 좌·우의정을 점유하였을 뿐 찬성 이하 관직의 대부분은 공신이 아닌 태조초 이래로 문과 등을 거쳐 사관한 인물이 점유하였다.[25]

이상에서 태조 1~태종대에는 시기별로 차이는 있지만 공신이 의정, 판서 등의 대부분을 차지하면서 정치를 주도하였고, 세종대 이후에는 공신이 아닌 문·무과 급제자와 음서자가 중심이 된 관료가 의정, 판서 등에 재직하면 서 정치를 주도하였다고 하겠다.

2) 端宗~成宗代

단종~성종대에는 1453년(단종 1)의 계유정변 직후에 책록한 정난공신을 시작으로 1481년(성종 2) 좌리공신까지 18년간에 총 5차에 걸쳐 160여 명의 공신이 책록되었다(중복, 왕자 제외).[26] 재직 공신 수는 공신책록시의

25) 각 시기별 공신과 비공신의 재직관직은 다음의 표와 같다.

	문하(의정)부		삼군(도총제)부		판서	도승지	계	비고(공신/비공신)
	정승	찬성	판사	지사				
태조1	3/0	4/0	1/0				8/0	
5	2/0	1/0					3/0	
정종즉	3/0	1/0	1/0				5/0	
태종1	7/1	2/1	1/0	2/0			12/1	
5	5/0	1/0	2/0	4/5	4/4	0/1	16/10	
9	5/0	3/0	2/0	3/6	9/9	0/2	22/17	
14	4/0	2/0	2/3	1/7	5/6	0/1	14/17	
세종1	2/1	1/2	4/3	0/6	2/11	0/1	9/23	
5	2/1	0/1	3/5	0/8	0/11	0/2	5/27	4년 상왕 태종 승하
계	33/3	15/4	16/11	10/32	20/41	0/7	84/95	

26) 공신별 책록 수는 앞 133쪽 주 58)(왕자 군 제외).

연령과 관련되어 1455년(세조 1) 158명에서 119명(세조 14), 120명(예종 1), 98명(성종 5), 71명(성종 12), 20명(성종 25)으로 점차 감소되었다.[27]

〈표 11-8〉 정난·좌익·적개·익대·좌리공신 관력*(왕자·추증제외)[28]

성명	생몰년	단종1~세조14	예종1~성종10	성종11~25	비고
權擥	1429~1482	의,첨,동	참,군,병(정2)		정난
權鼊	?~1467	첨,의,중부,군			
權蹲	?~1459	헌,부윤,참,판,관,판,지			
金處義	?~1465	첨,위장,지,군			피화
金孝誠	?~1454	판중,군,부			
朴從愚	?~1464	부,도체찰사,부			부마
朴仲善	1435~1481	의,참,판,병	군,병,판중,관,판,군	판돈,군	
奉石柱	?~1465	첨,중부,도진무,동중,수군처,군			피화
薛繼祖	?~1467	위장,순군처치사,군			
宋盆孫	?~1482	첨,군,목사	동중, 군		
楊汀	?~1466	의,판,지,도절,판중, 군			쇠화
柳泗	1423~1471	첨,처치사,위장,군	동중,군,판		
柳潡	1415~1481	첨	군		
柳子煥	?~1467	승,참,중부,헌,관,군			
柳河	1415~1474	첨,도절,군,부윤,군			
李蒙哥	1405~1487	첨,중부,군	군봉조하		
李禮長	1406~1456	첨,의			
李興商	?~1465	첨,중부,도진무,군			
林自蕃	?~?	군,부총관,위장	병사		
崔潤	?~?	군			
韓明溍	?~1454	전구서승졸			

27) 연도별 생존 공신과 재직 공신은 다음의 표와 같다.

	생존공신수	재직공신수	비고		생존자	재직자	비고
단종1	159	159	정난공신책록	성종2	114	114	좌리공신책록
세조1	158	119	좌익공신책록	7	89	89	성종친정
7	148	148		12	71	71	
13	133	133	적개공신책록	18	38	38	
예종1	120	120	남이등살해, 익대공신책록	25	20	20	

28) 정두희, 1983,『조선초기 정치지배세력연구』, 일조각 ; 졸저, 앞 책(2020)에서 종합.

韓瑞龜	?~?	첨,군	군봉조하		
洪純老	1416~1474	첨,동중	군		
洪順孫	?~?	첨			이상 정난
權擥	1416~1465	승,참,판,판중,찬,의			정좌
成三問	1418~1456	좌사간,집현부제학,승			피화
尹士昀	1409~1461	좌사간,첨,의,참,판			
李季甸	1404~1459	군,판,판중,영중			
李思哲	1405~1456	찬,의			
田昀	1409~1470	동첨·첨·판내시부사, 종1군			
韓確	1403~1456	의정			
洪達孫	1415~1472	의,참,판,판중,영중,부원군,의정	부원군		이상 정좌
崔恒	1409~1474	승,참,헌,참,부윤,판,지중,참,찬,의정	의정		정좌좌
康袞	1411~1484	첨,동,부윤,도절제사	병사,지중		정좌익리
洪允成	1425~1475	의,참,도진무,판,지중,도체찰사,판중,의정,부원군	의정,영중,부원군		동상
申叔舟	1417~1475	승,대제학,판,판중,찬,의정	의정		정좌익좌
鄭麟趾	1396~1478	판중,의정,부원군	부원군		
韓明澮	1415~1487	승,판,도체찰사,의정	의정,부원군		이상 정좌익좌
韓繼美	1421~1471	승지,참,도순문사,판,병사,찬	찬,판돈,영중		좌적좌
曺錫文	1413~1477	승,참,판,한상판윤,찬,이시애토벌부총사,의정	의정,부원군,영중		좌적익좌
鄭昌孫	1402~1487	판,찬,의정	부원군		좌익좌
姜孟卿	1410~1461	찬,의정			좌익
權愷	?~1468	좌·우사간,의,관,중부,관,군			
權恭	?~1462	화천위, 군겸도진무			
權攀	1419~1472	첨중,예제,참,부윤,헌,중부,관,참,관,병사,군	군		
權自愼	?~1456	참판			피화
朴薑	?~1460	지중,도진무,순찰사,도진무,지중			
元孝然	?~1466	의,참,헌,부윤,관,판서			
尹師路	1423~1463	군,찬,영중,부원군			
尹巖	?~1461	군			부마
李季疄	1401~1455	찬			
李克堪	1427~1465	의,승,참,판,군			
李澄石	?~1462	군,판중			

李徽	?~1456	의			피화
鄭守忠	1401~1469	첨중,제학,군겸사성, 종1군	판중봉조하		
曹孝門	?~1462	관,의,참,헌,관,참			
崔濡	?~?	첨중,군			
韓從孫	?~1467	첨중,의,처치사,위장,군			
黃守身	1407~1467	참,찬,의정,부원군			
黃孝源	1414~1481	첨중,의,참,부윤,한,관,참	참,군		
朴元亨	1411~1469	승,참,판,찬성,의정	부원군,의정		이상 좌익
趙得霖	?~?	첨중,선전관,內乘,군			
具致寬	1406~1470	승,참,부윤,도절,판,성,의정	부원군,겸판서		좌좌
金礩	1422~1478	승,참,판,찬,판의금,관,의정	부원군,도제조,부원군		
尹子雲	1416~1478	승,참,부윤,판,참찬,찬성	의정,부원군겸판서,의정		
李克培	1422~1495	의,관,참,부윤,판, 병사,관	참찬,판,판중,영중	영중,의정,부원군	이상 좌좌
金舜命	1435~1487	군자정	판결사,승,참	동지의금,관,군	적·좌리
魚有沼	1434~1489	병사겸수사	위장,병사,참,판,찬성,체찰사	판,병사,순찰사,판중,군	동상
康純	1390~1468	의정,부원군,의정			적개,피화
具謙	?~?	첨중,위장	5위장,巡將,내금위장,병사	병사,목사,군	
金礭	1425~1485	관	관,동중,군	병사,부윤,관,군	
金沔	?~?	절충호군,부사			
金伯謙	1429~1500	목사	겸사복장,병사,오위장,목사,군	훈련도정,병사,경연특진관,군	
南怡	1441~1468	동중,도총관,판,겸사복장,판			
孟石欽	?~?	대호군,강무대장	군,병사		
閔發	1419~1482	동중,지중	군		
朴墺	?~?	대호군,의	수사,병사,동중		
裵孟達	?~?	상호군,5위장,	동중,병사,군		
孫昭	1433~1484	내섬시정	의,군,목사	군	
沈膺	?~?	호군	첨중,종2부사,군봉조하	봉조하	
魚世恭	1432~1486	관	판한성,지중,판,참찬	판,지중,군	
吳順孫	?~1467	절충대호군,겸사복,상호군			
吳子慶	1414~1478	첨중겸오위장,첨중,병,군			
吳自治	?~?	대호군	군,조전장		
禹貢	1415~1473	행상호군,오위장	수사,도총관,군		
尹末孫		의,병사	위장,병사	병,부윤,병	

李德良	1435~1487	부윤,	관,참,판,헌,지중,군		
李恕長	1423~1484	참,부윤,관	관,부윤,헌,참,부윤,군		
李陽生	?~?	겸사복,포도장,군			
李雲露	?~?	참중,군			
李倧	1433~1476	병사,군			
李從生	1423~1495	부윤	병사,도총관,내금위장	위장,병사	
李浚	1441~1479	도총관,의정	의정		
李亨孫	1418~1496	병사	목사,내금위장	군	
張末孫	1431~1486	좌랑,첨정	부정,정,첨중,목사	군	
鄭崇魯	?~1468	상호군,첨중			피화
鄭種	?~1476	5위장,상호군	부윤,군		
車云革	?~1467	도총사이준군관 전사			추증공신
崔有臨	1426~1471	군	병사,군		
許惟禮	?~?	군			이상 적개
朴仲善	1435~1481	병	판,병,판중,관,판	판돈,군	적익좌
權攢	1430~1487		첨정,행상호군,군	판	익대
朴之蕃	?~?		수사,군	참,수,군	
徐敬生	?~?		군	군(내관)	
申雲	?~?		판내시부사	군(내관)	
安仲敬	?~?		상부	군(내관)	
語世謙	1430~1500		승,관,참,부총관,참	의정 이하[1]	
柳漢	?~?		환관		
李復	1434~?		겸사복장,군		
李曙			군	문효전제조	
李存	?~?		군봉조하(환관)		
李存命	?~?		군봉조하,시릉내시		
趙益貞	1436~1498		지평,문학,의,호군	한성윤,참,대헌,관,참,병사	이상 익대
姜希孟	1424~1483				익좌
權瑊	1423~1487		승,판,관,대헌,판한성,판중,참찬	판의금,판,군	
盧思愼	1427~1498		참찬,찬성,영중	부원군,영중,판호조사,의정	
沈澮	1418~1493		영중,의정	부원군	
尹繼謙	1442~1483		승,침,관,참섬관,참,대헌,판	판,군	
李克增	1431~1494		승,제조,참,판,관,참찬,판	판,참찬,판한성,군	

鄭孝常	1432~1481		승,관,판	군	
韓繼純	1431~1486		승,판,관,판,수릉관,지중	종1군	
韓繼禧	1423~1482		제조,찬성,군		
韓伯倫	1427~1474		도총관,의정,부원군		
洪應	1428~1492		판,참찬,판,찬성,영중,의정	의정	이상 익좌
具文信	1415~1485		부총관,군,동중	수사,도총관,군	좌리
金謙光	1419~1490		판한성,판,군	지중,참찬,군	
金吉通	1408~1473		종1군		
金壽寧	1436~1473		관,대간,참,군		
金守溫	1410~1481		행판중,영중,부원군	부원군	
朴居謙	1413~1481		병사,수사	병사,도절제사	
徐居正	1420~1488		관,대헌,참찬,찬성,대제학,판한성	판,찬성,군	
成奉祖	1401~1474		영중,의정,부원군		
宋文琳	1409~1476		참,군		
申瀞	?~1482		승,참,군	관	복주
申浚	1444~1509		의,승	참,관,판한성,지중,판,판한성	
沈瀚	1436~1482		승,의,한성윤	병	
梁誠之	1415~1482		대헌,판	종1지중	
吳伯昌	1415~1472		관,행부호군		
柳輕			승,관,참,대헌,판	판,참찬,판,판윤	
尹士昕	?~1485		부원군,영중,의정,부원군		
李石亨	1415~1477		군,부원군		
李壽男	1439~1471		관		
李崇元	1428~1491		승,참,헌,관,판윤	판윤,관,판,참찬,판,군	
李承召	1422~1484		판	참찬,판,지중,군	
李永垠	1434~1471		동중		
李婷	1454~1488		월산대군	대군	종친
李鐵堅	1435~1496		관,판,지돈,판	관,참찬,판윤,찬성	
李鉉	?~?		군		
李塤	1429~1481		군	참찬	
任元濬	1423~1500		찬성,군		
鄭蘭宗	1433~1489		관,참,병사	한판윤,관,병사,참찬,판,참	

鄭崇祖	1442~1503		참,군봉조하	판서 이하*2	
韓堡	1447~1522		한성윤,참,군겸부총관	군	
韓嶬	1443~1485		동중	한성우·좌윤,수릉관	
韓致禮	1441~1499		참,판	판,참찬,판중,판,판돈	
韓致義	1440~1473		지돈,판,군		
韓致仁	1421~1477		지돈,판돈		
韓致亨	1434~1502		형판,유수,관,지중,판윤	찬성 이하*3	
咸禹治	1408~1479		참,군		이상 좌리

* 간-대사간, 관-관찰사, 군-종1~종2군, 대성-대사성, 도-도승지, 도절-도절제사, 동-동중, 성-찬성, 병-병마절도사, 부군-부원군, 승-좌~동부승지, 예제-예문제학, 의-참의, 지-지중, 찬-참찬, 참-참판, 판-판서, 첨-첨중, 판중-판중추, 헌-대사헌, 학-부제학.

*1 관,참,판.동중,대헌,판,관,판한성,판,대제학,참찬,판한성,찬성.

*2 한판윤,의금지사,도총관,관,군.

*3 지중,판,참찬,판한성,판.

그런데 각 왕대에 활동한 공신의 관직을 보면 비록 시간의 경과에 따라 감소되기는 하나 160~20명의 공신이 위의 표에서와 같이 단종 1~성종 25년의 모든 시기에 백관의 장관으로서 국정을 총령한 의정에서부터 서정을 분장한 육조의 장·차관, 8도의 행정과 군정을 총관한 관찰사와 도절제사 등이 망라되었다. 이 중 적개공신은 1468년(예종 즉) 남이옥사로 핵심공신이고 의정 등에 재직하던 龜城君 李浚, 康純, 南怡 등이 피죄되면서 몰락하였다.[29] 이 점에서 단종 1~예종 1년에는 정난·좌익공신, 예종 1~성종 25년에는 정난·좌익·익대·좌리공신이 정치를 주도하였을 것으로 추측된다.

이들 공신이 발휘한 영향력을 정변·정치제도 정비 등과 관련된 단종 1년, 세조 1·7·13년, 성종 1·7·12·17·24년을 표집하여 당시 국정의 중추가 된 의정부의 장관인 의정, 육조·대간·승정원의 장관인 판서·대사헌·대사간·도승지 새식자 중 공신의 비중을 볼 때 명확히 드러난다.

---

29) 그 외에 적개공신 피죄자는 윤말손, 정숭노이다(『예종실록』 권1, 즉위년 10월 갑인).

〈표 11-9〉 단종 1~성종 25년 주요직 재직자와 공신(*비공신)

		단종1(10월이후)	세조1	세조 7	세조13	성종1
의정부	영의정	수양대군 이유	정인지	강맹경, 정창손	한명회, 황수신, 심회, 최항, 조석문	홍윤성, 윤자운
	좌의정	정인지	한확	신숙주	심회, 최항, 조석문, 홍달손	윤자운, 김국광
	우의정	한확	이사철	권남	황수신, 최항, 홍윤성, 강순	김국광, 한백륜
	좌/우찬성	이사철	이계린/정창손	황수신	최항, 조석문, 김국광/ 조석문, 윤자운, 김국광, 한계미	한계미, 노사신/ 노사신, 윤필상
대간	대사헌					한치형
	대사간					김수령
육조	이판	정창손	박중손	구치관, 최항	한계희, 성임*	권감, 이극배
	호판	이견기*, 조혜*	이인손*	조석문	노사신	노사신, 김길통
	예판	이승손*, 김조*	김하	홍윤성, 김사우*	강희맹, 김겸광	김겸광, 이승소
	병판	이계전	이계전	한명회	김국광, 이극배, 박중선	박중선, 허종
	형판	이계린, 박중림*, 이변*	권준	박원형	서거정, 강희맹	함우치
	공판	권맹손*, 박중림*	이변*, 김문기*	윤사균*, 심결*	임원준, 어유소, 서거정, 남이	양성지
도승지		최항	신숙주, 박원형	성임*, 김종순*	신면*, 윤필상	이극증, 정효상
계(공신/재직총수)		8/16	10/14	12/16	22/24	21/21

		성종7	성종12	성종17	성종24
의정부	영의정	정창손	정창손	윤필상	윤필상, 홍응, 이극배
	좌의정	한명회, 조석문, 심회	윤필상	홍응	노사신
	우의정	윤사흔, 윤자운	홍응	이극배, 노사신	허종
	좌/우찬성	윤필상/윤필상, 서거정	한계희/강희맹	이파*, 이철견/정괄*	이철견, 한치형/ 어세겸, 정문형*
대간	대사헌	윤계겸	정괄*	이경동*, 박건	이세좌*
	대사간	정괄*, 박처륜*	윤석보*	이거*, 황정*	이상*
육조	이판	홍응	어유소, 이승소	정난종, 신준	홍귀달*, 이극돈
	호판	이극증	한치례, 허종, 한치형	이덕량	정숭조, 노공필
	예판	이승소	이파*	이극균*, 유지	노공필*, 성현*
	병판	이극배	유지, 서거정	신승선	한치형, 정괄*
	형판	정문형*	이극증	성준*, 한치형, 이극균*	이승원*, 이봉*, 김여석*, 윤효손*, 성건*
	공판	김교, 이예*	김양경*, 윤계겸, 어세겸, 신승선	권찬	여자신*
도승지		유지, 현석규*	짐계창*, 채수*, 김승경	성건*, 박숭질*	조위*, 김응기*
계(공신/재직총수)		15/20	16/23	12/22	10/26

즉 위의 표를 볼 때 시기적으로 신축은 있으나 단종 1~성종 17년까지는 3의정 모두와 판서의 반수 이상을 차지하였고, 성종 18년 이후에는 3의정 모두와 판서 일부를 차지하였다. 특히 성종 1년에는 의정, 판서, 대사헌, 대사간, 도승지에 재직한 21명 모두가 공신이었다.[30]

이를 볼 때 공신은 단종 1~성종 25년, 즉 16세기 후반에는 3의정을 중심으로 판서, 대사헌, 대사간, 도승지 등의 대부분이나 일부를 역임하면서 정치를 주도하였다고 하겠다.

---

30) 각 시기별 공신과 비공신의 재직관직은 다음의 표와 같다(공신/비공신).

	의정부		판서	대간		도승지	계
	의정	찬성		대사헌	대사간		
단종1	3/0	1/0	3/8			1/0	8/0
세조1	3/0	2/0	3/4			2/0	10/4
7	4/0	1/0	7/4			0/2	12/6
13	7/0	5/0	11/1			1/1	24/2
성종1	4/0	3/0	12/0	1/0	1/0	2/0	24/0
7	6/0	2/0	5/2	1/0	0/2	1/1	15/5
12	3/0	2/0	11/2	0/1	0/1	0/3	16/7
17	4/0	1/2	7/2	0/2	0/2	0/2	12/10
24	5/0	3/1	3/11	0/1	0/1	0/2	11/16
계	39/39	20/3	62/34	2/4	1/6	7/11	132/50

제12장 鉅族家門 官人과 樞要職·政治運營

1. 鉅族家門 官人과 樞要職

1) 鉅族家門 官人과 功臣·議政·判書

1392년(태조 1)~1452년(문종 2)에는 다수의 공신·의정·판서를 배출한 양반가문은 소수에 불과하고 그들의 대부분이 영속성이 없었다.[1] 그러나 1453년(단종 1) 이후에는 1453년 정난공신의 책봉 이후 1471년(성종 2)의 20여 년간에 5차에 걸쳐 수백명의 공신이 책봉되고 공신과 그 자제가 각종 특전을 받고 단기간에 당상관에까지 승진함은 물론 다수가 영속적으로 주요직에 포진하여 정치를 주도하면서 유력 양반가문, 즉 거족가문이 되었다.[2] 이에 따라 여기에서는 1453년(단종 1)~1494년(성종 25, 이하 15세기 후반으로 약기)에 10명 이상의 공신·의정·판서를 배출한 거족가문을 대상으로 추요직 점유상을 살펴본다. 15세기 후반에 10명 이상의 공신·의정·판서를 배출한 거족가문은 다음의 표와 같다.

---

1) 뒤 〈표 13-1〉 참조.
2) 뒤 〈표 13-2〉 참조.

	공신	의정	판서	계(중복제외)		공신	의정	판서	계(중복제외)
진주강씨	2	1	1	3	파평윤	9	4	4	12
능성구	3	1	1	3	경주이	3		1	3
안동권	10	1	4	11	광주이	4	2	6	6
광산김	3	1	4	5	양성이	1		2	2
안동김	2	1	2	3	연안이	5		2	5
청풍김	2			2	전의이	4		1	4
교하노	1	1	2	2	전주이	8	1		8
밀양박	2		1	2	한산이	3		4	6
순천박	1		2	2	동래정	3	1	1	4
죽산박	2	1	1	2	하동정	3	1	1	3
창녕성	2	1	5	6	창녕조	2	1	1	2
고령신	3	1	2	4	청주한	16	3	6	16
청송심	1	1	2	2	양천허	2	1	1	2
함종어	2		3	3	남양홍	4	2	2	4
문화유	5		2	6	계	110/160	26/34	64/100	135
영광유	2			2					

이 표를 볼 때 공신은 진주강씨 등 30거족이 160명 중 110명 69%, 의정은 진주강씨 등 19거족이 34명 중 26명 76%, 판서는 진주강씨 등 29거족이 100명 중 64명 64%를 각각 차지하였다.

2) 鉅族家門 官人과 承旨·大司憲·大司諫·文科及第者

15세기 후반에 10명 이상의 공신·의정·판서를 배출한 유력가문이 배출한 승지, 대사간, 대사헌, 문과급제자를 보면 다음의 표와 같다.

---

3) 이태진, 앞 논문에 제시된 거족성관을 토대로 하되 공신·의정 각2명 이상, 공신·의정 각1, 공신·판서 2 이상, 의정·판서 2 이상, 판서 3명 이상, 관인 20명 이상 배출가문을 포함히고, 위의 여건을 갖추었지만 중심인물이 피화된 가문은 생략하였다. 생략된 가문은 다음과 같다.
　　신천강(공2, 의1)
　　연산김(공2-1환관)

<표 12-2> 15세기 후반 유력가문 승지·대사헌·대사간·문과급제자 수
(대사헌·대사간은 성종 1~25년)[4]

	승지	대사헌	대사간	문과급제자	계(중복제외)
진주강씨	5	0	0	21	22
능성구	1				1
평해구				4	4
안동권	9	2		31	35
강릉김				13	13
경주김	3	2	2	18	18
광산김	3	1		12	12
김해김				12	12
선산김				7	7
안동김	5			5	5
연안김	2	2		13	13
의성김				7	7
청풍김				4	4
의령남	1			6	7
교하노	3	1		2	3
여흥민				12	12
밀양박	3	1		15	15
순천박	2			1	2
음성박				4	4
죽산박	1			2	2
함양박				5	5
이천서				4	4
창녕성	6		4	20	20
밀양손				6	6
여산송				7	7
고령신	5		1	9	10
청송심	1				1
순흥안	2		1	8	8
함종어				2	2
원주원				5	5
문화유	2			15	15
진주유				8	8
파평윤	8	1		7	8

---

4) 졸저, 2008, 『조선초기 관직과 정치』, 계명대학교출판부, 582~605쪽 〈별표 2~4〉 ; 졸고, 2002, 「조선 성종대 삼사관원의 성분·관력과 관직적 지위」, 『조선의 정치와 사회, 집문당』, 112~119 〈별표 1, 2〉 ; 『국조문과방목』 단종 1~성종 25년조에서 종합.

	승지	대사헌	대사간	문과급제	계
경주이	3	1	1	13	18
고성이	2	1		8	9
광주이	9	1	2	19	20
성주이	2		1	8	10
연안이				11	11
용인이				7	7
전의이	2	2		17	18
전주이	2	1		3	3
한산이	3			9	9
경주정				4	4
동래정	1	1	1	12	12
영일정				9	9
창녕조				9	9
배천조				4	4
한양조				4	4
강릉최				5	5
경주최				4	4
전주최				10	10
해주최				5	5
화순최				7	7
청주한	11	1	1	4	13
양천허				5	5
남양홍	2		1	12	13
계(/총수)	98/148	18/32	15/25	474/905	506/905

위의 표를 볼 때 승지는 진주강씨 등 28거족이 148명 중 98명 67%, 대사헌은 안동권씨 등 14거족이 32명 중 18명 56%, 대사간은 경주김씨 등 10거족이 25명 중 15명 60%를 각각 차지하였다. 문과급제자는 진주강씨 등 54거족이 905명 중 474명 52%를 차지하였다.

이를 볼 때 진주강씨 등 90여 유력가문은 단종~성종대의 정치를 주도한 공신·의정·판서의 64~76%를 점하였고, 정치관로 진출의 토대가 된 문과급제자는 물론, 대사헌을 포함하여 종2품 이상에 진출하는 토대가 된 승지·대사간의 56~67%를 점하였다. 즉 소수 거족이 문과급제자는 물론 낭상관 추요직과 공신의 60~70%를 점하였다고 하겠다.

2. 兩班·鉅族家門 官人과 政治運營

1) 太祖~文宗代

태조~문종대에 2인 이상의 공신, 의정, 판서, 승지를 배출한 가문에는 다음의 표와 같이 안동권씨 등 30여 가문이 있었다. 이들 가문이 배출한 공신 등의 수를 보면 공신은 안동권씨 등 32유력가문이 159명 중 38명 24%, 의정은 안동권씨 등 18유력가문이 33명 중 18명 55%, 판서는 경주김씨 등 27유력가문이 127명 중 63명 50%, 승지는 안동권씨 등 28유력가문이 126명 중 64명 51%를 각각 점하였다. 이를 볼 때 32유력가문이 의정, 판서, 승지는 50~55%를 점하였지만 공신은 겨우 20%를 넘기고 있다. 또 15세기 후반기(단종 1~성종 25)에 소위 '거족'이라고 적기된 80여 성관이 공신 등을 적게는 수명에서 많게는 40여 명을 점하는 등 편중도가 높았음과는 달리 5명 이상을 배출한 성씨는 안동권씨, 여흥민씨, 창녕성씨, 문화유씨, 전주이씨, 한양조씨의 5성씨에 불과하고, 그 외의 성씨는 대부분이 2~3명에 불과하다.

이상에서 조선초기에는 유력가문과 거족이 정치를 주도하기는 하나 15세기 전반기(태조 1~문종 2)의 유력가문은 15세기 후반기(단종 1~성종 25)의 거족에 비해서는 영향력에 큰 차이가 있다고 하겠다.

〈표 12-3〉 태조~문종대 유력성관 공신, 의정, 판서, 승지수
(/총수, 판서·승지는 태종 5년 이후)[5]

	공신	의정(정승)	판서	승지	계(중복제외)	비고
안동권	1	1	5	5	10	
경주김	1		2	1	3	
순천김		1	2	1	2	
안동김	1	1		2	3	
연안김			3	1	3	
의령남	2	2	2	1	3	

---

5) 정두희, 앞 책 ; 졸저, 위 책, 582~605쪽 〈별표 2~4〉에서 종합.

성관						비고
여흥민	3	1	3	2	6	
순천박	1			3	3	
창녕성	1	1	4	3	8	
평산신		1	2		2	
영산신	1		1	1	2	
청송심	1	1	1	1	2	
순흥안	1		2	3	4	
문화유	1	3	4	3	7	
파평윤	1		4	5	7	
경주이	2		1	2	3	
고성이	1	1			2	
성주이	2	1	2	3	7	
전주이*	5	1	2	1	6	비태조계 포함
청주이	2	1			2	
한산이			3	4	7	
동래정			3	4	6	
영일정			2	1	2	
白川趙	2			3	5	
양주조			3	3	4	
평양조	3	1	2		3	
한양조	4	2	2	1	6	
전주최			2	2	2	
진주하	1	2	1	1	2	
청주한	2	1	2	3	6	
남양홍	1		1	1	2	
장수황		1	2	3	3	
계	38/159	23/33	63/127	64/126	133/300여	

한편 이 시기에는 1398년(태조 7) 무인정변을 통한 정도전·남은 등의 피살,[6] 1400년(정종 2) 방간의 난과 관련된 박포 등의 제거, 태종의 왕권안정

---

6) 그 외의 주요인물의 성명, 본관, 관직은 다음과 같다.(『태조실록』 권14, 7년 8월 기사조 등에서 종합).

李濟 : 성주, 태조부마, 개국공신흥안군피화.

沈孝生 : 청송, 세자방석장인, 개국공신부유군피화.

張至和 : 흥성, 개국공신흥성군피화.

柳曼殊 : 문화, 역문하시랑찬성사피화.

姜繼權 : 곡산, 상산부원군유.

吳蒙乙 : 보성, 개국공신보성군피화.

鄭臣義 : 불, 지중추원사유.

을 위한 세력집단의 대두 경계와 관련된 이거이, 민무구, 이숙번 등 다수 공신인 재상이 축출되었다.[7] 이에 따라 안동권씨 등 30여 가문은 다수의 공신·의정·판서 등을 배출하면서 번창하였지만 15세기 후반기와 같이 '거족' 가문으로 성장하지 못하였다. 그렇기는 하나 안동권씨 등 30여 가문이 15세기 후반에는 대부분 거족가문으로 적기되었음에서[8] 이 시기의 가문번 창이 거족가문으로 성장하는 한 토대가 되었다고 하겠다.

그런데 태조~태종대에는 공신이 문하부 정승, 삼군부 판사, 육조 판서 등의 대부분을 차지하면서 정치를 주도하였고,[9] 세종~문종대에는 태종대 이후에 문과로 출사한 관료들이 정치를 주도하였다.[10] 또 역대로 국왕의 신임과 자질을 토대로 강력한 정치력을 발휘한 태조대의 조준(평양)·정도전 (봉화)·남은(의령), 태종대의 하륜(진양)·조영무(한양)·조말생(양주), 세종 대의 황희(장수), 문종대의 김종서(순천) 등도 정도전 이외의 모두는 유력가

---

7) 그 외의 주요인물의 성명, 본관, 관직은 다음과 같다.
   李佇 : 청주, 태조부마, 정사·좌명공신상당군도총제유.
   李茂 : 단양, 정사·좌명공신우정승피화.
   閔無咎 : 여흥, 정사·좌명공신여강군피화.
   閔無恤 : 여흥, 지돈령피화.
   閔無悔 : 여흥, 예문관제학피화.
   尹穆 : 파평, 좌명공신원평군피화.
   趙希閔 : 풍양, 좌명공신한성부윤피화.
   柳沂 : 서산, 좌명공신서령군피화.
8) 〈표 12-3〉에 적기된 32성씨 중 순천김·청주이·양주조의 3성씨를 제외한 29성씨가 거족으로 적기되었다(거족성씨는 앞 81~82쪽 〈표 4-11〉 참조).
9) 앞 269~271쪽.
10) 세종 1~문종 2년 의정, 판서, 승지역임자의 출사로는 다음의 표와 같다(졸저, 앞 책, 582~605쪽 〈별표 3~5〉에서 종합).

	범문과			무과	음서	음·무	기타	계
	문과	음서후문과	계					
의정	12	4	16		3	1		20
판서	38	7	45	2	17	1	7	72
승지	45	9	54		14		8	76
계	95	20	115	2	34	2	15	168

문 출신이었다(성관).[11]

이를 볼 때 태조~태종대와 세종~문종대에는 유력성관출신이 중심이 된 공신과 관료집단이 정치를 주도하였다고 하겠다.

2) 端宗~成宗代

단종~성종대에는 빈번한 정변, 왕권안정을 위한 5차의 공신책록으로 등장한 238여 명의 공신이 성종말까지 재직(생존)하면서 의정부, 육조, 관찰사, 내외2품 이상 당상 군직 등을 역임하면서 국정운영을 주도하였다.[12]

이러한 공신은 그가 속한 가문을 거족가문으로 융성시키는 토대가 되었다.[13] 한편 세조대 이후에 정착된 80여 거족가문을 비롯한 90여 유력가문이 공신, 의정, 판서, 승지, 대사헌, 대사간 등 추요직 수~40여 직을 역임하였다. 또 세조대~성종대에 국왕의 신임과 자질을 토대로 정치에 큰 영향력을 발휘한 한명회, 권람, 조석문 등 30여 명에 달하는 의정, 판서, 승지 등의 대부분이 거족가문 출신이었다.[14]

이를 볼 때 단종~성종대에는 거족성관이 중심이 된 90여 유력가문 출신의 공신·의정·판서 등이 정치를 주도하였다고 하겠다.

---

11) 유력성관은 앞 〈표 12-1·2〉 참조.

12) 앞 〈표 11-8〉 참조.

13) 앞 〈표 12-1〉 참조.

14) 이들의 성관, 역관은 다음과 같다(졸저, 앞 책(2008), 168~170, 197~203, 266~271, 582~605쪽 〈별표 3~5〉에서 종합).

	거족	그 외	세
의정	신숙주, 권람, 한명회, 김국광, 조석문		5
판서	신, 한, 조, 윤필상, 한계미, 김, 한계희, 노사신, 강희맹, 이승소, 김종직, 권감, 이극증	현석규	14
승지	한, 조, 김, 노, 윤, 권, 한건	현석규	8
계	16(중복 9)	1(1)	17(10)

결어 | 朝鮮初期 官人의 特徵

　지금까지 4부 12장에 걸쳐 관직에 종사하거나 관직을 역임하였던 관인을 대상으로 성씨와 성관·출사로·본인과 부조의 관력 등 성분, 관계와 관직의 획득·관계의 승자와 관직의 체직·파직과 복직·관계와 관직의 회수와 환급 등 이력, 경제기반과 혼인, 정치운영에 끼친 영향 등을 고찰하였다. 이를 요약하고 정리하면서 조선초기 관인의 특징을 제시하면 다음과 같다.

　(1) 관인은 현재 경외의 각급 관아에 재직하고 있는 현직자이거나 과거에 관직에 재직하다가 퇴직하거나 공·사죄로 파직된 전직자이다.

　(2) 조선초기 관찬자료인『조선왕조실록』,『8도군현읍지』,『국조문과방목』등에서 확인된 관인은 김씨 등 110성씨 13,000여 명인데 성관자가 진주강씨 등 511본관 4,800여 명이고, 본관불명자가 강씨 등 254성 8,200여 명이며, 관인추측자가 강씨 등 110성 2,200여 명으로 확인자와 추측자를 합해서는 총 260성씨 511본관 15,200여 명이다.

　(3) 관인은 재직기간, 근무지, 출신, 職品, 受祿 등과 관련되어 현직관과 전함관, 경관과 외관, 문관·무관·잡직관·토관, 당상·당하·참상·참하관과 산관, 녹관과 무록관으로 구분된다.

　(4) 조선초기에 관인을 배출한 가문은 다수의 공신·의정·판서를 배출한 유력가문이 15세기 전반기(태조~문종대)에는 안동권씨 등 30여 성관이고, 15세기 후반기(단종~성종대)에는 거족과 유력가문이 진주강씨 등 80여 성관

이다.

(5) 조선초기 관인확인자의 출사로는 문과가 1,560명이고, 무과가 303명이고, 음서가 914명이며, 음서후 문과자가 157명이고, 음서후 무과자가 23명이고, 천거가 131명이며 잡과와 기타·불명자가 1,295명이다.

(6) 조선초기 관인확인자의 최고 관직은 정1~정3품 당상관이 2,356명이고, 정3~종6품관이 7,657명이고, 정7~종9품관이 1,837명이며, 미사·불명자가 662명이다. 부조의 최고 관직은 정1~정3품 당상관이 2,512명이고, 정3~종6품관이 931명이고, 정7~종9품관이 47명이며, 미사·불명자가 9,035명이다.

(7) 조선초기 관인의 관계획득은 문산계는 문과·음서·친공신과 원종공신책록·대가, 무산계는 무과·음서·위속근무·군공·대가, 종친계와 의빈계는 성년과 혼인, 잡직계는 잡과·대가, 토관계는 읍사근무·군공 등에 각각 의하였다.

(8) 조선초기 관인의 관직획득은 문관직은 문과급제·음서·공신책록·은사, 무관직은 무과·음서·공신책록·군공·은사, 종친직과 의빈직은 성년과 혼인, 잡직은 잡과, 토관은 읍사근무·군공 등에 각각 의하였다.

(9) 조선초기 관계의 승자는 散官(官階者)은 문·무과와 중시, 친공신·원종공신책록, 군공, 근무일, 대가, 관인은 문·무과와 중시, 근무성적, 공신·원종공신책록, 근무일, 대가, 은사 등에 각각 의하였다.

(10) 가자는 태조~문종대까지는 고과 등에 의한 가자가 중심이 되면서 대개 준직제수가 행해지고, 관인의 염근을 장려하였다. 그러나 세조~성종대에는 관인과 그 자손 수백~수천명을 대상으로 한 가자가 남발되어 관인의 고계화가 일반화됨은 물론 행직제수가 만연하고 인사적체가 심화되며 관인의 자질이 저하되었다.

(11) 조선초기 관직의 체직은 승천은 문·무과와 중시, 고과성적, 공신책록, 군공, 근무일, 은사에 의하였고, 평천은 고과성적 등에 의하였으며, 좌천은 경죄, 고과성적, 탄핵 등에 의하였다.

(12) 조선초기 관인의 파직은 공죄와 사죄·고과성적·탄핵, 복직은 파직기 간·은사 등, 관계·관직의 몰수는 공사죄·연좌, 환급은 은사 등에 각각 의하였다.

(13) 조선초기 관인의 관력은 문과급제자는 대개 삼관권지·육조속아문직 을 거쳐 참상관에 승진하였고, 육조속아문·육조·대간·외관직을 역임하고 정3품 당상관에 승진하였으며, 이후 승정원·육조·외관·중추부·충훈부·의 정부직을 역임하면서 종2~정1품관까지 승진하였다.

조선초기 무과급제자는 대개 훈련원권지·5위직을 역임하고 참상관에 승진하였고, 5위, 육조속아문, 외관직을 역임하고 정3품 당상관에 승진하였 으며, 5위행직·외관·도총제부·중추부·육조·충훈부직을 역임하면서 종2~ 정1품관에 승진하였다.

조선초기 음서자는 대개 권무·육조속아문·5위직을 역임하고 참상관에 승진하였고, 그 후 문, 무과자와 같은 관직을 역임하면서 정3품 당상관에 승진하고 종2~정1품관에 승진하였다. 음서후 문과·무과급제자는 음서자와 같은 관직을 역임하면서 정3품 당상관에 승진하고 다시 종2~정1품관에 승진하였다.

(14) 조선초기 잡과급제자는 그 출신에 따라 3의사·관상감 권무·참하직을 역임하고 참상관에 승진하였고, 3의사·관상감직과 5위직을 역임하면서 정3 품관까지 승진하였으며, 의술이 탁월한 극소수가 어의를 거쳐 정3품 당상~정 2품관에 승진하였다.

조선초기 천거자는 대개 육조속아문 참봉직에 제수되어 외관, 육조속아문 직을 역임하고 정3품관에까지 승진하였다.

조선초기 여진·왜 귀화인은 대개 입조시 그 족세에 따라 5위 정4품 호군이 하에 제수되어 본거지로 귀환하였고, 20여 년을 전후하여 중추부 정3당상~종 2품관에 승진되었다.

조선초기 종친과 의빈은 부와 배우자의 가계에 따라 각각 부인의 신분 출신과 각각 관련되어 정6~정2품관과 3품~종1품관에 제수되었고, 특지에 따라 정3품당상~정1품관에 승진되었다.

(15) 조선초기 공신과 문무관·종친 실직 정2품 이상 관인은 사후에 시호를 받았고, 3대(증조·조·부)가 증직되었으며, 1~2품관으로서 공로가 현저한 관인은 사후 종묘에 배향되었다.

(16) 조선초기 관인의 경제기반은 대개 조상과 혼인으로 전래되거나 습득된 私田, 職田(공신은 공신전 추가)·녹봉과 노비였고, 공신인 관인은 공신전·노비였다.

(17) 조선초기 관인은 대개 19세를 전후하여 혼인하였고, 혼인과 함께 부인가에 거주하며 생활하면서 과업을 준비하기에 통혼가문의 선정에 유념하였다. 유력한 양반가문과 한미한 양반가문 모두 그 대부분이 가격이 비슷하고 관직이 대등한 부조의 여·손녀와 성혼하였다.

(18) 조선초기의 정치운영은 왕권, 국왕의 통치스타일, 국정운영체계에 따라 신축은 있지만 의정이 중심이 된 판서·승지·대간 등이 국정운영을 주도하였다.

(19) 조선초기에는 태조 1년에 개국공신을 책봉한 이래 성종 2년까지 8차에 걸쳐 365명의 공신을 책록하였다. 이들 공신은 그 수와 책록시의 관직, 정치·경제적 우대를 토대로 태조~태종대와 단종~성종대에는 국정운영의 중추인 의정·판서·관찰사·경외 당상군직의 대부분을 차지하면서 국정운영을 주도하였다.

(20) 조선 개국이래 다수의 공신과 추요직을 점유하면서 번창한 양반가문은 여타의 양반가문과 구별되면서 유력가문으로 정착되었다. 태조~문종대에는 다수의 공신·추요직을 점유한 양반가가 몇 가문에 불과하고 그 위에 태종의 권력가와 권력가문의 견제가 심하였기에 유력가문이기는 하나 '거족'으로 정착되지 못하였다. 단종~성종대에는 20여 년간 5차에 걸쳐 책록된 300여 명의 공신이 의정·판서·관찰사·경외 당상군직의 대부분을 차지하였고, 수십 가문에 다수의 공신·의정·판서가 집중되었다. 이리하여 다수의

공신·의정·판서를 배출한 양반가문은 여타의 양반가문과 구별되면서 '거족'으로 정착되었다.

(21) 조선초기의 정치는 태조대에는 개국공신이 주도하였고, 태종대에는 정사·좌명공신인 의정·판서·장군총제가 주도하였으며, 세종~단종대에는 문무과·음서출신의 관료가 주도하였다.

세조~성종대의 정치는 역년의 경과에 따라 점진적으로 약화되기는 하나 세조 1~12년에는 거족성관출신인 정난·좌익공신이 주도하였고, 세조 13~14년에는 적개공신이 주도하였으며, 예종~성종 25년에는 거족가문출신인 정난·좌익·좌리공신이 주도하였다.

이상에서 조선초기 정치를 주도한 관인은 왕권·국왕의 정치스타일·국정운영체제, 공신책록, 공신의 추요직 포진, 거족가문의 정착 등과 관련되어 15세기 전반(태조 1~단종 3)에는 공신이나 과거출신이었다. 15세기 후반(세조 1~성종 25)에는 거족출신인 공신이었다. 요컨대 조선초기의 정치는 공신관인, 특히 15세기 후반에는 공신이 추요직의 대부분을 점유하고 그 공신의 대부분이 거족출신이었으니 가히 '공신국가'이고 '거족국가'라고 하겠다.

태조 1년~성종 25년에 등장한 유력, 거족가문 중 2명 이상의 공신·의정·판서·정1~종2품관(관계)을 배출한 거족가문과 그 수 및 인물을 관직별과 시기별로 정리하여 표로 제시하면 다음과 같다.

〈표 13-1〉 15세기 전반(태조 1~문종 2) 유력가문 공신, 의정, 판서 성명, 정1~정3품 당상관 수[1]

	공신				관직			
	개국	정사	좌명	계*	의정	판서	정1~정3품상	계*
晉州姜							7	7
제주고							8	8
청주곽							5	5

---

1) 졸저, 2020, 『조선초기 관인 이력』, 도서출판혜안에서 종합.

綾城具							4	4
安東權					진	충,진,홍,제,전	33	33
慶州金	곤	곤		1		맹성,세민	5	5
광산김							8	8
순천김					종서	승주,종서	4	4
安東金	사형	사형		1	사형		10	10
延安金						여지,저지,효성	9	9
宜寧南	은, 재			2	재,지	재,지	6	6
交河盧					한		3	3
남평문							7	7
驪興閔	여익	무구, 무질	무구, 무질	3		여익,의생,신	18	18
羅州朴		은		1	은	은	3	3
密陽朴							6	6
順天朴			석명	1			6	6
竹山朴							7	7
함양박							6	6
昌寧成			석린	1	석린	석인,발도,달생,抑	18	18
平山申					개	호,개	5	5
靈山辛		극례	극례	1		인손	6	6
青松沈		종		1	온	온	8	8
順興安	경공			1		순,숭선	17	17
丹陽禹							5	5
文化柳			亮	1	량,정현,관	량,관,정현,계문	12	12
진주유							6	6
坡平尹	虎			1		향,곤,번,형	15	15
慶州李			래, 승상	2		승상	11	11
固城李	勳			1	원		5	5
星州李	제, 직		직	2	직	직,건기	12	12
陽城李							6	6
全州李	화, 백 유,숙	화,양우,천우	화,천우,숙	5	화	천우,사철	23	23
청주이		저,거이	저,거이	2	거이		7	7
韓山李						맹균,숙무,숙치	8	8
東萊鄭						구,흠,갑손	5	5
봉화정	도전			1			4	4
迎日鄭						진,연	6	6
청주정	총,탁	탁		2	탁		3	3
白川趙	반,기			2			7	7
양주조						말생, 계생,극관	5	5
平壤趙	준,박,견	준,박	박	3	준	박,견	5	5
漢陽趙	인옥,온,영무	영무,온	영무,온	3	영무,연	온,연	18	18
全州崔						사강,부	8	8
晉陽河		륜	륜	1	륜,연	연	6	6
清州韓	상경		규	2	상경	상경,확	13	13
하양허						조, 성, 후	8	8

南陽洪	길민			1		여방	10	10
長水黃					희	희,치신	3	3
계	25/	18/	19/	42/	26/	67/	420	420

〈표 13-2〉 15세기 후반(단종 1~성종 25) 유력양반가문 공신·의정·판서 성명과
정1~정3품 당상관(중복제외)·문과급제자 수 [2]

	공신(1-정난, 2-좌익, 3-적개, 4-익대, 5-좌리)				의정(1-우,2-좌,3-영)			
	단종1~세조14	예종1~성종10	성종11~25	계(*중복제외)	단종1~세조14	예종1~성종10	성종11~25	계(*중복제외)
晉州姜氏	孟卿2	希孟4·5	희맹	2	맹경1~3			1
綾城具	치관2, 겸3	5치관·문신		3	치관1~3			1
安東權	覽1·2, 준·언·경1, 반·공·개·	감4·5, 찬4		6	남1·2			1
光山金	국광·면3	국광·겸광5		3		국광1·2		1
慶州金								
尙州金								
安東金	질2	질·수령5		2	질1·2	질1·2		1
延安金								
청풍김	순명3	길통5		2				
宜寧南								
交河盧		사신5		1			사신1·2	1
驪興閔	發3			1				
羅州朴	薑2			1				
密陽朴	仲孫1	5居謙		2				
順天朴	仲善3	4·5중선		1				
竹山朴	元亨2	4원형·之蕃		2	원형3			1
昌寧成	奉祖3			1		봉조2		1
礪山宋	문림5			2				
高靈申	叔舟1·2	숙주4·5, 靜·浚5		3	숙주1~3	숙주3		1
靈山辛								
居昌愼		承善4·5		2			승선1	1
靑松沈		澮4·5		2	회2·3	회3		1
順興安								
충주어								
咸從魚	세공3	세겸4		2				
丹陽禹	貢3	공5		1				
文化柳	洙·河·淑·泗·子滉1	수·輊5		6				
靈光柳	자환1	자광4		2				
茂松尹	자운2			1		자운1~3		1
坡平尹	士昕1, 師路·炯·巖·士	繼謙4·5,子雲·사		8	사분1	사분·사	필상2·3,	4

2) 졸저, 위 책과 앞 〈표 12-1, 2〉에서 종합.

성								
	畇2, 弼商3	흔·필상5					흔1,필상1·2	호1
慶州李	興商1, 陽生3	鐵堅5		3	인손1		극배1·3	2
固城李								
廣州李	극배·극감2	극증4·5, 극배·극돈5		4				
星州李								
陽城李		承召5		1				
延安李	효성1, 숙기3	숭원·석형·숙기5		4				
全義李	예장1, 덕량·서장3	수남5		4				
全州李	사철1·2, 예장·휘3	현5		5	사철1·2			1
韓山李	계전1·2, 계린1	훈·영은5		4				
豊川任		원준5		1				
東萊鄭	창손2, 종3	사손4, 창손·난종5		3	창손1·3			1
迎日鄭								
河東鄭	인지1·2, 수충2·3	인지4		2				
昌寧曹	석문2·3, 효문2	석문4·5		2	석문2·3	석문2		1
白川趙								
平壤趙								
漢陽趙								
江陵崔								
全州崔								
和順崔								
晉陽河								
清州韓	확·명회1·2, 명진·서구1, 종손2, 계미2·3	명회·계순·백륜·계희4·5, 계미·치형·치인·치의·보·치례·의5		17	확1·2, 명회1~3	명회2·3, 백륜1		3
陽川許	종·유례3	종5		1	종1		종1	1
南陽洪	달손1·2, 순로·순손1	應4·5		4	달손2	웅1	웅1·2	2
長水黃	守身2			1	수신1~3			1
계	71/	59/			16/	11/	4/	

성	판서(1-이판,2-병판,3-그외)				정1~정3상 (11-정1,12-종1,21-정2,22-종2, 3-3상, 의정·판서 제외)	합계	문과급제자
	단종1~세조14	예종1~성종10	성종11~25	계*			
晉州姜氏	희맹3	희맹1·2			8(11-1,21-2,22-1,3-4)	10	21
綾城具	치관1				8(21-3,22-1,3-4)	9	
安東權	제3,남1	감2	감2,찬3		35(11-1,12-2,21-4,22-15,3-12)	38	31
江陵金					5(22-1,3-4)	5	
慶州金					12(12-1,21-3,22-3,3-5)	12	18
光山金	겸광·예몽3	국광2·3,겸광·예몽3	여석3		8(21-1,22-2,3-4)	11	12
金海金	조(3)				4(22-4)	5	
安東金	질2·3		磎3		8(22-7,3-1)	10	5
延安金	하3				11(11-1,21-1,22-5,3-4)	12	13
宜寧南	이2·3				5(11-1,12-1,22-1,3-2)	7	13

交河盧	사신3	사신3	공필3	1(3-1)	3	2
驪興閔	신1·3			11(12-1,22-9,3-1)	12	12
羅州朴			숭질3			4
密陽朴	중손1·3			9(21-2,22-2,3-5)	10	17
順天朴	중림3,중선2	중선1·2		5(21-1,22-1,3-3)	7	
昌寧成	봉조·임1·3	임1·3	준1~3,건1·3,현3	11(21-1,22-4,3-5)	15	20
礪山宋				7(12-1,22-4,3-2)	7	7
高靈申	숙주2		준1·3	7(12-1,22-4,3-2)	9	9
靈山辛	석견(1)			5(21-2,22-2,3-1)	6	
居昌愼			승선1·3	4(22-1,3-3)	5	
靑松沈	회·결3			9(11-1,21-1,22-3,3-4)	11	
順興安				10(22-6,3-4)	10	8
충주어	유소3	유소3,세공1	유소1,세공1·3			
咸從魚	효첨1		세겸1·3			
丹陽禹						
文化柳		輕3	지2·3,순3	13(12-1,21-5,22-3,3-5)	14	15
茂松尹	자운2					
坡平尹	사균·사흔3	계겸3,흠3	계겸3	15(11-1,21-2,22-9,3-3)	21	7
慶州李		철견3	철견3	13(22-8,3-5)	14	13
固城李						8
廣州李	인손·극감3,극배1~3	극증1~3	극증·극돈2·3, 극균1~3	8(21-2,22-2,3-4)	13	19
星州李				15(12-1,21-3,22-6,3-5)	15	8
陽城李		승소·예3	승소1·3,예3	5(12-1,21-2,22-1,3-2)	7	1
여주이		계손2·3	예손2			
延安李		숭원3	숭원1~3,숙기3	4(11-1,22-1,3-2)	6	11
全義李			덕량3	17(12-1,22-5,3-11)	18	17
全州李				9(22-4,3-5)	10	3
韓山李	계린3,계전2		파·봉3	6(12-1,22-1,3-4)	10	9
豊川任	원준3	원준1·3		6(11-1,12-1,22-1,3-3)	7	3
東萊鄭			괄·난종1·3	6(21-1,22-3,3-2)	9	12
奉化鄭		문형1	문형1·3			
迎日鄭				9(12-1,21-1,22-1,3-6)	9	9
河東鄭			숭조3	2(12-1,22-1)	4	
昌寧曺	석문3			5(22-2,3-3)	6	9
白川趙						4
平壤趙				5(22-1,3-4)	5	2
漢陽趙				9(12-1,21-1,22-3,3-4)	9	4
江陵崔						5
全州崔						10
和順崔				5(22-1,3-4)	5	
晉陽河				6(22-3,3-3)	7	3

清州韓	명회1·2,계미·계희1	계순1·3,치형·치례3	치형·치례2·3	18(12-1,21-3,22-10,3-3)	25	4
陽川許		종1·3	종1·3	3(21-1,22-2)	4	5
南陽洪	달손2,응3	응1·3		19(12-4,21-1,22-5,3-9)	21	12
長水黃				4(12-1,22-1,3-2)	5	2
계	38/	26/	36/		458	387

부록

〈별표 1〉 조선초기 문산·무산계와 관아·관직[1]

	문산계	무산계	의정부	중추부	육조	한성부	승정원
정1품	大匡輔國崇祿大夫 輔國崇祿大夫	좌동	領, 左, 右議政	領事			
종1	崇祿大夫 崇政大夫	좌동	左, 右贊成	判事			
정2	正憲大夫 資憲大夫	좌동	左, 右參贊	知事	判書	判尹	
종2	嘉靖大夫 嘉善大夫	좌동		同知事	參判	좌, 우윤	
정3상	通政大夫	折衝將軍		僉知事	參議, 參知(병조)		都,左,右,左副, 右副,同副承旨
정3	通訓大夫	禦侮將軍					
종3	中直大夫 中訓大夫	建功將軍 保功將軍					
정4	奉正大夫 奉列大夫	振威將軍 昭威將軍	舍人				
종4	朝散大夫 朝奉大夫	定略將軍 宣略將軍		經歷		庶尹	
정5	通德郎 通善郎	果毅校尉 忠毅校尉	檢詳		正郎		
종5	奉直郎 奉訓郎	顯信校尉 彰信校尉		都事		判官	
정6	承議郎 承訓郎	敦勇校尉 進勇校尉			佐郎		
종6	宣敎郎 宣務郎	勵節校尉 秉節校尉			敎授, 別提		
정7	務功郎	迪順副尉				參軍	注書
종7	啓功郎	奮順副尉					
정8	通仕郎	承義副尉	司祿				
종8	承仕郎	修義副尉					
정9	從仕郎	效力副尉					
종9	將仕郎	展力副尉					

	사헌부	사간원	홍문관	성균관	시·감·원	사·창·고·서	오위
정1품					都提調(겸)		
종1					提調(~종2, 겸)		
정2			大提學(겸)				
종2	大司憲		提學(겸)				將
정3상		大司諫	副提學	大司成	判決事, 都正, 副提調(겸)		
정3			直提學		正, 判校, 通禮		上護軍
종3	執義	司諫	典翰	司成	副正, 參校, 相禮, 輔德		大護軍

---

1) 『경국대전』권1 이전·권4 병전 경관·외관직.

품계							
정4	掌令		應敎	司藝	奉禮, 弼善	守, 提檢	護軍
종4			副應敎		僉正, 校勘		副護軍
정5	持平	獻納	校理	直講	司議, 贊儀, 文學		司直
종5			副校理		校理, 判官, 別坐	令, 典需, 別坐	副司直
정6	監察	正言	修撰	典籍	司評, 校檢, 司書	掌苑, 司圃, 司畜, 司紙,	司果
종6			副修撰		主簿, 引儀, 別提, 敎授	주부, 副典需, 별제	部將, 副司果
정7			博士	박사	박사, 說書		司正
종7					直長	직장, 典會	副司正
정8			著作	學正	저작		司猛
종8					奉事	봉사, 典穀, 別檢	副司猛
정9			正字	學錄	정자, 副奉事, 訓導	부봉사	司勇
종9				學諭	副正字, 參奉	참봉, 典貨	副司勇

품계	도		군현	제진	내시부(국초)	액정서
정1품						
종1						
정2						
종2	觀察使, 兵馬節度使		府尹		尚膳(判事)	
정3상	水軍節度使				(同判事)	
정3			大都護府使, 牧使		尚醞, 尚茶(知事)	
종3	兵馬虞候		都護府使	水軍僉節制使	尚藥(僉知事)	
정4	水軍虞候				尚傳(동첨사)	
종4			郡守	兵馬萬戶, 水軍萬戶	尚冊	
정5					尚弧	
종5	都事		縣令, 判官		尚帑	
정6					尚洗	司謁, 司鑰
종6	察訪		縣監, 敎授	監牧(수령겸)	尚燭	부사약
정7					尚煊	司案
종7					尚設	부사안
정8					尚除	司鋪
종8					尚門	부사포
정9					尚更	司掃
종9	訓導, 審藥, 檢律, 驛丞		訓導		尚苑	부사소

성관		확인자	추측자	합계	비고	성관		확인자	추측자	합계	비고
葛		1		1			原州元	25		25	1
甘	檜山甘	1		1		元	본관불명	32	11	43	
	본관불명	3		3			계	57	11	68	
	계	4		4		袁		1	1	2	
姜	衿川姜	5		5		原		1		1	
	同福姜	1		1		魏		10		10	
	龍仁姜	1		1			江陵柳	1		1	
	晉州(晉陽)姜	69		69	1,2		高興柳	5		5	
	본관불명	138	53	191			文化柳	76	1	77	1,2
	계	204	53	267			白川柳	2		2	
康	谷山康	1		1			瑞山柳	13		13	1,2*
	信川康	15	1	16	1,2*		星州柳	1		1	
	載寧康	2		2			楊口柳	1		1	
	본관불명	40	10	50	柳	延安柳	1		1	
	계	58	11	69		靈光柳	4		4	2*
江		1		1			全州柳	12	1	13	
强		1		1			晉州柳	37		37	
巨		3		3			豊山柳	2		2	
介			1	1			興陽柳	4		4	
儉			1	1			본관불명	171	32	203	
甄		1	1	2			계	230	34	264	
堅		3		3			江陵劉	2		2	
慶	淸州慶	16		16	1*		金城劉	2		2	
	본관불명	7		7	劉	延安劉	1		1	
	계	23		23			본관불명	37	15	52	
庚		2		2			계	42	15	57	
景		1	1	2			高靈兪	1		1	
高	開城高	2		2	2*		杞溪兪	5		5	
	長興高	2		2			務安兪	1		1	
	濟州高	35		35	1,2	兪	仁同兪	2		2	
	橫城高	2		2			昌原兪	3		3	
	본관불명	51	33	84		본관불명	39	18	57	
	계	92	33	125		계	51	18	69	
古		1		1			茂松(평산)庾	4		4	
昆		1		1	庾	본관불명	5		5	
公	金浦公	1		1		계	9		9	
	본관불명	3	2	5		沃川陸	1		1	1*
	계	4	2	6	陸	본관불명	4		4	
孔	昌原孔	4		4		계	5		5	

2) 졸저, 2020, 『조선초기 관인 이력』에서 종합(〈별표 3, 4, 5〉 동).

	본관				
孔	본관불명	4	5	9	
孔	계	8	5	13	
果		1		1	
郭	善山郭	3		3	
郭	清州郭	13		13	
郭	玄風郭	13		13	
郭	본관불명	38	13	51	
郭	계	67	13	80	
管		1		1	
具	綾城具	28		28	1
具	본관불명	15		15	
具	계	43		43	
仇	昌原仇	1		1	
仇	본관불명	9		9	
仇	계	10		10	
丘	平海丘	7		7	
丘	본관불명	4		4	
丘	계	11		11	
	潭陽鞠	1		1	
權	安東權	204	2	206	1,2
權	醴泉權	4		4	
權	忠州權	1		1	
權	본관불명	103	19	122	
權	계	312	21	333	
琴	奉化琴	11		11	
琴	본관불명	1		1	
琴	계	12		12	
奇	幸州奇	4		4	1
奇	본관불명	9		9	
奇	계	13		13	
吉	海平吉	3		3	
吉	본관불명	3		3	
吉	계	6		6	
金	江陵金	23		23	2
金	江西金	1		1	
金	康津金	1		1	
金	江華金	1		1	
金	慶山金	2		2	
金	慶州金	42		42	1,2
金	高靈金	3		3	
金	固城金	1		1	
金	公州金	1		1	
金	光山金	56		56	1,2

	본관				
尹	南原尹	4		4	
尹	務安尹	1		1	
尹	茂長(무송)尹	14		14	2*
尹	楊州尹	2		2	
尹	驪州尹	1		1	
尹	永川尹	1		1	
尹	醴泉尹	2		2	
尹	載寧尹	3		3	
尹	漆原尹	6		6	1*
尹	坡平尹	83	1	84	1,2
尹	咸安尹	4		4	
尹	海平尹	14		14	
尹	본관불명	232	82	314	
尹	계	367	82	449	
殷	幸州殷	2		2	
殷	본관불명	4		4	
殷	계	6		6	
乙		2		2	
李	嘉山李	1		1	
李	加平李	4		4	
李	康津李	1		1	
李	江興李	1		1	
李	開城李	4		4	
李	京山李	2		2	
李	慶州李	65		65	1,2
李	高靈李	1		1	
李	古阜李	3		3	
李	固城李	25		25	2
李	公州李	7	1	8	
李	光陽李	1		1	
李	光山(光州)李	7		7	
李	廣州李	34		34	1,2
李	廣平李	1		1	
李	吉州李	3		3	
李	樂安李	1		1	
李	丹陽李	12		12	
李	潭陽李	2		2	
李	德山李	11		11	
李	德水李	10		10	1,2
李	德恩李	1		1	
李	道安李	1		1	
李	碧珍李	6		6	
李	鳳山李	5		5	

金	本貫	A	B	C	備考
	金寧金	1		1	
	金海金	25		25	1,2
	金化金	1		1	
	羅州金	2		2	
	樂安金	1		1	
	南原金	1		1	
	潭陽金	1		1	
	道康金	1		1	
	茂長金	1		1	
	密陽金	1		1	
	保寧金	1		1	
	福山金	1		1	
	扶安金	3		3	
	三陟金	2		2	
	尙山(尙州)金	27		27	1,2
	瑞興金	1		1	
	善山金	23		23	1,2
	水原金	2		2	
	順天金	9		9	
	安康金	1		1	
	安東金	54		54	1,2
	安山金	12		12	
	楊根金	1		1	
	彦陽金	19		19	
	燕岐金	1		1	
	延安金	48		48	2
	靈光金	7		7	
	永山(永同)金	6		6	
	英陽金	1		1	
	永興金	1		1	
	禮安金	5		5	
	龍宮金	1		1	
	牛峯金	1		1	
	蔚山金	2		2	
	原州金	8		8	
	陰城金	1		1	
	義城金	25		25	2
	義興金	1		1	
	一善(善山)金	11		11	
	臨津金	1		1	
	中和金	1		1	
	昌寧金	1		1	
	昌原金	1		1	

李	本貫	A	B	C	備考
	富平李	3		3	
	泗川李	1		1	
	商山李	2		2	
	瑞山李	1		1	
	星山李	5		5	
	星州李	45		45	1,2
	遂安李	1		1	
	水原李	3		3	
	淳昌李	2		2	
	順天李	4		4	
	新平李	2		2	
	牙山李	4		4	
	安東李	1		1	
	安城李	7		7	
	安岳李	3		3	
	梁山李	5		5	
	陽城李	20		20	1,2
	驪州李	12		12	
	延安李	28		28	1,2
	永陽李	2		2	
	永川李	18		18	2[*]
	寧海李	4		4	
	永興李	1		1	
	禮安李	5		5	
	醴泉李	1		1	
	雍津李	1		1	
	龍仁李	27	1	28	1,2
	羽溪李	2		2	
	牛峯李	5		5	
	蔚山李	1		1	
	原州李	2		2	
	益山李	2		2	
	仁川李	19		19	1[*]
	林川李	1		1	
	長城李	2		2	
	長水李	6		6	
	長興李	1		1	
	載寧李	5		5	
	全義李	72		72	1,2
	全州李	557		557	1,2
	眞城李	4		4	
	淸安李	2		2	
	淸州李	13		13	

姓	본관				비고
金	淸道金	5		5	
	淸州金	1		1	
	淸風金	15		15	
	平海金	1		1	
	豊山金	2		2	
	咸昌金	3		3	
	海平金	3		3	
	熙川金	3		3	
	본관불명	1,440	342	1,772	
	계	1,907	342	2,249	
羅	居平羅	1		1	
	羅州羅	3		3	1*
	壽城羅	1		1	
	安定羅	3		3	
	본관불명	27	9	36	
	계	35	9	44	
南	固城南	6		6	
	英陽南	1		1	
	宜寧南	37		37	1,2
	본관불명	44	4	48	
	계	88	4	92	
南宮	咸悅南宮	2		2	
	본관불명	1	3	4	
	계	3	3	6	
浪		16	1	17	
盧	谷山盧	1		1	
	光州盧	7		7	
	交河盧	16	1	17	1,2*
	萬頃盧	1		1	
	善山盧	1		1	
	安康盧	1		1	
	安東盧	1		1	
	長淵盧	2		2	
	豊山盧	1		1	
	豊川盧	2		2	
	본관불명	86	18	104	
	계	119	19	138	
魯	咸豊魯	1		1	
	본관불명	10	5	15	
	계	11	5	16	
多		1		1	
段		2		2	
答		1		1	

姓	본관				비고
李	靑海李	7		7	
	泰安李	1		1	
	平昌李	9		9	
	河濱李	4		4	
	河陰李	1		1	
	鶴城李	2		2	
	韓山李	42		42	1,2
	咸安李	6		6	
	咸平李	8		8	
	陜川李	3		3	
	洪州李	3		3	
	花山李	1		1	
	興陽李	13		13	2*
	본관불명	1,310	210	1,520	
	계	2,515	212	2,727	
尼		1		1	
里		2		2	
伊		19		19	
離		1		1	
而		2		2	
印	喬桐印	3		3	
	본관불명	6	1	7	
	계	9	1	10	
因		2		2	
仁		1		1	
引		1		1	
任	長興任	4		4	
	豊川任	14		14	1*
	본관불명	57	15	72	
	계	75	15	90	
林	開寧林	1		1	
	羅州林	1		1	
	善山林	1		1	
	安陰林	1		1	
	醴泉林	2		2	
	鎭川林	1		1	
	平澤林	8		8	
	본관불명	93	31	124	
	계	108	31	139	
者		9		9	
刺		1		1	
資		1		1	
張	結城張	1		1	

姓	본관				
唐	密陽唐	3		3	
	본관불명	1	1	2	
	계	4	1	5	
都	星州都	4		4	
	본관불명	7	4	11	
	계	11	4	15	
陶			1	1	
童		34	1	35	
豆		2		2	
藤		6		6	
馬	長興馬	3		3	
	본관불명	12	2	14	
	계	15	2	17	
莫		1		1	
滿		1		1	
萬		3		13	
望		2		2	
梅		5		5	
孟	新昌孟	6		6	1,2*
	본관불명	5	2	7	
	계	11	2	13	
明		1	1	2	
牟	咸平牟	1		1	
	본관불명	1	2	3	
	계	2	2	4	
毛		1		1	
睦	泗川睦	4		4	
	본관불명	4		4	
	계	8		8	
文	甘泉文	4		4	
	南平文	16		16	
	丹城文	4		4	
	靈山文	2		2	
	본관불명	81	25	106	
	계	107	25	132	
門		1		1	
閔	驪興閔	93		93	1
	榮川閔	1		1	
	본관불명	67	12	79	
	계	161	12	173	
朴	江陵朴	5		5	
	慶州朴	2		2	
	高靈朴	9		9	2*

姓	본관				
張	丹陽張	3		3	
	德水張	9		9	
	木川張	1		1	
	扶安張	1		1	
	星州張	1		1	
	壽城張	1		1	
	順天張	1		1	
	安東張	9		9	
	禮山張	2		2	
	沃溝張	1		1	
	仁同張	5		5	
	知禮張	1		1	
	鎭川張	2		2	
	昌寧張	3		3	
	海豐張	1		1	
	興城(興德)張	6		6	
	본관불명	148	90	238	
	계	196	90	286	
蔣	牙山蔣	1		1	
	靑松蔣	1		1	
	본관불명	1		1	
	계	3		3	
將		2		2	
章		1		1	
莊		1		1	
裝		1		1	
箸		1		1	
赤		2		2	
田	南陽田	3		3	
	潭陽田	4		4	
	延安田	1		1	
	河陰田	2		2	
	본관불명	34	13	47	
	계	44	13	57	
全	慶山(京山)全	3		3	
	慶州全	1		1	
	潭陽全	1		1	
	連山全	1		1	
	完山全	1		1	
	龍宮全	3		3	
	天安全	1		1	
	본관불명	80	30	110	
	계	91	30	121	

朴	固城朴	2		2	
	高陽朴	7		7	
	龜山朴	2		2	
	丘珍朴	1		1	
	軍威朴	2		2	
	羅州(潘南)朴	15		15	1
	沔川朴	2		2	
	務安朴	4		4	
	文義朴	1		1	
	密陽(密城)朴	48		48	1,2
	比安朴	2		2	
	尙州朴	10		10	
	順天朴	17	1	18	1
	驪州朴	1		1	
	寧海朴	5		5	
	牛峯朴	1		1	
	雲峯朴	3		3	
	蔚山朴	1		1	
	陰城朴	10		10	
	義興朴	1		1	
	竹山朴	24		24	1
	珍原朴	1		1	
	昌原朴	4		4	
	春川朴	4		4	
	忠州朴	8		8	
	泰仁朴	1		1	
	咸陽朴	27	4	31	
	본관불명	530	160	690	
	계	751	165	916	
潘	居濟潘	3		3	
	본관불명	9		9	
	계	12		12	
方	軍威方	1		1	
	본관불명	14		14	
	계	15		15	
房	南陽房	5		5	
	본관불명	5		5	
	계	10		10	
裵	金海裵	1		1	
	大邱裵	3		3	
	盆城裵	4		4	
	星山(星州)裵	8		8	2*
	興海裵	10		10	

錢	聞慶錢	1		1	
	본관불명	3	3	6	
	계	4	3	7	
鄭	慶州鄭	13		13	
	光州鄭	11		11	
	羅州鄭	5		5	
	東萊鄭	46	1	47	1,2
	奉化鄭	11		11	2*
	西京鄭	1		1	
	瑞山鄭	3		3	
	盈德鄭	1		1	
	迎日(延日)鄭	37		37	1
	永川鄭	1		1	
	溫陽鄭	6		6	
	完山鄭	1		1	
	晉陽(晉州)鄭	14		14	
	淸州鄭	8		8	2*
	草溪鄭	18		18	
	豊基鄭	1		1	
	河東鄭	18		18	
	海州鄭	16		16	
	본관불명	337	62	399	
	계	547	63	610	
丁	羅州(押海)丁	3		3	
	扶寧丁	1		1	
	靈光丁	3		3	
	義城丁	2		2	
	본관불명	17	10	27	
	계	26	10	36	
正	正	1		1	
井	井	3		3	
齊	齊	1		1	
諸	諸	2		2	
曹	南平曹	3		3	
	壽城曹	2		2	
	麟山曹	1		1	
	昌寧曹	29		29	1,2
	咸平曹	1		1	
	본관불명	75	16	91	
	계	111	16	127	
趙	廣州趙	1		1	
	金堤趙	2		2	
	南海趙	1		1	

성	본관				
襄	본관불명	59		59	
	계	85		85	
白	南陽白	1		1	
	水原白	3		3	
	稷山白	1		1	
	본관불명	41		41	
	계	46		46	
卞	密陽卞	7		7	
	草溪卞	11		11	
	본관불명	15	3	18	
	계	33	3	36	
邊	原州邊	22		22	
	黃州邊	1		1	
	본관불명	31	8	39	
	계	32	8	62	
卜	沔川卜	5		5	
	본관불명	4		4	
	계	9		9	
奉	河陰奉	8		8	1*
	본관불명	5	2	7	
	계	13	2	15	
佛		1		1	
沙		1		1	
舍		1		1	
史		3		3	
斜		1		1	
賓			1	1	
司空		1	1	2	
撒		2		2	
三甫		1		1	
尙		1	1	2	
生		1		1	
徐	佳城徐	1		1	
	達城徐	7		7	
	夫餘徐	2		2	
	連山徐	1		1	
	利川徐	17		17	1*
	長城徐	1		1	
	본관불명	84	33	117	
	계	103	33	136	
石	忠州石	2		2	
	본관불명	7	2	9	
	계	9	2	11	

성	본관				
趙	白川趙	20		20	1,2*
	水原趙	1		1	
	淳昌趙	2		2	
	新昌趙	2		2	
	楊州趙	14		14	
	林川趙	3		3	
	酒泉趙	1		1	
	眞寶趙	2		2	
	平壤趙	24		24	1,2
	豊壤趙	11		11	
	漢陽趙	45	1	46	1,2
	咸安趙	12		12	
	咸悅趙	1		1	
	橫城趙	4		4	
	본관불명	255	37	292	
	계	404	38	442-	
照		5		5	
鳥		1		1	
早		2		2	
宗		2		2	
鍾			1	1	
佐		1		1	
周	尙州周	2		2	
	草溪周	1		1	
	豊基周	1		1	
	본관불명	25	8	33	
	계	29	8	37	
朱	新安朱	1		1	
	熊川朱	1		1	
	본관불명	28	10	38	
	계	30	10	40	
主		1		1	
重		3		3	
池	忠州池	10		10	
	본관불명	24	6	30	
	계	34	6	40	
之		3		3	
知		1		1	
智		3		3	
陳	三陟陳	1		1	
	驪陽陳	5		5	
	본관불명	49	4	53	
	계	55	4	59	

	본관						본관				
宣	寶城宣	5		5		秦	豊基秦	2		2	
	본관불명	10	1	11			본관불명	4	9	13	
	계	15	1	16			계	6	9	15	
俔	慶州俔	7		7		晉		1		1	
	본관불명	3		3		鎭		2		2	
	계	10		10		叱		1		1	
薛	淳昌薛	9		9		澄		2		2	
	본관불명	14		14		車	延安車	2		2	
	계	23		23			본관불명	26	14	40	
葉	慶州葉	1		1			계	28	14	42	
	본관불명	3		3		箚		2		2	
	계	4		4		蔡	仁川蔡	6		6	
成	昌寧成	69		69	1,2		平康蔡	5		5	
	본관불명	22	19	41			본관불명	18	9	27	
	계	91	19	110			계	29	9	38	
蘇	晉州蘇	5		5		處		1		1	
	본관불명	7	3	10		千		1		1	
	계	12	3	15		撤		1		1	
所		2		2		詹		1		1	
孫	慶州孫	6		6		帖		1		1	
	求禮孫	1		1		肖		2		2	
	密陽孫	14		14	1*	抄		2		2	
	一直孫	3		3		崔	江陵崔	17		17	1,2*
	平海孫	2		2			康津崔	1		1	
	본관불명	66	20	86			江華崔	7	1	8	
	계	92	20	112			慶州崔	17		17	
宋	金海宋	2		2			廣州崔	1		1	
	德山宋	3		3			郞州崔	2		2	
	新平宋	3		3			朔寧崔	10		10	
	冶城宋	4		4			隋城(水原)崔	6		6	1*
	彦陽宋	1		1			楊州崔	1		1	
	礪山宋	38	1	39	1,2		陽川崔	3		3	
	延安宋	5		5			靈巖崔	1		1	
	禮安宋	1		1			永川崔	5		5	
	龍城宋	1		1			原州崔	1		1	
	恩津宋	4		4			全州崔	57		57	2
	鎭川宋	10		10	1*		鐵原崔	2		2	
	淸州宋	2		2			忠州崔	1		1	
	泰仁宋	1		1			耽津崔	2		2	
	輿德宋	1		1			通州崔	7	1	8	
	본관불명	127	35	162			海州崔	12		12	1
	계	203	36	239			和順崔	14		14	2
壽			1	1			興海崔	3		3	

姓	本貫				비고
光山承		1		1	
升		1		1	
時		2		2	
申	高靈申	32		32	1,2
	谷城申	1		1	
	淳昌申	1		1	
	鵝洲申	2		2	
	殷豊申	2		2	
	平山申	28	1	29	1,2
	본관불명	110	31	141	
	계	176	32	208	
辛	靈山辛	25		25	1,2
	寧越辛	7		7	
	본관불명	66	26	92	
	계	98	26	124	
愼	居昌愼	15		15	1,2*
	본관불명	5	3	8	
	계	20	3	23	
信		1		1	
沈	富有沈	3		3	
	三陟沈	3		3	
	青松沈	27	1	28	1,2
	豊山沈	9		9	
	본관불명	28	13	41	
	계	70	14	84	
阿		3		3	
安	康津安	1		1	
	公山安	1		1	
	廣州安	9		9	
	狼川安	1		1	
	順興安	59		59	1,2
	安山安	2		2	
	竹山安	19		19	1,2
	忠州安	5		5	
	본관불명	162	96	258	
	계	259	96	355	
艾		2		2	
也		2		2	
梁	南原梁	17		17	2*
	濟州梁	6		6	
	본관불명	49	12	61	
	계	72	12	84	
楊	光山楊	1		1	

姓	本貫				비고
崔	본관불명	425	107	532	
	계	595	109	704	
秋		1		1	
春		1		1	
黜		1		1	
出		1		1	
充		2		2	
沈		1		1	
稱		1		1	
他		2		2	
朶		1		1	
卓	光州卓	3		3	
	본관불명	11	1	12	
	계	14	1	15	
濯		1		1	
探		1		1	
塔		2		2	
湯		1		1	
太	陜溪太	1		1	
	본관불명	2	3	5	
	계	3	3	6	
土		5		5	
堆		1		1	
退		1		1	
波		13		13	
把		2		2	
八		2		2	
平	東萊平	1		1	
	昌原平	2		2	
	본관불명	13	1	14	
	계	16	1	17	
浦		1		1	
表	新昌表	4		4	
	본관불명	4	1	5	
	계	9	1	10	
皮	東萊皮	1		1	
	본관불명	6	2	8	
	계	7	2	9	
河	丹溪河	2		2	
	晉陽(晉州)河	42		42	1
	본관불명	52	13	65	
	계	96	13	109	
何		1		1	

성	본관				비고
楊	中和楊	5		5	
	清州楊	15	3	18	
	忠州楊	2		2	
	본관불명	42	5	47	
	계	65	8	73	
陽		1		1	
魚	忠州魚	3		3	
	咸從魚	7		7	1,2*
	본관불명	9		9	
	계	19		19	
嚴	寧越嚴	5		5	
	본관불명	13	9	22	
	계	18	9	27	
呂	星州呂	1		1	
	咸陽呂	7		7	
	본관불명	17	3	20	
	계	25	3	28	
余	宜寧余	3		3	
	본관불명	4	3	7	
	계	7	3	10	
亦		2		2	
延	谷山延	5		5	
	본관불명	4		4	
	계	9		9	
廉	坡州(西原)廉	2		2	
	본관불명	9	5	14	
	계	11	5	16	
永		1		1	
英		1		1	
甯		1		1	
迎			1	1	
芮	缶溪芮	1		1	
	본관불명	1	1	2	
	계	2	1	3	
吳	高敞吳	1		1	
	羅州吳	2		2	
	樂安吳	1		1	
	同福吳	5		5	
	寶城吳	10		10	
	蔚山吳	3		3	
	平海吳	1		1	
	咸陽吳	4		4	
	海州吳	10		10	

성	본관				비고
韓	谷山韓	10		10	
	清州韓	91		91	1,2
	본관불명	120	42	162	
	계	221	42	263	
旱		1		1	
咸	江陵咸	4		4	1,2*
	본관불명	16	3	19	
	계	20	3	23	
哈		1		1	
項		1		1	
海		1		1	
奚		4		4	
許	金海許	3		3	
	陽川許	32		32	1,2
	泰仁許	2		2	
	河陽許	15		15	1,2
	咸昌許	1		1	
	본관불명	70	16	86	
	계	123	16	139	
玄	星州玄	4		4	
	昌原玄	1		1	
	본관불명	12	5	17	
	계	17	5	22	
賢		1		1	
鉉		2		2	
夾		3		3	
邢	晉州邢	2		2	
	본관불명		2	2	
	계	2	2	4	
好		9		9	
胡		1		1	
扈		2		2	
忽		1		1	
洪	南陽洪	60	1	61	1,2
	缶林(缶溪)洪	2		2	
	尙州洪	1		1	
	豊山洪	4		4	
	洪州洪	3		3	
	懷仁洪	1		1	
	본관불명	135	37	172	
	계	206	38	244	
化		1		1	
和		1		1	

성	본관				비고	성	본관				비고
吳	興陽吳	7		7		黃	德山(善山)黃	3		3	
	본관불명	120	37	157			尙州黃	3	1	4	
	계	164	37	201			紆州黃	2		2	
玉	宜寧玉	3		3			長水黃	21		21	1,2
	본관불명	5	1	6			昌原黃	9		9	
	계	8	1	9			平海黃	10		10	
兀		1		1			懷德黃	2		2	
王	開城王	10		10			본관불명	108	32	140	
	본관불명	18	4	22			계	158	33	191	
	계	28	4	32		皇	永川皇甫	8		8	
龍	洪川龍	1		1			본관불명	2	2	4	
	본관불명	4	2	6			계	10	2	12	
	계	5	2	7		回		2		2	
禹	丹陽禹	27		27	1*	懷		1		1	
	본관불명	47	6	53		孝			1	1	
	계	74	6	80		厚		1		1	
牛		1		1		欣		1		1	
右		1		1		합계	성관자*	4,744	23	4,767	종친 489명 포함
亏		2		2			성관불명	8,279	2,139	10,418	
雲		1		1			계	13,023	2,162	15,185	

* 비고의 1은 『용재총화』기재 거족성씨, 2는 『신증동국여지승람』인물조에 2인 이상 기재 성씨, 3은 저자가 배출관인을 종합적으로 고려하여 유력가문으로 추가한 성관, *은 거족가문의 기준에 부합한 가문, 이하 〈별표 3~5〉도 같다(졸저, 2020, 『조선초기 관인 이력』에서 종합)

성관		문과	무과	음서	음서후 문/무과	?·문과/ 무과	잡과(의 /역과)	천거/ 기타	불명	합계	비고
葛									1	1	
甘	檜山甘					1				1	
	본관불명								3	3	
	계									4	
姜	衿川姜	2				1			2	5	
	同福姜	1								1	
	龍仁姜					1				1	
	晉州(晉陽)姜	27		16	5/	2/		/2	17	69	1,2
	본관불명	3	2	1			4	3/	125	138	
	계	33	2	17	5/	2/	4	3/2	134	204	
康	谷山康	1								1	
	信川康	7	1			1			6	15	1,2*
	載寧康	1							1	2	
	본관불명	2	1				5	1/	31	40	
	계	11	2			1	5	1/	38	58	
江								1		1	
强									1	1	
巨								/2*	1	3	*여진귀화(이하 여)
甄									1	1	
堅							2		1	3	
慶	淸州慶	2	1					1	12	16	1*
	본관불명								7	7	
	계	2	1					1	19	23	
庚									2	2	
景									1	1	
高	開城高	1				1				2	2*
	長興高								2	2	
	濟州高	8			2/	3		1	21	35	1,2
	橫城高								2	2	
	본관불명	1					6	1/2	41	51	
	계	10			2/	3	6	2/2	67	92	
古								/1*		1	*여
昆								/1*		1	*왜귀화(이하 왜)
公	金浦公								1	1	
	본관불명						1		2	3	
	계						1		3	4	
孔	昌原孔	2				1			1	4	
	본관불명						1	/1	2	4	
	계	2				1	1	/1	3	8	
果								/1*		1	*여
郭	善山郭	2							1	3	

성	본관										비고
郭	淸州郭	2		1	1/2	1			6	13	
	玄風郭	4	1			2			6	13	
	본관불명	4					1	1/	32	38	
	계	12	1	1	1/2	3	1	1/	45	67	
管									1	1	
具	綾城具	5	2		/2	2		1/	16	28	1
	본관불명		1				1	1/	12	15	
	계	5	3		/2	2	1	2/	28	43	
仇	昌原仇					1				1	
	본관불명						2		7	9	
	계					1	2		7	10	
丘	平海丘	2				4			1	7	
	본관불명								4	4	
	계	2				4			5	11	
潭陽鞠		1								1	
權	安東權	49	4	64	22/	5/		5/	65	204	1,2
	醴泉權	2							2	4	
	忠州權								1	1	
	본관불명	1				1/		1/3*	97	103	* 왜2, 환관1(이하 환)
	계	52	4	64	22/	6/		6/3	155	312	
琴	奉花琴	3			1/	1/1			5	11	
	본관불명								1	1	
	계	3			1/	1/1			6	12	
奇	幸州奇	2						1/	1	4	1
	본관불명								9	9	
	계	2						1/	10	13	
吉	海平吉		1	2						3	
	본관불명				/1			/2*		3	* 환2
	계		1	2	/1			/2		6	
金	江陵金	13				4/			6	23	2
	江西金								1	1	
	康津金					1/				1	
	江華金								1	1	
	慶山金	1							1	2	
	慶州金	19		1	2/	5/		/1	14	42	1,2
	高靈金	1							2	3	
	固城金							/1		1	
	公州金	1								1	
	光山金	23	1		1/	5/2		/1	23	56	1,2
	金寧金	1								1	
	金海金	14		2	4/				5	25	1,2
	金化金								1	1	
	羅州金								2	2	
	樂安金					1/				1	

	姓								計	備考
	南原金					1/			1	
	潭陽金					1/			1	
	道康金							1	1	
	茂長金							1	1	
	密陽金							1	1	
	保寧金	1							1	
	福山金							1	1	
	扶安金	3							3	
	三陟金	2							2	
	尙山(尙州)金	7	2			6/		12	27	1,2
	瑞興金						1/		1	
	善山金	8	7			2/		5	22	1,2
	水原金	1					1/		2	
	順天金	2	5			1/		1	9	
	安康金							1	1	
	安東金	15	1	15	3/	7/		13	54	1,2
	安山金	1		10				1	12	
	楊根金						/1		1	
	彦陽金	5	2	3				9	19	
	燕岐金					1/			1	
	延安金	17	15	4		5/		7	48	2
	靈光金	6				1/			7	
	永山(永同)金	2			/1	/1		2	6	
	英陽金	1							1	
	永興金	1							1	
金	禮安金	3				2/			5	
	龍宮金	1							1	
	牛峯金	1							1	
	蔚山金	1						1	2	
	原州金			3			1	4	8	
	陰城金	1							1	
	義城金	14	2	3	2/			4	25	2
	義興金					1/			1	
	一善(善山)金	3		2	1/			5	11	
	臨津金	1							1	
	中和金	1							1	
	昌寧金							1	1	
	昌原金	1							1	
	清道金			4				1	5	
	清州金	1							1	
	清風金	4	2	3				6	15	
	平海金				1/				1	
	豊山金	2							2	
	咸昌金	1	1		1/				3	

金	海平金	1			/1*				1	3	*천·문과
	熙川金		2					/1		3	
	본관불명	69	13	1		12/6	70	10/27	1,232	1,440	
	계	250	51	53	16/2	55/9	71	12/32	1,366	1,907	
羅	居平羅								1	1	
	羅州羅	2							1	3	1*
	壽城羅				1/					1	
	安定羅	1							2	3	
	본관불명	3						/4*	20	27	*왜1,여1,환2
	계	5	1		1/			/4	24	35	
南	固城南	5			1/					6	
	英陽南		1							1	
	宜寧南	12	1	9	1/				14	37	1,2
	본관불명	1						/1*	42	44	*환
	계	18	2	9	2/			/1	56	88	
南宮	咸悅南宮	1	1							2	
	본관불명								1	1	
	계	1	1						1	3	
浪								/16*		16	*여
盧	谷山盧								1	1	
	光州盧	1		3	1/				2	7	
	交河盧	2	8	1	1/				4	16	1,2
	萬頃盧	1								1	
	善山盧	1								1	
	安康盧	1								1	
	安東盧								1	1	
	長淵盧	1							1	2	
	豊山盧	1							1	2	
	豊川盧	1								1	
	본관불명	3	1				2	2/4*	74	86	*환3, 기타(이하 기)1
	계	12	9	4	2/		2	2/4	84	119	
魯	咸豊魯	1								1	
	본관불명						2	1/	7	10	
	계	1					2	1/	7	11	
多								/1*		1	*여
段									2	2	
答								/1*		1	*여
唐	密陽唐						1	/1		2	
	본관불명								1	1	
	계						1	/1	1	3	
都	星州都	2							1	3	
	본관불명							1/1	5	7	*여
	계	2						1/1	6	10	
童			1					/33*		34	*여

姓	본관									계	비고
豆								/2*		2	*여
藤								/6*		6	*왜
馬	長興馬		2					/1		3	
	본관불명						1	/9*	2	12	*여
	계		2				1	10	2	15	
莫									1	1	
滿								/1*		1	*여
萬								/1*	2	3	*환
望								/2*		2	*왜
梅							2		3	5	
孟	新昌孟	2	3						1	6	1,2*
	본관불명							/1*	4	5	*환
	계									11	
明										1	
牟	咸平牟	1								1	
	본관불명								1	1	
	계	1							1	2	
毛								/1*		1	*여
睦	泗川睦	1	1						2	4	
	본관불명							/1*	3	4	*여
	계	1	1					/1	5	8	
文	甘泉文	4								4	
	南平文	4	6	1					5	16	
	丹城文	1	2						1	4	
	靈山文	1			1/					2	
	본관불명	5	2				4	/9*	61	81	*여1,환7,명귀화(이하 명)1
	계	15	10	1	1/		4	/9*	67	107	
門									1	1	
閔	驪興閔	24	2	19	1/	3/1	1	1/	41	93	1
	榮川閔	1								1	
	본관불명		3				4		60	67	
	계	25	5	19	1/	3/1	5	1/	101	161	
朴	江陵朴	2			2/				1	5	
	慶州朴	1							1	2	
	高靈朴	6			1/				2	9	2*
	固城朴								2	2	
	高陽朴		1	1	1/				4	7	
	龜山朴								2	2	
	丘珍朴	1								1	
	軍威朴		1						1	2	
	羅州(반남)朴	5	1	5					4	15	1
	沔川朴	1							1	2	
	務安朴		1						3	4	

姓	본관									계	비고
朴	文義朴	1								1	
	密陽(密城)朴	20	1	10	1/1	7/1			7	48	1,2
	比安朴	2								2	
	尙州朴	2		2		1/			5	10	
	順天朴	6	1	4		/2			4	17	1
	驪州朴								1	1	
	寧海朴			3				/1	1	5	
	牛峯朴	1								1	
	雲峯朴	1	1					/1		3	
	蔚山朴		1							1	
	陰城朴	3		3		2/			2	10	
	義興朴					1/				1	
	竹山朴	6		10	1/	2/			5	24	1
	珍原朴								1	1	
	昌原朴	1		2					1	4	
	春川朴	3							1	4	
	忠州朴	2	1						5	8	
	泰仁朴								1	1	
	咸陽朴	7		3		4/		/1	12	27	
	본관불명	28	2	3		2/1	18	9/42*	425	531	*여5, 환26, 기11
	계	99	10	47	2/1	23/4	18	9/45	493	751	
潘	居濟潘	2			/1					3	
	본관불명								9	9	
	계	2			/1				9	12	
方	軍威方	1								1	
	본관불명	1					3	/2*	8	14	*환
	계	2					3	/2	8	15	
房	南陽房	2							3	5	
	본관불명						1		4	5	
	계	2					1		7	10	
襄	金海襄	1								1	
	大邱襄		2						1	3	
	盆城襄	1	1						2	4	
	星山(星州)襄	4		1					3	8	2*
	興海襄	7				1/			2	10	
	본관불명	3				/1	6	1/3	45	59	*환2,여1
	계	16	3	1	1/1		6	1/3	53	85	
白	南陽白	1								1	
	水原白	1				1/			1	3	
	稷山白					1/				1	
	본관불명						4	/8*	29	41	*환4,기4
	계									46	
卞	密陽卞	4			/1				2	7	
	草溪卞	4		5		//1			1	11	

성	본관										비고
卜	본관불명							1/	14	15	
	계	8		5	/1	//1		1/	17	33	
邊	原州邊	2	4	6		3/		/1	6	22	
	黃州邊								1	1	
	본관불명	3	1				4	1/2*	20	31	*왜
	계	5	5	6		3/	4	1/3	27	54	
卜	兩川卜	2							3	5	
	본관불명							2/1*	1	4	*환
	계	2						2/1	4	9	
奉	河陰奉		2	1		1/			4	8	1*
	본관불명							/1*	4	5	*환
	계									14	
佛									1	1	
沙								/1*		1	*왜
舍								/1*		1	*여
史							2		1	3	
斜								/1*		1	*여
司空									1	1	
撒								/2*		2	*여
三甫								/1*		1	*왜
尙									1	1	
生								/1*		1	*여
徐	佳城徐					1/				1	
	達城徐	4		1					2	7	
	夫餘徐							/1	1	2	
	連山徐								1	1	
	利川徐	8	2	1		1/			5	17	1*
	長城徐	1								1	
	본관불명	4				1/	8	4/8*	59	84	*환4,기4
	계	17	2	2		3/	8	4/9	68	103	
石	忠州石			1					1	2	
	본관불명						1	1/1*	4	7	*환
	계			1			1	1/1	5	9	
宣	寶城宣								5	5	
	본관불명						1		9	10	
	계						1		14	15	
偰	慶州偰	3	1			1/	2			7	
	본관불명								3	3	
	계	3	1			1/	2		3	10	
薛	淳昌薛	1	1	1		1/			5	9	
	본관불명	1						/1*	12	14	*환
	계	2	1	1		1/		/1	17	23	
葉	慶州葉					1/				1	
	본관불명						2		1	3	

	본관									계	비고
葉	계					1/	2		1	4	
成	昌寧成	22	2	15	6/2	4/			18	69	1,2
	본관불명		1				1		20	22	
	계	22	3	15	6/2	4/	1		38	91	
蘇	晉州蘇	3	1						1	5	
	본관불명								7	7	
	계	3	1						8	12	
所								/1*	1	2	*여
孫	慶州孫	4							2	6	
	求禮孫	1								1	
	密陽孫	7	1						6	14	1*
	一直孫	1	1						1	3	
	平海孫	2								2	
	본관불명	4			2/	3	1/3*		53	66	*환2,기1
	계									92	
宋	金海宋	1	1							2	
	德山宋	3								3	
	新平宋	1							2	3	
	冶城宋		2						2	4	
	彦陽宋								1	1	
	礪山宋	5	2	7	2/1	1/		/2	17	38	1,2
	延安宋	1						/1	3	5	
	禮安宋				1/					1	
	龍城宋								1	1	
	恩津宋				1/	2/			1	4	
	鎭川宋	7	1						2	10	1*
	淸州宋	2								2	
	泰仁宋	1								1	
	輿德宋	1								1	
	본관불명	3				2/	5	5/11*	101	127	*여1,환7,기3
	계	25	5	8	3/1	6/0	5	5/14	130	203	
光山承									1	1	
升								/1*		1	*여
時								/2*		2	*여
申	高靈申	7	1	12	4/	3/			5	32	1,2
	谷城申	1								1	
	淳昌申								1	1	
	鵝洲申								2	2	
	殷豊申	1				1/				2	
	平山申	6	15		1/	1/			5	28	1,2
	본관불명	1	1			1/1	3	3/8*	92	110	*환7,기1
	계	16	17	12	5/	6/1	3	3/8	105	166	
辛	靈山辛	5		11					9	25	1,2
	寧越辛	4	1						2	7	

辛	본관불명	1	3				1	/3*	58	66	*환
	계	10	4	11			1	/3	69	98	
愼	居昌愼	2		7	2/			1/	3	15	1,2*
	본관불명							/1*	4	5	*왜
	계	2		7	2/			1/1	7	20	
信									1	1	
沈	富有沈	3								3	
	三陟沈	1			2/					3	
	靑松沈	2	1	17				/5	2	27	1,2
	豊山沈			6		1/			2	9	
	본관불명				1/			1/1*	25	28	*환
	계									75	
阿								/3*		3	왜1,여2
安	康津安	1								1	
	公山安	1								1	
	廣州安	5			1/				3	9	
	狼川安								1	1	
	順興安	17		20	3/	5/		/3	11	59	1,2
	安山安	1						/1		2	
	竹山安	6		8				/1	4	19	1,2
	忠州安	2			2/				1	5	
	본관불명	8	1				10	2/19*	122	162	*환14,기5
	계	41	1	28	4/	7/	10	2/24	142	259	
艾								/1*	1	2	*여
也								/2		2	*여
梁	南原梁	7		3					7	17	2*
	濟州梁								6	6	
	본관불명	1						1/3*	45	49	*환2,기1
	계	8		3				1/3	58	72	
楊	光山楊						1			1	
	中和楊	2			1/				2	5	
	淸州楊	7	1	5				/1	2	15	
	忠州楊	2								2	
	본관불명		1		1/	7		/3*	30	42	*여1,기2
	계	11	2	5	2/	8		/4	34	65	
陽									1	1	
魚	忠州魚				/2				1	3	
	咸從魚	4	1						2	7	1,2*
	본관불명					1			8	9	
	계	4	1		/2	1			11	19	
嚴	寧越嚴	1			2/			1/1		5	
	본관불명							1/3*	8	12	*기
	계	1			2/			2/4	8	17	
呂	星州呂								1	1	

姓	본관									計	備考
呂	咸陽呂	1	1	2					3	7	
	본관불명	1						/2*	14	17	*여1,환1
	계	2	1	2				/2	18	25	
余	宜寧余	1							2	3	
	본관불명		1					/1*	2	4	*환
	계	1	1					/1	4	7	
亦								/2*		2	*여
延	谷山延		5							5	
	본관불명							/1*	3	4	*환
	계		5					/1	3	9	
廉	坡州(西原)廉				1/				1	2	
	본관불명						2	/2*	5	9	*환
	계				1/		2	/2	6	11	
永									1	1	
英									1	1	
甯									1	1	
芮	缶溪芮	1								1	
	본관불명						1			1	
	계	1					1			2	
吳	高敞吳								1	1	
	羅州吳								2	2	
	樂安吳			1						1	
	同福吳	2		3						5	
	寶城吳	4	1	4		1/				10	
	蔚山吳	1		2						3	
	平海吳							/1		1	
	威陽吳	1			1/	2/				4	
	海州吳	1	2	4	1/			/1	1	10	
	興陽吳		1	5		1/				7	
	본관불명	11	1	1		2/	12	1/6*	87	120	*환4,왜1,기1
	계	20	5	20	2/	6/	12	1/8	91	164	
玉	宜寧玉	3								3	
	본관불명								5	5	
	계	3							5	8	
兀								/1*		1	*여
王	開城王	2			1/			/2	5	10	
	본관불명	2					1	/3*	12	18	*환1,여2
	계	4			1/		1	/5	17	28	
龍	洪川龍								1	1	
	본관불명							/1*	3	4	*환
	계							/1	4	5	
禹	丹陽禹	5		11	3/	2//1		/1	4	27	1*
	본관불명					/1		1/2*	43	47	*환1,기1
	계	5		11	3/	2/1/1		1/3	47	74	

										계	비고
牛									1	1	
右								/1*		1	*여
亏								/2*		2	*여
雲									1	1	
元	原州元	9	2	2		5/	1		6	25	1
	본관불명						2	/2*	28	32	*여1,기1
	계	9	2	2		5/	3	/2	34	57	
袁									1	1	
原									1	1	
魏							3		7	10	
柳	江陵柳	1								1	
	高興柳	1		4						5	
	文化柳	20	3	32	1/	7/1		/3	9	76	1,2
	白川柳	1								2	
	瑞山柳	5		3		1/		1/	3	13	1,2*
	星州柳							/1		1	
	楊口柳								1	1	
	延安柳	1								1	
	靈光柳	1			/1			/1	1	4	2*
	全州柳	8		1					3	12	
	晉州柳	11	2	2		5/			17	37	
	豊山柳	1							1	2	
	興陽柳	4								4	
	본관불명	2		1		/1	2	1/10*	154	171	*8환5,여4,기1
	계	56	5	43	1/1	13/2	2	2/15	185	230	
劉	江陵劉			2						2	
	金城劉	2								2	
	延安劉							/1		1	
	본관불명	1	1				3	1/6*	25	37	*환2,여4
	계	3	1	2			3	1/7	25	42	
兪	高靈兪	1								1	
	杞溪兪	1				3/			1	5	
	務安兪	1								1	
	仁同兪	1				1/				2	
	昌原兪	1				2/				3	
	본관불명					1/	5	2/2*	29	39	*환1,기1
	계	5				7/	5	2/2	30	51	
庚	茂松(평산)庚	3	1							4	
	본관불명						1		4	5	
	계	3	1				1		4	9	
陸	沃川陸		1							1	1*
	본관불명							/1*	3	4	*환
	계		1					/1	3	5	
尹	南原尹	1	2						1	4	

	본관	1	2	3	4	5	6	7	8	계	비고
尹	務安尹								1	1	
	茂長(무송)尹	4	2	3/					5	14	2[*]
	楊州尹	1			1/					2	
	驪州尹	1								1	
	永川尹								1	1	
	醴泉尹	2								2	
	載寧尹	1							2	3	
	漆原尹	1	3					/1	1	6	1[*]
	坡平尹	20	2	41	6/	2/		/5	7	83	1,2
	威安尹	3	1							4	
	海平尹	6	7					/1		14	
	본관불명	9	1		1/2		9	4/22[*]	184	232	[*]환14,기8
	계	49	2	56	10/0	3/2	9	4/29	202	366	
殷	幸州殷	1							1	2	
	본관불명							/1[*]	3	4	[*]명
	계									6	
乙										2	
李	嘉山李	1								1	
	加平李		2	1					1	4	
	康津李	1								1	
	江興李	1								1	
	開城李			1	1/			/1	1	4	
	京山李			1					1	2	
	慶州李	26	1	14	4/1	3/	1	/1	14	65	1,2
	高靈李								1	1	
	古阜李	2				1/				3	
	固城李	9	1	8	2/	2/			3	25	2
	公州李	1		4					2	7	
	光陽李								1	1	
	光山(光州)李	4				2/			1	7	
	廣州李	16		6	8/	2/			2	34	1,2
	廣平李		1							1	
	吉州李		2						1	3	
	樂安李	1								1	
	丹陽李	3		4		1/			4	12	
	潭陽李	1							1	2	
	德山李	5		2					4	11	
	德水李	5	3					/1	1	10	1,2
	德恩李								1	1	
	道安李					1/				1	
	碧珍李	4		2						6	
	鳳山李		1	3				1/		5	
	富平李	3								3	
	泗川李					1/				1	

	商山李			1				/1		2	
	瑞山李								1	1	
	星山李								5	5	
	星州李	9	1	16	3/	6/		/2	8	45	1,2
	遂安李	1								1	
	水原李	1		2						3	
	淳昌李	2								2	
	順天李			1					3	4	
	新平李	2								2	
	牙山李			3					1	4	
	安東李							/1		1	
	安城李	3		3		1/				7	
	安岳李	1		1		1/				3	
	梁山李		2			/1		/2		5	
	陽城李	5	2	8	2/	2/			1	20	1,2
	驪州李	6		3				/1	2	12	
	延安李	10	5	7	1/	4/				28	1,2
	永陽李				/1			/1		2	
	永川李	8		4	1/	1/			4	18	2*
	寧海李			2		1/	1/			4	
	永興李	1								1	
李	禮安李	1		3	/1					5	
	醴泉李								1	1	
	雍津李	1								1	
	龍仁李	8		6		2/1			9	27	1,2
	羽溪李	1							1	2	
	牛峯李	4				1/				5	
	蔚山李		1							1	
	原州李								2	2	
	益山李	1							1	2	
	仁川李	3		9		4/			3	19	1*
	林川李							/1		1	
	長城李	1							1	2	
	長水李	1		3				/1	1	6	
	長興李	1								1	
	載寧李	3				1/			1	5	
	全義李	21	7	20	1/	5/1		/1	16	72	1,2
	全州李(종친)									489	
	全州李(비종친)	1	1	20		1/		/1	44	68	1,2
	眞城李								4	4	
	淸安李								2	2	
	淸州李	1		4		1/		/2	5	13	
	靑海李		6					/1		7	

李	泰安李	1								1	
	平昌李	5	1	2					1	9	
	河濱李	3							1	4	
	河陰李								1	1	
	鶴城李							/2		2	
	韓山李	11		23	5/	2/			1	42	1,2
	咸安李	5				1/				6	
	咸平李	2	4						1	8	
	陝川李	1							2	3	
	洪州李	1	2							3	
	花山李								1	1	
	興陽李	4		6				1/	2	13	2*
	본관불명	37	12	6		19/1	56	15/164*	1,000	1,310	*환58,여101, 명1,기4
	계	250	55	199	28/3	66/4	57	18/184	1,162	2,026	종친 489 제외
尼								/1*		1	*여
里								/1*		2	*여
伊								/19*		19	*여
離								/1*		1	*여
而								/2*		2	*여
	喬桐印								3	3	
	본관불명							/2*	4	6	*환
	계							/2	7	9	
因								/2*		2	*여
仁								/1*		1	*여
引								/1*		1	*여
任	長興任		1			2/			1	4	
	豊川任	2		2	2/	2/		/2	4	14	1*
	본관불명	5				2/	5	1/7*	37	57	*환4,여1,명1,기1
	계	7	1	2	2/	6/	5	1/9	42	75	
林	開寧林					1/				1	
	羅州林								1	1	
	善山林								1	1	
	安陰林					1/				1	
	醴泉林								2	2	
	鎭川林	1								1	
	平澤林		1	6				/1		8	
	본관불명	1	1				1	2/19	59	83	*여11,왜2,환6
	계	2	2	6		2/	1	2/20	63	98	
者								/9*		9	*여
刺								/1*		1	*여
資								/1*		1	*기
張	結城張								1	1	
	丹陽張	1							2	3	
	德水張			1					8	9	

張	木川張								1	1	
	扶安張								1	1	
	星州張	1								1	
	壽城張							/1		1	
	順天張		1							1	
	安東張			5					4	9	
	禮山張		2							2	
	沃溝張								1	1	
	仁同張	2						/1	2	5	
	知禮張	1								1	
	鎭川張								2	2	
	昌寧張	3								3	
	海豊張								1	1	
	興城(興德)張	1		1		3/			1	6	
	본관불명	10	6			1/	11	/18*	102	148	*환11,왜1,여2,기4
	계	19	9	7	0	4/1	11	0/20	125	196	
蔣	牙山蔣								1	1	
	靑松蔣	1								1	
	본관불명								1	1	
	계	1							2	3	
將								/4*		2	*여
章								/1*		1	*여
莊		1								1	
裝									1	1	
箸								/1*		1	*여
赤								/2*		2	*여
田	南陽田	1	1					/1		3	
	潭陽田	3							1	4	
	延安田						1			1	
	河陰田		1					/1		2	
	본관불명		1			1/	2	2/2*	26	34	*환1,기1
	계	4	3			1/	3	2/4	27	44	
全	慶山(京山)全	1		1			1			3	
	慶州全							/1		1	
	潭陽全								1	1	
	連山全	1								1	
	完山全								1	1	
	龍宮全	2							1	3	
	天安全								1	1	
	본관불명						7	1/5*	67	80	*환4,기1
	계	3					7	1/6		91	
錢	聞慶錢								1	1	
	본관불명								3	3	
	계								4	4	

										계	
鄭	慶州鄭	6	3		2/				2	13	
	光州鄭	4	1		3/				3	11	
	羅州鄭	2	2						1	5	
	東萊鄭	23	2	7	2/	3//1		1/	7	46	1,2
	奉化鄭	4	5		1/				1	11	2*
	西京鄭				1/					1	
	瑞山鄭	1	1						1	3	
	盈德鄭	1								1	
	迎日(延日)鄭	10	1	15				/1	6	37	1
	永川鄭	1								1	
	溫陽鄭	2			1/				3	6	
	完山鄭	1								1	
	晉陽(晉州)鄭	7		1/					6	14	
	淸州鄭	2	2	1/	3/					8	2
	草溪鄭	3	1	4	3/				7	18	
	豊基鄭								1	1	
	河東鄭	4	1	5	1/	1/		1/	5	18	
	海州鄭	8		3	1/			1/1	2	16	
	본관불명	15	7	1		/4	17	2/32	259	337	*환10,왜1,기21
	계	94	12	49	6/0	21/4/1	17	5/35	303	547	
丁	羅州(押海)丁	3								3	
	扶寧丁	1								1	
	靈光丁					//1			2	3	
	義城丁								2	2	
	본관불명	1							16	17	
	계	5				//1			20	26	
正								/1*		1	*왜
井								/3*		3	*왜
齊								/1*		1	*여
諸								/2*		2	*여
曹	南平曹	2			1/					3	
	壽城曹	2								2	
	仁山曹	1								1	
	昌寧曹	19	2	2	1/				5	29	1,2
	咸平曹	1								1	
	본관불명	3		1			7	1/5	58	75	*환4,기1
	계	28	2	3	1/	1/	7	1/5	63	111	
趙	廣州趙	1								1	
	金堤趙								2	2	
	南海趙	1								1	
	白川趙	6	1	6	2/	2/		/1	2	20	1,2*
	水原趙	1								1	
	淳昌趙	1		2					3	6	
	新昌趙								2	2	

姓	本貫										비고
趙	楊州趙	5		2	1/	2/			4	14	
	林川趙	2				1/				3	
	酒泉趙	1								1	
	眞寶趙	1		1						2	
	平壤趙	6	1	5	1/	2/		/1	8	24	1,2
	豊壤趙	6				1/			4	11	
	漢陽趙	5	3	20		4/		/3	11	45	1,2
	咸安趙	9		1					2	12	
	咸悅趙	1								1	
	橫城趙	2	1						1	4	
	본관불명	12	4			1/	8	1/19*	210	255	*환8,여3,기8
	계	60	9	37		12/	8	1/24	253	404	
照								/5*		5	*여
鳥								/1*		1	*환
早								/2*		2	*왜
宗								/2*		2	*왜
佐								/1*		1	*왜
周	尙州周	2								2	
	草溪周							/1		1	
	豊基周				1/					1	
	본관불명	5	1					/1	19	25	*왜
	계	7	1		1/			/2	19	29	
朱	新安朱								1	1	
	熊川朱	1								1	
	본관불명	2					2	1/14*	9	28	*여12,환2
	계	3					2	1/14	10	30	
主									1	1	
重								/3*		3	*환2,여1
池	忠州池	1		4					5	10	
	본관불명			1			1	/4*	18	24	*환2,왜2
	계	1		5			1	/4	23	34	
之								/3*		3	*여
知								/1*		1	*여
智							2		1	3	
陳	三陟陳								1	1	
	驪陽陳	2	1	1					1	5	
	본관불명	6				2/	2	2/6*	31	49	*환1,명1,쟈바1
	계	8	1	1		2/	2	2/6	33	55	
秦	豊基秦	1							1	2	
	본관불명								4	4	
	계	1							5	6	
晉									1	1	
鎭								/2*		2	*여1,기1
叱								/1*		1	*여

澄								/2*		2	*여
車	延安車	1							1	2	
	본관불명	1					2	/7	16	26	*환3,기4
	계	2					2	/7	17	28	
箚									/2*		2	*여
蔡	仁川蔡	2				3/			1	6	
	平康蔡	3							2	5	
	본관불명					1/		/2*	15	18	*환1,기1
	계	5				4/		/2*	18	29	
處								/1*		1	*여
千								/1*		1	*환
撤								/1*		1	*여
詹									1	1	
帖								/1*		1	*여
肖								/2*		2	*여
抄								/2*		2	*환1,여1
崔	江陵崔	9		5		1/			2	17	1,2*
	康津崔	1								1	
	江華崔		1	3		-			3	7	
	慶州崔	13	2			1/			1	17	
	廣州崔								1	1	
	郎州崔			1			1			2	
	朔寧崔	3			3/	1/			3	10	
	隋城(水原)崔		1	1			1		3	6	1*
	楊州崔					1/				1	
	陽川崔	3								3	
	靈巖崔	1								1	
	永川崔			1		1/			3	5	
	原州崔								1	1	
	全州崔	23	1	3		9/			21	57	2
	鐵原崔	1						/1		2	
	忠州崔	1								1	
	耽津崔						1	/1		2	
	通州崔			4					3	7	
	海州崔	6				3/			3	12	1
	和順崔	6		2		4/			2	14	2
	興海崔	3								3	
	본관불명	17	2	1		5/1	18	8/49	324	425	*환27,여10,기12
	계	87	7	21	3/0	26/1	21	8/51	370	595	
秋								/1*		1	*여
春								/1*		1	*환
黜								/1*		1	*여
出								/1*		1	*여
充								/2*		2	*여

姓	본관									계	비고
沈								/1*		1	*여
稱								/1*		1	*여
他								/2*		2	*여
朶								/1*		1	*여
卓	光州卓	2							1	3	
	본관불명	1					1	/1*	8	11	*여
	계	3					1	/1	9	14	
濯									1	1	
探								/1*		1	*여
塔								/2*		2	*여
湯								/2*		1	*여
太	陜溪太			1						1	
	본관불명							/1*	1	2	*여
	계			1				/1	1	3	
土										5	
堆								/5*		1	*여
退								/1*		1	*여
波								/13*		13	*여
把								/2*		2	*여
八								/2*		2	*여
平	東萊平							/1*		1	*왜
	昌原平							/2*		2	*왜
	본관불명							/9*	4	13	*왜
	계							12	4	16	
浦								/1*		1	*여
表	新昌表	3							1	4	
	본관불명							/2*	2	4	*왜
	계	3						2	3	8	
皮	東萊皮							/1		1	
	본관불명						1/	/4*	1	6	*왜
	계						1/	/5	1	7	
河	丹溪河	2								2	
	晉陽(晉州)河	13	1	17	1/				10	42	1
	본관불명	1	1				2	1/8*	39	52	*여2,환4,기2
	계	16	2	17	1/		2	1/8	49	96	
何								/1*		1	*여
韓	谷山韓	2		6				/1	1	10	
	淸州韓	14	2	30	3/2	4/		1/2	33	91	1,2
	본관불명	6	1			2/	5	3/20*	83	120	*환17,기3
	계	22	3	36	3/2	6/	5	4/23	117	221	
旱								/1*		1	*왜
咸	江陵咸	1		1					2	4	1,2*
	본관불명						2	/2*	12	16	*환1,기1
	계	1		1			2	/2	14	20	

姓	본관									計	비고
哈								/1*		1	*여
項								/1*		1	*여
海								/1*		1	*여
奚								/4*		4	*여
許	金海許	2				1/				3	
	陽川許	4	1	5	2/	5/1	1		13	32	1,2
	泰仁許	1		1						2	
	河陽許	3		6		2/			4	15	1,2
	咸昌許	1								1	
	본관불명	1	2	1			6	1/8*	51	70	*환6,여2
	계	12	3	13	2/	8/1	7	1/8	68	123	
玄	星州玄	1				1/			2	4	
	昌原玄				1/					1	
	본관불명							/1*	11	12	*환
	계	1			1/	1/		/1	13	17	
賢								/1*		1	*왜
鉉									2	2	
夾								/3*		3	*여
晉州邢		1							1	2	
好								/9*		9	*여
胡								/1*		1	*여
扈								/2*		2	*환
忽								/1*		1	*여
洪	南陽洪	14	3	13	1/	7/1		/5	16	60	1,2
	缶林(缶溪)洪	2								2	
	尙州洪	1								1	
	豊山洪							1/	3	4	
	洪州洪					2/			1	3	
	懷仁洪				1/					1	
	본관불명	3	2	2		1/	7	/12*	108	135	*환7,여3,명1,기1
	계	20	5	15	2/	10/1	7	1/22	128	205	
化								/1*		1	*환
和								/1*		1	*왜
黃	德山(善山)黃	2							1	3	
	尙州黃	2							1	3	
	紆州黃			1					1	2	
	長水黃	3	1	13	1/3					21	1,2
	昌原黃	1	1	2		1/			4	9	
	平海黃	5	1		/1	1/			2	10	
	懷德黃			1				/1		2	
	본관불명	3				1/	6	2/13*	83	108	*환8,여2,기3
	계									158	
皇甫	永川皇甫	3		4					1	8	
	본관불명								2	2	

계	3	4						3	10		
回							/2*		2	*여	
懷							/1*		1	*여	
厚							/1*		1	*여	
欣							/1*		1	*환	
합계 성관자	1,285	210	888	156/22	283/26	13	24/98	1,254	4,255	*종친 489 제외	
성관불명	301	93	21	0/1	65/18	392	107/787	6,494	8,279		
계	1,586	303	909	156/23	348/44	405	131/885	7,748	12,534		

〈별표 4〉 조선초기 관인 확인자 최고 관직(관계)

성관		정1~종2	정3상	정3~종6	정7~종9	불명	합계	비고
葛					1		1	
甘	檜山甘			1			1	
	본관불명					3	3	
	계			1		3	4	
姜	衿川姜	1	2	2			5	
	同福姜			1			1	
	龍仁姜			1			1	
	晉州(晉陽)姜	20	6	38	5		69	1,2
	본관불명	9	5	88	22	14	138	
	계						204	
康	谷山康			1			1	
	信川康	6		8	1		115	1,2*
	載寧康	1		1			2	
	본관불명	2		31	4	3	40	
	계	9		41	5	3	58	
江					1		1	
強					1		1	
巨					2	1	3	
甄					1		1	
堅					1	2	3	
慶	淸州慶	4	2	7	3		16	1*
	본관불명	2		4		1	7	
	계	6	2	11	3	1	23	
庚				2			2	
景				1			1	
高	開城高			2			2	2*
	長興高			1	1		2	
	濟州高	8	1	19	5	2	35	1,2
	橫城高	1		1			2	
	본관불명	4		26	11	10	51	
	계	13	1	49	17	12	92	
古					1		1	
昆					1		1	
公	金浦公			1			1	
	본관불명					3	3	
	계			1		3	3	
孔	昌原孔	1	1	2			4	
	본관불명			1	2	1	4	
	계	1	1	3	2	1	8	
果					1		1	
郭	善山郭		1	2			3	
	淸州郭	6	1	6			13	

	玄風郭			13			13	
郭	본관불명	1		23	9	5	38	
	계	7	2	44	9	5	67	
管				1			1	
	綾城具	8	5	12	3		28	1
具	본관불명			14		1	15	
	계	8	5	26	3	1	43	
	昌原仇			1			1	
仇	본관불명			6		3	9	
	계			7		3	10	
	平海丘	2	1	4			7	
丘	본관불명			3		1	4	
	계	2	1	7		1	11	
潭陽鞠				1			1	
	安東權	49	21	121	23		204	1,2
	醴泉權	1	1	2			4	
權	忠州權			1			1	
	본관불명	7	3	74	12	7	103	
	계	57	25	198	35	7	312	
	奉花琴		1	10			11	
琴	본관불명			1			1	
	계		1	11			12	
	幸州奇	1		3			4	1*
奇	본관불명			8	1		9	
	계	1		11	1		13	
	海平吉			3			3	
吉	본관불명		1	1	1		3	
	계		1	4	1		6	
	江陵金	2	4	14	3		23	2
	江西金	1					1	
	康津金	1					1	
	江華金			1			1	
	慶山金			1	1		2	
	慶州金	12	5	23	2		42	1,2
	高靈金			3			3	
	固城金			1			1	
金	公州金	1					1	
	光山金	13	5	34	3	1	56	1,2
	金寧金	1					1	
	金海金	6		19			25	1,2
	金化金			1			1	
	羅州金	1		1			2	
	樂安金	1					1	
	南原金			1			1	

金	潭陽金			1		1	
	道康金	1				1	
	茂長金		1			1	
	密陽金			1		1	
	保寧金		1			1	
	福山金		1			1	
	扶安金			3		3	
	三陟金			2		2	
	尙山(尙州)金	3	3	19	2	27	1,2
	瑞興金		1			1	
	善山金	4	2	16		22	1,2
	水原金			1		2	
	順天金	3	1	4	1	9	
	安康金			1		1	
	安東金	18	2	32	2	54	1,2
	安山金	4		8		12	
	楊根金	1				1	
	彦陽金	2	1	14	2	19	
	燕岐金	1				1	
	延安金	20	3	20	5	48	2
	靈光金	1	1	5		7	
	永山(永同)金	1	2	3		6	
	英陽金			1		1	
	永興金	1				1	
	禮安金	2		3		5	
	龍宮金			1		1	
	牛峯金			1		1	
	蔚山金			1	1	2	
	原州金	3	1	4		8	
	陰城金			1		1	
	義城金	6		19		25	2
	義興金			1		1	
	一善(善山)金	1	1	9		11	
	臨津金			1		1	
	中和金			1		1	
	昌寧金			1		1	
	昌原金	1				1	
	清道金	1		4		5	
	清州金			1		1	
	清風金	4	2	8	1	15	
	平海金			1		1	
	豊山金		1		1	2	
	咸昌金	2		1		3	
	海平金		3			3	

	熙川金	1		2			3	
金	본관불명	81	46	949	216	138	1,430	
	계	201	87	1,240	240	139	1,907	
	居平羅				1		1	
	羅州羅	1		2			3	1*
羅	壽城羅	1					1	
	安定羅			3			3	
	본관불명	1		14	8	4	27	
	계	3		19	9	4	35	
	固城南	1		4	1		6	
	英陽南		1				1	
南	宜寧南	12	4	18	3		37	1,2
	본관불명	1		36	5	2	44	
	계	14	5	48	9	2	88	
	咸悅南宮	1	1				2	
南宮	본관불명					1	1	
	계	1	1			1	3	
浪		3	4	8	1		16	
	谷山盧			1			1	
	光州盧	2	1	4			7	
	交河盧	5	1	8	2		16	1,2*
	萬頃盧			1			1	
	善山盧			1			1	
	安康盧			1			1	
盧	安東盧			1			1	
	長淵盧	1		1			2	
	豊山盧			1			1	
	豊川盧	1		1			2	
	본관불명	7	4	58	11	6	86	
	계	16	7	67	13	6	119	
	咸豊魯				1		1	
魯	본관불명			8	1	1	10	
	계			8	2	1	11	
多				1			1	
段				2			2	
答				1			1	
	密陽唐	1		1			2	
唐	본관불명			1			1	
	계	1		2			3	
	星州都			1	2		3	
都	본관불명	1	1	3	2		7	
	계	1	1	4	4		10	
童		4	2	22	4	2	34	
豆				2			2	

姓	本貫						計	비고
藤				5	1		6	
馬	長興馬	2		1			3	
	본관불명	2	1	4	4	1	12	
	계	4	1	5	4	1	15	
莫					1		1	
滿					1		1	
萬						3	3	
望					1	1	2	
梅		1	1	2	1		5	
孟	新昌孟	3		3			6	1,2*
	본관불명			3	1	1	5	
	계	3		6	1	1	11	
明					1		1	
牟	咸平牟			1			1	
	본관불명			1			1	
	계			2			2	
毛					1		1	
睦	泗川睦	1		3			4	
	본관불명			3		1	4	
	계	1		6		1	8	
文	甘泉文			4			4	
	南平文	4	2	9	1		16	
	丹城文			2	2		4	
	靈山文			2			2	
	본관불명	7	1	53	13	7	81	
	계	11	3	70	16	7	107	
門					1		1	
閔	驪興閔	27	6	47	13		93	1
	榮川閔			1			1	
	본관불명	3	3	51	7	3	67	
	계	30	9	99	20	3	161	
朴	江陵朴		1	3	1		5	
	慶州朴	1		1			2	
	高靈朴	1	2	6			9	2*
	固城朴			2			2	
	高陽朴	2	1	4			7	
	龜山朴	1		1			2	
	丘珍朴	1					1	
	軍威朴			2			2	
	羅州(반남)朴	3	2	10			15	1
	沔川朴	1		1			2	
	務安朴			4			4	
	文義朴	1					1	
	密陽(密城)朴	9	8	27	4		48	1,2

姓	本貫						계	
朴	比安朴	1	1				2	
	尙州朴	3		7			10	
	順天朴	9	1	6	1		17	1
	驪州朴			1			1	
	寧海朴	2		3			5	
	牛峯朴				1		1	
	雲峯朴	2		1			3	
	蔚山朴			1			1	
	陰城朴	1	1	8			10	
	義興朴			1			1	
	竹山朴	9	2	12	1		24	1
	珍原朴			1			1	
	昌原朴	1	1	2			4	
	春川朴			4			4	
	忠州朴	1		7			8	
	泰仁朴			1			1	
	咸陽朴	7		18	2		27	
	본관불명	23	14	347	111	35	530	
	계	79	24	482	121	35	751	
潘	居濟潘	1	1	1			3	
	본관불명		1	7		1	9	
	계	1	2	8		1	12	
方	軍威方			1			1	
	본관불명			11	1	2	14	
	계		1	11	1	2	15	
房	南陽房			4	1		5	
	본관불명			3	2		5	
	계			7	3		10	
裵	金海裵			1			1	
	大邱裵	1		2			3	
	盆城裵			3	1		4	
	星山(星州)裵	1	1	6			8	2*
	興海裵	1	1	8			10	
	본관불명	1		41	10	7	59	
	계	4	2	61	11	7	85	
白	南陽白			1			1	
	水原白			3			3	
	稷山白			1			1	
	본관불명			24	14	3	41	
	계			29	14	3	46	
卞	密陽卞	3		2	2		7	
	草溪卞	3	1	6	1		11	
	본관불명	1		7	7		15	
	계	7	1	15	10		33	

							계	
邊	原州邊	4	1	16	1		22	
	黃州邊		1				1	
	본관불명	2	2	15	7	5	31	
	계	6	4	31	8	5	54	
卜	眪川卜			5			5	
	본관불명		1	1		2	4	
	계		1	5	1	2	9	
奉	河陰奉	3		5			8	1*
	본관불명			5			5	
	계	3		10			13	
佛					1		1	
沙					1		1	
舍				1			1	
史				1	2		3	
斜				1			1	
司空				1			1	
撒				2			2	
三甫					1		1	
尙				1			1	
生				1			1	
徐	佳城徐			1			1	
	達城徐	1	1	4	1		7	
	夫餘徐	1		1			2	
	連山徐			1			1	
	利川徐	2	3	12			17	1*
	長城徐			1			1	
	본관불명	1	2	44	30	7	84	
	계	5	8	62	31	7	103	
石	忠州石			2			2	
	본관불명			2	2	3	7	
	계			4	2	3	9	
宣	寶城宣	1		4			5	
	본관불명		1	7	2		10	
	계	1	1	11	2		15	
偰	慶州偰	2	1	4			7	
	본관불명			3			3	
	계	2	1	7			10	
薛	淳昌薛	1	4	4			9	
	본관불명	3	2	8	1		14	
	계	4	6	12	1		23	
葉	慶州葉				1		1	
	본관불딍			3			3	
	계			3	1		4	
成	昌寧成	27	6	32	4		69	1,2

姓	本貫						計	비고
成	본관불명			17	3	2	22	
	계	27	6	49	7	2	91	
蘇	晉州蘇	1		4			5	
	본관불명		1	4	2		7	
	계	1	1	8	2		12	
所				1			2	
孫	慶州孫	1		5			6	
	求禮孫			1			1	
	密陽孫		1	12	1		14	1*
	一直孫		1	2			3	
	平海孫	2					2	
	본관불명	4	1	33	21	7	66	
	계	7	3	53	22	7	92	
宋	金海宋		1	1			2	
	德山宋			3			3	
	新平宋	1		2			3	
	冶城宋	1		3			4	
	彦陽宋			1			1	
	礪山宋	10	3	22	3		38	1,2
	延安宋			5			5	
	禮安宋			1			1	
	龍城宋			1			1	
	恩津宋		1	3			4	
	鎭川宋	2	2	5	1		10	1*
	淸州宋	1	1				2	
	泰仁宋			1			1	
	興德宋			1			1	
	본관불명	3	8	81	27	8	127	
	계	18	16	130	31	8	203	
光山承				1			1	
升					1		1	
時				2			2	
申	高靈申	9	3	18	2		32	1,2
	谷城申				1		1	
	淳昌申		1				1	
	鵝洲申			2			2	
	殷豊申	1		1			2	
	平山申	5	2	19	2		28	1,2
	본관불명	4	5	72	22	7	110	
	계	19	11	110	29	7	166	
辛	靈山辛	8	2	14	1		25	1,2
	寧越辛		2	5			7	
	본관불명	9		39	13	5	66	
	계	17	4	58	14	5	98	

	본관						계	
愼	居昌愼	5	2	7	1		15	1,2[*]
	본관불명			5			5	
	계						20	
信					1		1	
沈	富有沈	2		1			3	
	三陟沈			3			3	
	靑松沈	13	3	10	1		27	1,2
	豊山沈	3	3	2	1		9	
	본관불명	3		15	8	2	28	
	계	21	6	31	10	2	70	
阿					1		3	
安	康津安	1					1	
	公山安			1			1	
	廣州安	5		4			9	
	狼川安			1			1	
	順興安	20	6	32	1		59	1,2
	安山安	1		1			2	
	竹山安	8	2	7	2		19	1,2
	忠州安	1	2	2			5	
	본관불명	8	4	108	31	11	162	
	계	44	14	156	34	11	259	
艾					2		2	
也					2		2	
梁	南原梁	3		14			17	2[*]
	濟州梁			6			6	
	본관불명	1	1	24	9	4	49	
	계	4	1	44	9	4	72	
楊	光山楊			1			1	
	中和楊	1	3	1			5	
	淸州楊	3	2	8	2		15	
	忠州楊			2			2	
	본관불명	2	4	27	7	2	42	
	계	6	10	38	9	2	65	
陽					1		1	
魚	忠州魚	1	1	1			3	
	咸從魚	3		3	1		7	1,2[*]
	본관불명			9			9	
	계	4	1	13	1		19	
嚴	寧越嚴	2		2	1		5	
	본관불명	1	2	6	4		13	
	계	3	2	8	5		18	
呂	星州呂				1		1	
	咸陽呂	2		4	1		7	
	본관불명	3	3	6	4	1	17	

姓	본관							
呂	계	5	3	10	6	1	25	
余	宜寧余				3		3	
	본관불명			2	2		4	
	계			2	5		7	
亦					2		2	
延	谷山延	2	1	2			5	
	본관불명			4			4	
	계	2	1	6			9	
廉	坡州(西原)廉		2				2	
	본관불명			3	5	1	9	
	계		2	3	5	1	11	
永				1			1	
英					1		1	
甫						1	1	
芮	缶溪芮	1					1	
	본관불명					1	1	
	계	1				1	2	
吳	高敞吳			1			1	
	羅州吳	1		1			2	
	樂安吳			1			1	
	同福吳	3		1		1	5	
	寶城吳	4	1	4	1		10	
	蔚山吳	1		2			3	
	平海吳				1		1	
	咸陽吳	1		3			4	
	海州吳	2	1	7			10	
	興陽吳	1	1	4	1		7	
	본관불명	5	2	80	23	10	120	
	계	18	5	104	26	11	174	
玉	宜寧玉			3			3	
	본관불명	1		4			5	
	계	1		7			8	
兀				1			1	
王	開城王	7		3			10	
	본관불명	4	2	5	4	3	18	
	계	11	2	8	4	3	28	
龍	洪川龍		1				1	
	본관불명			3	1		4	
	계		1	3	1		5	
禹	丹陽禹	8	1	16	2		27	1*
	본관불명	3	36	7	1		47	
	계	11	37	23	3		74	
牛				1			1	
右				1			1	

姓	본관						계	비고
亏				2			2	
雲					1		1	
元	原州元	7		16	2		25	1
	본관불명	1	1	22	7	1	32	
	계	8	1	38	9	1	57	
袁					1		1	
原					1		1	
魏				6	2	2	10	
柳	江陵柳	1					1	
	高興柳	2		3			5	
	文化柳	22	8	42	4		76	1,2
	白川柳			2			2	
	瑞山柳	4	2	7			13	1,2*
	星州柳			1			1	
	楊口柳			1			1	
	延安柳	1					1	
	靈光柳	3	1				4	2*
	全州柳	2	2	8			12	
	晉州柳	9	4	22	2		37	
	豊山柳			2			2	
	興陽柳			4			4	
	본관불명	7	5	132	22	5	171	
	계	61	22	224	28	5	230	
劉	江陵劉			2			2	
	金城劉			2			2	
	延安劉	1					1	
	본관불명	2	1	19	11	4	37	
	계	3	1	23	11	4	42	
兪	高靈兪			1			1	
	杞溪兪	2		3			5	
	務安兪	1					1	
	仁同兪		1	1			2	
	昌原兪		1	2			3	
	본관불명	4	2	24	7	2	39	
	계	7	4	31	7	2	51	
庚	茂松(평산)庚	1		3			4	
	본관불명			5			5	
	계	1		8			9	
陸	沃川陸	1					1	1*
	본관불명			2	1	1	4	
	계	1		2	1	1	5	
尹	南原尹	3		1			4	
	茂松(무장)尹	4		10			14	2*
	務安尹	1					1	

	本貫						計	
尹	楊州尹			2			2	
	驪州尹			1			1	
	永川尹	1					1	
	醴泉尹	1			1		2	
	載寧尹		1	2			3	
	漆原尹	2	1	4			7	1*
	坡平尹	30	10	37	5	1	83	1,2
	咸安尹			2	1	1	4	
	海平尹	4		9	1		14	
	본관불명	11	3	152	53	12	231	
	계	57	15	220	61	14	367	
殷	幸州殷			2			2	
	본관불명			3	1		4	
	계						6	
乙					2		2	
李	嘉山李			1			1	
	加平李	2		2			4	
	康津李	1					1	
	江興李			1			1	
	開城李	2		2			4	
	京山李	1		1			2	
	慶州李	17	10	36		2	65	1,2
	高靈李			1			1	
	古阜李		1	2			3	
	固城李	11	2	12			25	2
	公州李	1		6			7	
	光陽李	1					1	
	光山(光州)李	1	2	4			7	
	廣州李	13	6	14	1		34	1,2
	廣平李			1			1	
	吉州李	2		1			3	
	樂安李			1			1	
	丹陽李	3		9			12	
	潭陽李	1		1			2	
	德山李	3	3	4	1		11	
	德水李	2	2	4	2		10	1,2
	德恩李			1			1	
	道安李			1			1	
	碧珍李	2		3	1		6	
	鳳山李	1		4			5	
	富平李	1	1	1			3	
	泗川李		1				1	
	商山李	2					2	
	瑞山李			1			1	

	本貫	c1	c2	c3	c4	c5	計	備考
李	星山李			5			5	
	星州李	21	4	19	1		45	1,2
	遂安李	1					1	
	水原李	1		1	1		3	
	淳昌李			2			2	
	順天李	1		3			4	
	新平李	1		1			2	
	牙山李	2		2			4	
	安東李				1		1	
	安城李	1		6			7	
	安岳李		2	1			3	
	梁山李	4		1			5	
	陽城李	8	4	8			20	1,2
	驪州李	8	4				12	
	延安李	9	3	14	1	1	28	1,2
	永陽李	1			1		2	
	永川李	4	3	9	2		18	2[*]
	寧海李			2	2		4	
	永興李	1					1	
	禮安李	1		4			5	
	醴泉李			1			1	
	雍津李			1			1	
	龍仁李	3	2	21	1		27	1,2
	羽溪李			2			2	
	牛峯李	1	2	1	1		5	
	蔚山李			1			1	
	原州李			2			2	
	益山李			2			2	
	仁川李	7	1	10	1		19	1[*]
	林川李	1					1	
	長城李			2			2	
	長水李	3		3			6	
	長興李			1			1	
	載寧李		1	4			5	
	全義李	15	13	41	3		72	1,2
	全州李(종친)						489	
	全州李(비종친)	14	5	27	6	6	68	1,2
	眞城李			4			4	
	淸安李			2			2	
	淸州李	3	5	4	1		13	
	靑海李	4	1	1	1		7	
	泰安李			1			1	
	平昌李	3	1	5			9	

姓	本貫						計	
李	河濱李	1		3			4	
	河陰李			1			1	
	鶴城李	1		1			2	
	韓山李	14	4	21	3		42	1,2
	咸安李	1		5			6	
	咸平李	4		3	1		8	
	陜川李			3			3	
	洪州李	1		1	1		3	
	花山李			1			1	
	興陽李	3		1	9		13	2[*]
	본관불명	96	71	795	259	89	1,310	
	계	306	152	1,169	301	98	2,026	
尼				1			1	
里				1			2	
伊		2	1	14	2		19	
離				1			1	
而				2			2	
印	喬桐印			2		1	3	
	본관불명		1	3	1	1	6	
	계		1	5	1	2	9	
囚				2			2	
仁				1			1	
引		1					1	
任	長興任	1	1	2			4	
	豊川任	7	2	4	1		14	1[*]
	본관불명	3	4	38	8	4	57	
	계	11	7	44	9	4	75	
林	開寧林			1			1	
	羅州林			1			1	
	善山林			1			1	
	安陰林	1					1	
	醴泉林	1		1			2	
	鎭川林			1			1	
	平澤林	3		5			8	
	본관불명	5	1	59	21	7	93	
	계	10	1	69	21	7	108	
者		1		5	3		9	
刺				1			1	
資				1			1	
張	結城張		1				1	
	丹陽張	2		1			3	
	德水張	1		7	1		9	
	木川張			1			1	
	扶安張			1			1	

성	본관						계	
張	星州張					1	1	
	壽城張			1			1	
	順天張			1			1	
	安東張	3	2	4			9	
	禮山張			1	1		2	
	沃溝張			1			1	
	仁同張	2		3			5	
	知禮張			1			1	
	鎭川張			2			2	
	昌寧張			3			3	
	海豊張			1			1	
	興城(興德)張	1		4	1		6	
	본관불명	4	4	68	38	14	148	
	계	13	7	100	41	15	196	
蔣	牙山蔣			1			1	
	靑松蔣			1			1	
	본관불명				1		1	
	계			2	1		3	
將			2				2	
章				1			1	
莊				1			1	
裝				1			1	
箸				1			1	
赤				2			2	
田	南陽田	2		1			3	
	潭陽田	1		3			4	
	延安田			1			1	
	河陰田	1		1			2	
	본관불명	1		13	19	1	34	
	계	5		19	19	1	44	
全	慶山(京山)全	1		2			3	
	慶州全		1				1	
	潭陽全			1			1	
	連山全			1			1	
	完山全			1			1	
	龍宮全			3			3	
	天安全			1			1	
	본관불명	5	1	52	17	5	80	
	계	6	2	61	17	5	91	
錢	聞慶錢			1			1	
	본관불명			2	1		3	
	계			3	1		4	
鄭	慶州鄭	3	2	8			13	
	光州鄭		2	8	1		11	

鄭	羅州鄭	3		2			5	
	東萊鄭	16	2	25	3		46	1,2
	奉化鄭	6		5			11	2*
	西京鄭			1			1	
	瑞山鄭		1	2			3	
	盈德鄭	1					1	
	迎日(延日)鄭	4	6	23	3	1	37	1
	永川鄭			1			1	
	溫陽鄭		1	4	1		6	
	完山鄭			1			1	
	晉陽(晉州)鄭	3	2	9			14	
	淸州鄭	3		5			8	2*
	草溪鄭	5		13			18	
	豊基鄭			1			1	
	河東鄭	5		11	2		18	
	海州鄭	6	1	7	2		16	
	본관불명	14	12	250	50	11	337	
	계	69	29	374	63	12	547	
丁	羅州(押海)丁	1		2			3	
	扶寧丁					1	1	
	靈光丁		1	2			3	
	義城丁			3			2	
	본관불명			12	4	1	17	
	계	1	1	19	4	2	26	
正				1			1	
井				3			3	
齊				1			1	
諸				2			2	
曹	南平曹	1	1	1			3	
	壽城曹	1			1		2	
	麟山曹		1				1	
	昌寧曹	7	2	20			29	1,2
	咸平曹		1				1	
	본관불명	9	6	47	10	3	75	
	계	18	11	68	11	3	111	
趙	廣州趙		1				1	
	金堤趙		1	1			2	
	南海趙			1			1	
	白川趙	8	2	10			20	1,2*
	水原趙			1			1	
	淳昌趙	2		4			6	
	新昌趙		1	1			2	
	楊州趙	6		7	1		14	
	林川趙			3			3	

姓	본관	1	2	3	4	5	계	비고
趙	酒泉趙			1			1	
	眞寶趙	1		1			2	
	平壤趙	6	4	12	2		24	1,2
	豊壤趙	3		8			11	
	漢陽趙	14	2	24	5		45	1,2
	咸安趙	4		7		1	12	
	咸悅趙	1					1	
	橫城趙	1		3			4	
	본관불명	20	10	177	38	10	255	
	계						404	
照		1		3	1		5	
鳥						1	1	
早				1		1	2	
宗				1		1	2	
佐				1			1	
周	尚州周			2			2	
	草溪周			1			1	
	豊基周			1			1	
	본관불명			16	6	3	25	
	계			20	6	3	29	
朱	新安朱			1			1	
	熊川朱			1			1	
	본관불명	4		17	6	1	28	
	계	4		17	6	1	30	
主				1			1	
重				1	1	1	3	
池	忠州池	2	1	7			10	
	본관불명	2	1	18	1	2	24	
	계	4	2	25	1	2	34	
之				2	1		3	
知				1			1	
智				2	1		3	
陳	三陟陳	1					1	
	巽陽陳		1	4			5	
	본관불명	3	1	32	11	2	49	
	계	4	2	36	11	2	55	
秦	豊基秦		1	1			2	
	본관불명			3	1		4	
	계		1	4	1		6	
晉				1			1	
鎭		1					2	
叱				1			1	
澄				2			2	
車	延安車	2					2	

車	본관불명	4	1	12	9		26	
	계	6	1	12	9		28	
箚		1		1			2	
蔡	仁川蔡	1		3	2		6	
	平康蔡		1	4			5	
	본관불명			15	3		18	
	계	1	1	22	5		29	
處				1			1	
千					1		1	
撤				1			1	
僉				1			1	
帖				1			1	
肖				3			2	
抄					2		2	
崔	江陵崔	9		6	2		17	1,2*
	康津崔			1			1	
	江華崔	1		6			7	
	慶州崔	2	1	13	1		17	
	廣州崔			1			1	
	郎州崔		1	1			2	
	朔寧崔	1	3	6			10	
	隋城(水原)崔	1		4	1		6	1*
	楊州崔			1			1	
	陽川崔		1	2			3	
	靈巖崔				1		1	
	永川崔	3	1	1			5	
	原州崔			1			1	
	全州崔	9	5	38	5		57	2
	鐵原崔			2			2	
	忠州崔	1					1	
	耽津崔		1	1			2	
	通州崔	3		4			7	
	海州崔	2	3	7			12	1
	和順崔	3	3	8			14	2
	興海崔			3			3	
	본관불명	21	13	256	97	28	425	
	계	56	31	360	108	28	595	
秋				1			1	
春				1			1	
艶				1			1	
出				1			1	
充				2			2	
沈				1			1	
稱				1			1	

姓	본관						계	비고
他				1	1		2	
朶				1			1	
卓	光州卓	1	1	1			3	
	본관불명	1		5	4	1	11	
	계	2	1	6	4	1	14	
濯				1			1	
探				1			1	
塔				2			2	
湯				1			1	
太	陝溪太			1			1	
	본관불명		1	1			2	
	계		1	2			3	
土				4	1		5	
堆				1			1	
退				1			1	
波				11	2		13	
把				2			2	
八				2			2	
平	東萊平			1			1	
	昌原平	1	1				2	
	본관불명	2		10	1		13	
	계	3	1	11	1		16	
浦				1			1	
表	新昌表	1		3			4	
	본관불명			2	2		4	
	계	1		6	2		9	
皮	東萊皮		1				1	
	본관불명			6			6	
	계		1	6			7	
河	丹溪河	1			1		2	
	晉陽(晉州)河	7	3	30	2		42	1
	본관불명	1		32	19		52	
	계	9	3	62	22		96	
何				1			1	
韓	谷山韓	6		2	1	1	10	
	清州韓	35	4	47	5		91	1,2
	본관불명	5	3	60	39	13	120	
	계	46	7	109	45	14	221	
旱				1			1	
咸	江陵咸	3		1			4	1,2*
	본관불명			11	4	1	16	
	계	3		12	4	1	20	
哈				1			1	
項				1			1	

성	본관						계	
海				1			1	
奚				4			4	
許	金海許			3			3	
	陽川許	10	1	21			32	1,2
	泰仁許			2			2	
	河陽許	5	3	5	2		15	1,2
	咸昌許			1			1	
	본관불명	6	2	40	17	5	70	
	계	21	6	73	19	5	125	
玄	星州玄			4			4	
	昌原玄	1					1	
	본관불명	2	1	8	1		12	
	계	3	1	12	1		17	
賢					1		1	
鉉		1	1				2	
夾				3			3	
晉州邢				1	1		2	
好				9			9	
胡					1		1	
扈				1	1		2	
忽				1			1	
洪	南陽洪	21	11	24	4		60	1,2
	缶林(缶溪)洪	1		1			2	
	尙州洪			1			1	
	豊山洪			3	1		4	
	洪州洪			1	2		3	
	懷仁洪	1					1	
	본관불명	16	8	85	24	2	135	
	계	39	19	115	31	2	206	
化					1		1	
和				1			1	
黃	德山(善山)黃			2	1		3	
	尙州黃	1		1	1		3	
	紆州黃	1		1			2	
	長水黃	4	2	12	1	2	21	1,2
	昌原黃	2	1	4	2		9	
	平海黃	3	1	6			10	
	懷德黃	2					2	
	본관불명	11	3	85	15	4	108	
	계	24	7	111	20	6	158	
皇甫	永川皇甫	3	1	3	1		8	
	본관불명			2			2	
	계	3	1	5	1		10	
回				1	1		2	

				1			1	
懷				1			1	
厚				1			1	
欣					1		1	
합계	성관자*	1,142	410	2,377	264	62	4,255	종친 489명 제외
	성관불명	479	325	5,302	1,573	600	8,279	
	계	1,621	735	7,679	1,837	662	12,534	

〈별표 5〉 조선초기 관인 확인자 부조 최고 관직(관계)

성관		정1~종2	정3상	정3~종6	정7~종9	불명	합계	비고
葛						1	1	
甘	檜山甘					1	1	
	성관불명					3	3	
	계					4	4	
姜	衿川姜	3				2	5	
	同福姜						1	
	龍仁姜					1	1	
	晉州(晉陽)姜	27	1	12		2-	69	1,2
	본관불명	1	1			136	138	
	계						204	
康	谷山康					1	1	
	信川康	3	1	5		6	15	1,2*
	載寧康	1	1				2	
	본관불명					40	40	
	계	3	2	6		47	58	
江						1	1	
強						1	1	
巨						3	3	
甄						1	1	
堅						3	3	
慶	淸州慶	8	2	6			16	1*
	성관불명					7	7	
	계	8	2	6		7	23	
庚						2	2	
景						1	1	
高	開城高		1			1	2	2*
	長興高		1	1			2	
	濟州高	15	8	4	3	5	35	1,2
	橫城高			1		1	2	
	본관불명					51	51	
	계	15	10	6	3	56	92	
古						1	1	
昆						1	1	
公	金浦公					1	1	
	본관불명					3	3	
	계					4	4	
孔	昌原孔	3				1	4	
	본관불명					4	4	
	계	3				5	8	
果						1	1	
郭	善山郭	3					3	
	淸州郭	1	1	5		6	13	

姓	본관						계	비고
郭	玄風郭	2		2		9	13	
	본관불명					38	38	
	계	6	1	7		53	67	
管						1	1	
具	綾城具	21	3	2	2	2	28	1
	본관불명					15	15	
	계	21	3	2	2	15	43	
仇	昌原仇					1	1	
	본관불명					9	9	
	계					10	10	
丘	平海丘	2		5			7	
	본관불명					4	4	
	계	2		5		4	11	
潭陽鞠						1	1	
權	安東權	105	21	57	4	17	204	1,2
	醴泉權			4			4	
	忠州權					1	1	
	본관불명			1		102	103	
	계	105	21	62	4	120	312	
琴	奉花琴	3		4		4	11	
	본관불명					1	1	
	계	3		4		5	12	
奇	幸州奇	2	1	1			4	1*
	본관불명					9	9	
	계	2	1	1		9	13	
吉	海平吉			3			3	
	본관불명					3	3	
	계			3		3	6	
金	江陵金	5		8		10	23	2
	江西金					1	1	
	康津金					1	1	
	江華金					1	1	
	慶山金					2	2	
	慶州金	24	2	7		9	42	1,2
	高靈金	2		1			3	
	固城金	1					1	
	公州金			1			1	
	光山金	25		15		15	56	1,2
	金寧金	1					1	
	金海金	7		7		11	25	1,2
	金化金					1	1	
	羅州金	2					2	
	樂安金					1	1	
	南原金					1	1	

	潭陽金					1	1	
	道康金	1					1	
	茂長金		1				1	
	密陽金					1	1	
	保寧金					1	1	
	福山金			1			1	
	扶安金			1		2	3	
	三陟金					2	2	
	尙山(尙州)金	7	1	12		7	27	1,2
	瑞興金			1			1	
	善山金	6	1	8		8	23	1,2
	水原金					2	2	
	順天金	7	1			1	9	
	安康金	1					1	
	安東金	28	10	9	1	6	54	1,2
	安山金	12					12	
	楊根金				1		1	
	彦陽金	10	3	4		2	19	
	燕岐金					1	1	
	延安金	42		3		3	48	2
	靈光金	2	1			4	7	
	永山(永同)金	1	1	3		1	6	
金	英陽金					1	1	
	永興金					1	1	
	禮安金			4		1	5	
	龍宮金					1	1	
	牛峯金					1	1	
	蔚山金		1	1			2	
	原州金	6	1	1			8	
	陰城金					1	1	
	義城金	8	2	10		5	25	2
	義興金					1	1	
	一善(善山)金	7	1	3			11	
	臨津金					1	1	
	中和金					1	1	
	昌寧金					1	1	
	昌原金	1					1	
	清道金	4			1		5	
	清州金					1	1	
	清風金	5	4	2		4	15	
	平海金					1	1	
	豊山金					2	2	
	咸昌金	1				2	3	
	海平金	1		1		1	3	

	본관						계	비고
	熙川金	2		1			3	
金	본관불명	4	1	5		1,423	1,440	
	계	223	31	109	3	1,531	1,907	
	居平羅			1			1	
	羅州羅			1		2	3	1[*]
羅	壽城羅			1			1	
	安定羅			3			3	
	본관불명					27	27	
	계			6		29	35	
	固城南	4				2	6	
	英陽南		1				1	
南	宜寧南	20	1	10		6	37	1,2
	본관불명			1		43	44	
	계	20	1	11		49	88	
	咸悅南宮			1		2	2	
南宮	본관불명					1	1	
	계			1		2	3	
浪						16	16	
	谷山盧	1					1	
	光州盧	4		2		1	7	
	交河盧	12	2	2			16	1,2[*]
	萬頃盧				1		1	
	善山盧			1			1	
盧	安康盧					1	1	
	安東盧			1			1	
	長淵盧		2				2	
	豊山盧	1					1	
	豊川盧		2				2	
	본관불명					86	86	
	계	18	4	8	1	88	109	
	咸豊魯					1	1	
魯	본관불명					10	10	
	계					11	11	
多						1	1	
段						2	2	
答						1	1	
	密陽唐	2				1	3	
唐	본관불명					1	1	
	계	2				2	4	
	星州都			2		2	3	
都	본관불명					7	7	
	계			2		9	11	
童				5		29	34	
豆						2	2	

	본관					계	비고
藤						6	6	
馬	長興馬	2		1		3	
	본관불명		1		11	12	
	계	2	1	1	11	15	
莫						1	1	
滿						1	1	
萬						3	3	
望						2	2	
梅		1		1	3	5	
孟	新昌孟	3	2		1	6	1,2*
	본관불명				5	5	
	계	3	2		6	11	
明						1	1	
牟	咸平牟	1				1	
	본관불명				1	1	
	계	1			1	2	
毛			1			1	
睦	泗川睦	2		2		4	
	본관불명				4	4	
	계	2		2	4	8	
文	甘泉文		1	1	2	4	
	南平文	12		3	1	16	
	丹城文	1		3		4	
	靈山文			2		2	
	본관불명			1	80	81	
	계	13	1	10	83	107	
門						1	1	
閔	驪興閔	51	9	17	16	93	1
	榮川閔				1	1	
	본관불명			1	66	67	
	계	51	9	18	83	161	
朴	江陵朴			5		5	
	慶州朴	2				2	
	高靈朴		1	5	3	9	2*
	固城朴			2		2	
	高陽朴	4		3		7	
	龜山朴				1	2	
	丘珍朴			1		1	
	軍威朴	2				2	
	羅州(반남)朴	12		3		15	1
	沔川朴	1			1	2	
	務安朴	1	1	1	1	4	
	文義朴					1	
	密陽(密城)朴	18	7	8	15	48	1,2

성	본관						계	
朴	比安朴	1		1			2	
	尙州朴	2	1	6		1	10	
	順天朴	15	1	1			17	1
	驪州朴			1			1	
	寧海朴	2	1			2	5	
	牛峯朴					1	1	
	雲峯朴	3					3	
	蔚山朴					1	1	
	陰城朴	3		6		1	10	
	義興朴			1			1	
	竹山朴	17	2	1	1	3	24	1
	珍原朴					1	1	
	昌原朴	3		1			4	
	春川朴			1		3	4	
	忠州朴	1		7			8	
	泰仁朴						1	
	咸陽朴	13	3	3	1	7	27	
	본관불명			4	2	52	530	
	계	95	20	61	6	569	751	
潘	居濟潘	1				2	3	
	본관불명					9	9	
	계	1				11	12	
方	軍威方				1		1	
	본관불명					14	14	
	계				1	14	15	
房	南陽房			4		1	5	
	본관불명					5	5	
	계			4		6	10	
裵	金海裵					1	1	
	大邱裵	2		1			3	
	盆城裵	2		2			4	
	星山(星州)裵	5		1		2	8	2*
	興海裵	9		1			10	
	본관불명					59	59	
	계	18		5		62	85	
白	南陽白					1	1	
	水原白	2		1			3	
	稷山白					1	1	
	본관불명			2		39	41	
	계	2		3		41	46	
卞	密陽卞	5	1	1			7	
	草溪卞	7		3		1	11	
	본관불명					15	15	
	계	12	1	4		16	33	

邊	原州邊	14		4		4	22	
	黃州邊	1					1	
	본관불명					31	31	
	계	15		4		35	54	
卜	昫川卜			4		1	5	
	본관불명					4	4	
	계			4		5	9	
奉	河陰奉	4	1	3			8	1[*]
	본관불명					5	5	
	계	4	1	3		5	13	
佛						1	1	
沙						1	1	
舍						1	1	
史						3	3	
斜						1	1	
司空						1	1	
撒						2	2	
三甫						1	1	
尙						1	1	
生						1	1	
徐	佳城徐					1	1	
	達城徐	2	2	3			7	
	夫餘徐			1		1	2	
	連山徐				1		1	
	利川徐	2	5	8	1	1	17	1[*]
	長城徐					1	1	
	본관불명					84	84	
	계	4	7	12	2	88	103	
石	忠州石			2			2	
	본관불명					7	7	
	계			2		7	9	
宣	寶城宣		1	2		2	5	
	본관불명					10	10	
	계		1	2		12	15	
偰	慶州偰	6		1			7	
	본관불명					3	3	
	계	6		1		3	10	
薛	淳昌薛	2	1	4		2	9	
	본관불명					14	14	
	계	2	1	4		16	23	
葉	慶州葉			1			1	
	본관불명					3	3	
	계			1		3	4	
成	昌寧成	42	3	7		17	69	1,2

성	본관						계	
成	본관불명					22	22	
	계	42	3	7		39	91	
蘇	晉州蘇			1		4	5	
	본관불명			1		6	7	
	계			2		10	12	
所						2	2	
孫	慶州孫	3	2			1	6	
	求禮孫					1	1	
	密陽孫	3		5		6	14	1[*]
	一直孫	2	1				3	
	平海孫	1		1			2	
	본관불명	1			1	64	66	
	계	10	3	6	1	72	92	
宋	金海宋	1				1	2	
	德山宋		1	2			3	
	新平宋			3			3	
	冶城宋	3		1			4	
	彦陽宋			1			1	
	礪山宋	11	8	18		1	38	1,2
	延安宋	4	1				5	
	禮安宋					1	1	
	龍城宋					1	1	
	恩津宋		3	1			4	
	鎭川宋	2	2	6			10	1[*]
	淸州宋					2	2	
	泰仁宋					1	1	
	興德宋					1	1	
	본관불명				1	126	127	
	계	20	15	34		134	203	
光山承				1			1	
升						1	1	
時						2	2	
申	高靈申	25	6			1	32	1,2
	谷城申					1	1	
	淳昌申					1	1	
	鵝洲申			2			2	
	殷豊申					2	2	
	平山申	12	4	3		9	28	1,2
	본관불명					110	110	
	계	37	10	5		124	166	
信						1	1	
辛	靈山辛	15	2	6	1	1	25	1,2
	寧越辛	6				1	7	
	본관불명					66	66	

성	본관						계	비고
辛	계	21	2	6	1	68	98	
愼	居昌愼	13		2			15	1,2*
	본관불명					5	5	
	계	13		2		5	20	
沈	富有沈	2		1			3	
	三陟沈			2		1	3	
	靑松沈	23		2		2	27	1,2
	豊山沈	5		4			9	
	본관불명					28	28	
	계	30		9		31	70	
阿						3	3	
安	康津安					1	1	
	公山安					1	1	
	廣州安	3		4		2	9	
	狼川安					1	1	
	順興安	45	5	4		5	59	1,2
	安山安					2	2	
	竹山安	10		6		3	19	1,2
	忠州安		1	1		3	5	
	본관불명			2		160	162	
	계	58	6	17		178	259	
艾						2	2	
也						2	2	
梁	南原梁	3	4	7		3	17	2*
	濟州梁	2		1		3	6	
	본관불명					49	49	
	계	5	4	8		55	72	
楊	光山楊					1	1	
	中和楊			4		1	5	
	淸州楊	8	1	1		5	15	
	忠州楊			1		1	2	
	본관불명	2	1	1		38	42	
	계	10	2	7		46	65	
陽						1	1	
魚	忠州魚	2		1			3	
	咸從魚	2		5			7	1,2*
	본관불명					9	9	
	계	4		6		9	19	
嚴	寧越嚴	1		1		3	5	
	본관불명					13	13	
	계	1		1		16	18	
呂	星州呂					1	1	
	咸陽呂	2		4		1	7	
	본관불명					17	17	

呂	계	2		4	19	25	
余	宜寧余		2	1		3	
	본관불명				4	4	
	계		2	1	4	7	
亦					2	2	
延	谷山延	5				5	
	본관불명				4	4	
	계	5			4	9	
廉	坡州(西原)廉	2				2	
	본관불명				9	9	
	계	2			9	11	
永					1	1	
英					1	1	
甯					1	1	
芮	缶溪芮		1			1	
	본관불명				1	1	
	계		1		1	2	
吳	高敞吳		1			1	
	羅州吳		1	1		2	
	樂安吳		1			1	
	同福吳	5				5	
	寶城吳	8	1		1	10	
	蔚山吳	2	1			3	
	平海吳	1				1	
	咸陽吳	2			2	4	
	海州吳	4	1	4	1	10	
	興陽吳	7				7	
	본관불명			2	118	120	
	계	29	4	9	122	174	
玉	宜寧玉			1	2	3	
	본관불명				5	5	
	계			1	7	8	
兀					1	1	
王	開城王	3		1	6	10	
	본관불명				18	18	
	계	3		1	24	28	
龍	洪川龍			1		1	
	본관불명				4	4	
	계			1	4	5	
禹	丹陽禹	21	1	2	3	27	1*
	본관불명				47	47	
	계	21	1	2	50	74	
牛					1	1	
右					1	1	

姓	본관						계	비고
亐						2	2	
雲						1	1	
元	原州元	6	13			6	25	1
	본관불명				1	31	32	
	계	6	13		1	37	57	
袁						1	1	
原						1	1	
魏						10	10	
柳	江陵柳	1					1	
	高興柳	5					5	
	文化柳	48		22		6	76	1,2
	白川柳			2			2	
	瑞山柳	7	3	1		2	13	1,2*
	星州柳					1	1	
	楊口柳					1	1	
	延安柳					1	1	
	靈光柳	2	1			1	4	2*
	全州柳		1	7	1	3	12	
	晉州柳	21	5	5	1	5	37	
	豊山柳					2	2	
	興陽柳					4	4	
	본관불명					171	171	
	계	84	10	37	2	197	230	
劉	江陵劉	2					2	
	金城劉		1			1	2	
	延安劉					1	1	
	본관불명					37	37	
	계	2	1			39	42	
兪	高靈兪			1			1	
	杞溪兪	3				2	5	
	務安兪			1			1	
	仁同兪			1		1	2	
	昌原兪	1	2				3	
	본관불명					39	39	
	계	4	2	3		42	51	
庚	茂松(평산)庚	1	2			1	4	
	본관불명					5	5	
	계	1	2			6	9	
陸	沃川陸	1					1	1*
	본관불명					4	4	
	계	1				4	5	
尹	南原尹	2	2				4	
	務安尹					1	1	
	茂長(무송)尹	6	6			2	14	2*

姓	本貫					計	비고
尹	楊州尹				2	2	
	驪州尹				1	1	
	永川尹			1		1	
	醴泉尹	1			1	2	
	載寧尹			1	2	3	
	漆原尹	4			2	6	1*
	坡平尹	63	11	4	5	83	1,2
	咸安尹	2	1			4	
	海平尹	12	2			14	
	본관불명				232	232	
	계	87	14	21	245	357	
殷	幸州殷	1				2	
	본관불명				4	4	
	계	1			5	6	
乙					2	2	
李	嘉山李				1	1	
	加平李	3	1			4	
	康津李				1	1	
	江興李				1	1	
	開城李	3			1	4	
	京山李	2				2	
	慶州李	34	6	16	9	65	1,2
	高靈李				1	1	
	古阜李	1			2	3	
	固城李	18	1		6	25	2
	公州李	4	1	1	1	7	
	光陽李				1	1	
	光山(光州)李	4	2		1	7	
	廣州李	24	4	4	2	34	1,2
	廣平李	1				1	
	吉州李	2	1			3	
	樂安李				1	1	
	丹陽李	8	2		2	12	
	潭陽李	2				2	
	德山李	10			1	11	
	德水李	5	1	4		10	1,2
	德恩李				1	1	
	道安李				1	1	
	碧珍李	3	1		2	6	
	鳳山李	3			2	5	
	富平李			1	2	3	
	泗川李				1	1	
	商山李	2				2	
	瑞山李			1		1	

李	本貫						計	비고
	星山李		1	4			5	
	星州李	35		3		7	45	1,2
	遂安李					1	1	
	水原李	2				1	3	
	淳昌李	1				1	2	
	順天李	1		2		1	4	
	新平李				1	1	2	
	牙山李	2				2	4	
	安東李					1	1	
	安城李	4		2	1		7	
	安岳李	2		1			3	
	梁山李	4				1	5	
	陽城李	16	1	2		1	20	1,2
	驪州李	7		4		1	12	
	延安李	8	8	7		4	27	1,2
	永陽李	2					2	
	永川李	16		1		1	18	2*
	寧海李	3		1			4	
	永興李					1	1	
	禮安李	2	2			1	5	
	醴泉李					1	1	
李	雍津李					1	1	
	龍仁李	14	6	3		4	27	1,2
	羽溪李	1		1			2	
	牛峯李	4	1				5	
	蔚山李	1					1	
	原州李			1		1	2	
	益山李	1		1			2	
	仁川李	15	1	3			19	1*
	林川李	1					1	
	長城李	1		1			2	
	長水李	4		1		1	6	
	長興李					1	1	
	載寧李	1		1		3	5	
	全義李						72	1,2
	全州李(종친)						489	
	全州李(비종친)	42				26	68	
	眞城李		1	3			4	
	淸安李					2	2	
	淸州李	11	2				13	
	靑海李	6		1			7	
	泰安李	1					1	
	平昌李	2	4			3	9	
	河濱李			3		1	4	

姓	本貫						計	備考
李	河陰李			1			1	
	鶴城李	1				1	2	
	韓山李	39	2	1			42	1,2
	咸安李	5				1	6	
	咸平李	2	2			4	8	
	陜川李					3	3	
	洪州李	3					3	
	花山李	1					1	
	興陽李	8	1	2		2	13	2*
	본관불명	3	1	12	2	1,292	1,310	
	계	401	51	91	4	1,479	2,026	종친 제외
尼						1	1	
里						2	2	
伊				2		17	19	
離						1	1	
而						2	2	
印	喬桐印	3					3	
	본관불명					6	6	
	계	3				6	9	
因						2	2	
仁						1	1	
引						1	1	
任	長興任	2	1	1			4	
	豊川任	11	1	2			14	1*
	본관불명			1		56	57	
	계	13	2	4		56	75	
林	開寧林			1			1	
	羅州林			1			1	
	善山林					1	1	
	安陰林					1	1	
	醴泉林			1		1	2	
	鎭川林	1					1	
	平澤林	7				1	8	
	본관불명		1	1	1	90	93	
	계	8	1	4	1	94	108	
者				1		8	9	
刺						1	1	
資				1		0	1	
張	結城張					1	1	
	丹陽張					3	3	
	德水張	2	1	4		2	9	
	木川張		1				1	
	扶安張			1			1	
	星州張					1	1	

	壽城張					1	1
	順天張			1			1
	安東張	4		4		1	9
	禮山張	1		1			2
	沃溝張		1				1
	仁同張	1		2		2	5
張	知禮張					1	1
	鎭川張	1				1	2
	昌寧張			1		2	3
	海豊張						1
	興城(興德)張	2		1		3	6
	본관불명	1		3	1	143	148
	계	12	3	18	1	162	196
	牙山蔣			1			1
蔣	靑松蔣					1	1
	본관불명					1	1
	계			1		2	3
將						2	2
章						1	1
莊						1	1
裝						1	1
箸						1	1
赤						2	2
	南陽田	2	1				3
	潭陽田		1	1		2	4
田	延安田	1					1
	河陰田	1				1	2
	본관불명					34	34
	계	4	2	1		37	44
	慶山(京山)全	3					3
	慶州全			1			1
	潭陽全					1	1
	連山全					1	1
全	完山全			1			1
	龍宮全	1		2			3
	天安全			1			1
	본관불명					80	80
	계	4		5		82	91
	聞慶錢					1	1
錢	본관불명					3	3
	계					4	4
	慶州鄭	3		8		2	13
鄭	光州鄭	4	4			3	11
	羅州鄭	2		1		2	5

							계	
鄭	東萊鄭	26	3	13		4	46	1,2
	奉化鄭	10	1				11	2[*]
	西京鄭	1					1	
	瑞山鄭	2		1			3	
	盈德鄭			1			1	
	迎日(延日)鄭	22	2	6		7	37	1
	永川鄭			1			1	
	溫陽鄭			5		1	6	
	完山鄭			1			1	
	晉陽(晉州)鄭	4	1	1	2	6	14	
	淸州鄭	7				1	8	2[*]
	草溪鄭	5	1	6		6	18	
	豊基鄭			1			1	
	河東鄭	8	8			2	18	
	海州鄭	10	2	3		1	16	
	본관불명					337	337	
	계	104	23	47	2	371	547	
丁	羅州(押海)丁			3			3	
	扶寧丁						1	
	靈光丁			3			3	
	義城丁			2			2	
	본관불명					17	17	
	계			8		18	26	
正						1	1	
井						3	3	
齊						1	1	
諸						2	2	
曺	南平曺			3			3	
	壽城曺					2	2	
	仁山曺					1	1	
	昌寧曺	13	3	7	1	5	29	1,2
	咸平曺					1	1	
	본관불명					75	75	
	계	13	3	10	1	85	111	
趙	廣州趙					1	1	
	金堤趙			1		1	2	
	南海趙					1	1	
	白川趙	18	1			1	20	1,2[*]
	水原趙					1	1	
	淳昌趙	4	1		1		6	
	新昌趙		1			1	2	
	楊州趙	8	5			1	14	
	林川趙			3			3	
	酒泉趙					1	1	

趙	眞寶趙	2					2	
	平壤趙	15	4	4		1	24	1,2
	豊壤趙	2	1	4	1	3	11	
	漢陽趙	34	5	4		2	45	1,2
	咸安趙	3	1	3		5	12	
	咸悅趙					1	1	
	橫城趙	1	2	1			4	
	본관불명					1	264	255	
	계	87	16	25	3	373	404	
照						5	5	
鳥						1	1	
早						2	2	
宗						2	2	
佐						1	1	
周	尙州周					1	1	2	
	草溪周		1				1	
	豊基周					1	1	
	본관불명					25	25	
	계		1		1	27	29	
朱	新安朱					1	1	
	熊川朱					1	1	
	본관불명					28	28	
	계					30	30	
主						1	1	
重						3	3	
池	忠州池	3		4	1	2	10	
	본관불명					24	24	
	계	3		4	1	26	34	
之						3	3	
知						1	1	
智						3	3	
陳	三陟陳	1					1	
	驪陽陳	2		2		1	5	
	본관불명	1				48	49	
	계	4		2		48	55	
秦	豊基秦			2			2	
	본관불명					4	4	
	계			2		4	6	
晉						1	1	
鎭						2	2	
叱						1	1	
澄						2	2	
車	延安車			1		1	2	
	본관불명					26	26	

車	계			1		27	28	
箚						2	2	
蔡	仁川蔡	1	5				6	
	平康蔡		3	1		1	5	
	본관불명		1			17	18	
	계	1	9	1		18	29	
處						1	1	
千						1	1	
撤						1	1	
詹						1	1	
帖						1	1	
肖						2	2	
抄						3	2	
崔	江陵崔	9	3			5	17	1,2*
	康津崔					1	1	
	江華崔	6	1				7	
	慶州崔	6	1	5		5	17	
	廣州崔				1		1	
	郞州崔	2					2	
	朔寧崔	2	4	3		1	10	
	隋城(水原)崔	3		3			6	1*
	楊州崔		1				1	
	陽川崔				2	1	3	
	靈巖崔					1	1	
	永川崔	1	1	2		1	5	
	原州崔			1			1	
	全州崔	25	1	5		26	57	2
	鐵原崔	1				1	2	
	忠州崔			1			1	
	耽津崔				1	1	2	
	通州崔	5		1		1	7	
	海州崔	2	3	3		4	12	1
	和順崔	1	3	6		4	14	2
	興海崔					3	3	
	본관불명	4		2		419	425	
	계	67	15	35	4	474	495	
秋						1	1	
春						1	1	
黜						1	1	
出						1	1	
充						2	2	
沈						1	1	
稱						1	1	
他						2	2	

성씨	본관					계	비고
朶					1	1	
卓	光州卓	2	1			3	
	본관불명				11	11	
	계	2	1		11	14	
灌					1	1	
探					1	1	
塔					2	2	
湯					1	1	
太	陜溪太				1	1	
	본관불명				2	2	
	계				3	3	
土					5	5	
堆					1	1	
退					1	1	
波				1	12	13	
把					2	2	
八					2	2	
平	東萊平				1	1	
	昌原平	1			1	2	
	본관불명				13	13	
	계	1			15	16	
浦					1	1	
表	新昌表			2	2	4	
	본관불명				4	4	
	계			2	7	9	
皮	東萊皮				1	1	
	본관불명				6	6	
	계				7	7	
河	丹溪河			2		2	
	晉陽(晉州)河	22		9	11	42	1
	본관불명				52	52	
	계	22		11	63	96	
何						1	
韓	谷山韓	8			2	10	
	淸州韓	57	10	12	12	91	1,2
	본관불명				120	120	
	계	65	10	12	134	221	
旱					1	1	
咸	江陵咸	2		1	1	4	1,2*
	본관불명				16	16	
	계	2		1	17	20	
哈					1	1	
項					1	1	
海					1	1	

366 부록

奚						4	4	
許	金海許	1	1			1	3	
	陽川許	17	1	9		5	32	1,2
	泰仁許	2					2	
	河陽許	9	3			3	15	1,2
	咸昌許					1	1	
	본관불명					70	70	
	계	29	5	9		80	123	
玄	星州玄			2		2	4	
	昌原玄			1			1	
	본관불명			1		11	12	
	계			4		13	17	
賢						1	1	
鉉						2	2	
夾						3	3	
晉州邢						2	2	
好						9	9	
胡						1	1	
扈						2	2	
忽						1	1	
洪	南陽洪	33	1	12		14	60	1,2
	缶林(缶溪)洪					2	2	
	尙州洪					1	1	
	豊山洪	2		1		1	4	
	洪州洪	2				1	3	
	懷仁洪	1					1	
	본관불명	1				134	135	
	계	39	1	13		153	206	
化						1	1	
和						1	1	
黃	德山(善山)黃				1	2	3	
	尙州黃			2		1	3	
	紆州黃			2			2	
	長水黃	20				1	21	1,2
	昌原黃	4	1	2		2	9	
	平海黃	2	2	2		3	10	
	懷德黃	1		1			2	
	본관불명					108	108	
	계	27	3	9	1	114	158	
皇甫	永川皇甫	4		3		1	8	
	본관불명					2	2	
	계	4		3		3	10	
回						2	2	
懷						1	1	

							1	1	

厚						1	1	
欣						1	1	
합계	성관자*	2,153	336	883	38	837	4,255	종친 489명 제외
	본관불명	18	6	48	9	8,198	8,279	
	계	2,171	342	931	47	9.035	12,534	

〈별표 6〉 15세기 후반 유력거족성관3)

	신동	용총	저자교정		신동	용총	저자교정
신천강	*	*		서산유	*		거
진주강	*	*	거족	영광유	*		
청주경		*	거	진주유			유
개성고	*			옥천육		*	
청주곽			유력가문	무장(무송)윤	*		거
제주고	*	*	거	칠원윤		*	
능성구		*	거	파평윤	*	*	거
안동권	*	*	거	해평윤			유
행주기	*			경주이	*	*	거
강릉김	*		거	고성이	*		거
경주김	*	*	거	廣州이	*	*	거
광산김	*	*	거	덕수이	*	*	
김해김	*	*	거	성주이	*	*	거
상주김	*	*	거	양성이	*	*	거
선산김	*	*	거	여주이			유
안동김	*	*	거	연안이	*	*	거
연안김	*		거	영천이	*		거
의성김	*		거	용인이	*	*	거
청풍김			유	인천이		*	거
의령남	*	*	거	전의이	*	*	거
교하노	*	*	거	전주이	*	*	거
신창맹	*	*		한산이	*	*	거
남평문			유	흥양이	*		
여흥민		*	거	풍천任		*	거
고령박	*			동래정	*	*	거
나주(반남)박		*	거	봉화정	*		거
밀양박	*	*	거	靈光丁	*		
순천박	*		거	영일정		*	거
죽산박		*	거	청주정	*		
함양박			유	초계정			유
성산배	*			하동정	*	*	거
원주변			유	해주정			유
강화봉		*		배천조	*	*	거
이천서		*	거	양주조	*		거
창녕성	*		거	평양조	*	*	거

---

3) 용은 成俔이 『용재총화』에서 거족성관으로 적기한 성씨이고, 증은 李泰鎭이 『신증동 국여지승람』 본조(조선)항 인물조에 2인 이상 기재된 성씨를 거족으로 파악한 성씨이고, 유는 저자가 양반가문이 15세기 후반에 배출한 공신, 의정, 판서, 총 관인 수 능을 고려하여 거족성관과 같은 가세를 누렸다고 판정하여 추가한 성씨이다(유력가 문 판정기준은 앞 75~76쪽 참조).

밀양손		*		한양조	*	*	거
여산송	*		거	창녕曺	*	*	거
진천송		*		강릉최	*	*	거
거창신	*		거	수원최	*		
고령신	*		거	전주최	*		거
평산신	*		거	해주최		*	
靈山辛	*		거	화순최	*		거
청송심	*		거	진양하	*	*	거
순흥안	*		거	청주한	*	*	거
죽산안	*		거	강릉함	*	*	
南原梁	*		거	양천허	*	*	거
淸州楊			유	하양허	*	*	거
함종어	*			남양홍	*	*	거
단양우		*	거	장수황	*	*	거
원주원		*	거	합계(89)	71	57	80(거족 69, 유력가문 11)
문화유	*		거				

A Study on Government Officials(官人) of the Early *Joseon* Period

This book is a study on the government officials who ruled the country in the early *Joseon* Dynasty (*Taejo* 1 *Sungjong* 25) and examines political, economic power, marriage, and political management such as promotion, dismissal, and reinstatement of them.

The term "government official" means a person who currently holds an official position or a former person who was retired or fired after serving in the past.

The number of officials identified in various data in the early *Joseon* Dynasty was 13,000 including *Lee* from *Jeon-ju* (the last name), and 2,200 who were presumed to had been officials, a total of 15,200.

They are divided into incumbent or former officials, city or countryside working officials, civil servants, or military officers, etc. depending on their tenure, place of service, origin, and position.

The powerful families that produced a number of high-ranking government posts in the early *Joseon* Dynasty are about 30, including *Min* from *Yeo-heung* in the first half of the 15th century (in the period of king *Taejo* to king *Munjong*), and about 80, including *Kwon* from *An-dong*, in the second half of the 15th century (*Danjong Seongjong*).

During this period, the most common route for government officials to acquire government posts was taking the civil service exam, followed by *Um-seo* (蔭敍: Becoming a government official not because of passing the exam but because of having the powerful ancestors) and the military service exam.

In the early *Joseon* Dynasty, the performance review of government officials was most important in their promotion. But it was changed to the prize by the king in the second half of the 15th century.

The demotion to lower positions was due to crime, low performance, and impeachment, etc. The dismissal of the official was based on public crimes, very low performance, and impeachment, etc.

As for their economic bases, ordinary government officials had land, salaries, and slaves who were passed down or acquired through ancestors or marriage, and public officials, who were or had contributors of the *Joseon* Dynasty, could have more land in addition to that.

Government officials married around the age of 19 and lived in wife's house. Both the influential *Yangban* (noble family) and the humble, poor *Yangban* men married women whose government positions were almost equal.

Especially some *Yangban* which have flourished since the founding of the *Joseon* Dynasty, have been established as much more powerful families, distinguishing from other *Yangban* families. Although they were recognized as powerful families, they could not be settled as '*Geo-jok*'(鉅族: prosperous *Yangban* familes) because there were only a few *Yangban* families who occupied many important positions from the king *Taejo* to *Munjong* period, which means they could not have the power enough to confront the king, futhermore King *Taejong*'s checks to them were severe. However, from the King *Danjong* to *Seongjong* period, only dozens of families took place of most public posts. In this way, the *Yangban* families which produced a large number of public servants were distinguished from other *Yangban* families and settled as '*Geo-jok*'.

As seen above, the government officials who led politics in the early *Joseon* Dynasty were public servants who took the exam or contributors in the first half of the 15th century, however, '*Geo-jok*' families took their places in the second half of the 15th century.

참고문헌

1. 사료

『조선왕조실록』 태조 1~연산군 12년조
『용재총화』
『국조인물고』
『신증동국여지승람』
『寅齋集(申檗)』
『敬齋集(河演)』
『敬齋遺稿(南秀文)』
『太虛亭集(崔恒)』
『訥齋集(梁誠之)』
『私淑齋集(姜希孟)』
『虛白亭集(洪貴達)』
『大峯集(楊熙止)』
『鄭文翼公遺稿(鄭光弼)』
『경국대전』
『국조문과방목』
『선원세보기략』
『전고대방』
『청주한씨대동보』
『廣州李氏대동보』
『韓山李氏대동보』
『봉화금씨대동보』
『청주경씨대동보』
『선산김씨대동보』

『청주곽씨대동보』
『풍산홍씨세보』

2. 저서

민현구, 1983, 『조선초기의 군사제도와 정치』, 한국연구원.
이성무, 1991, 『개정증보 한국의 과거제도』, 집문당.
이재수, 2003, 『조선중기 전답매매연구』, 집문당.
임용한, 2008, 『조선전기 관리등용제도연구』, 도서출판 혜안.
정구선, 1995, 『조선시대 천거제연구』, 초록배.
정두희, 1983, 『조선초기 정치지배세력연구』, 일조각.
정두희, 1989, 『조선 성종대의 대간연구』, 한국연구원.
최승희, 1976, 『조선초기 언관·언론연구』, 서울대 한국문화연구소.
한국인물사연구원, 2011, 『계유년의 역신들』, 타오름.
한영우, 1983, 『조선전기 사회경제연구』, 을유문화사.
한충희, 1998, 『朝鮮初期 六曹와 統治體系』, 계명대학교출판부.
한충희, 2006, 『朝鮮初期 政治制度와 政治』, 계명대학교출판부.
한충희, 2007, 『朝鮮初期 官衙研究』, 국학자료원.
한충희, 2008, 『朝鮮初期 官職과 政治』, 계명대학교출판부.
한충희, 2011, 『朝鮮前期의 議政府와 政治』, 계명대학교출판부.
한충희, 2013, 『朝鮮의 覇王 太宗』, 계명대학교출판부.
한충희, 2020, 『조선초기 관인 이력』, 도서출판 혜안.

3. 논문

김구진, 1995, 「여진과의 관계」, 『한국사』 32, 국사편찬위원회.
김태영, 1994, 「토지제도」, 『한국사』 24, 국사편찬위원회.
남도영, 1994, 「마정」, 『한국사』 24, 국사편찬위원회.
박병호, 1995, 「『경국대전』의 편찬과 계승」, 『한국사』 22, 국사편찬위원회.
신유아, 2013, 「조선초기 체아직 연구」, 서울대학교 대학원 사회교육과 역사전공 교육학박
　　사학위논문.
원유한, 1994, 「화폐의 유통」, 『한국사』 24, 국사편찬위원회.
윤훈표, 1984, 「조선초기 무과제도연구」, 연세대학교 석사학위논문.
이재룡, 1967, 「조선시대 체아직에 대한 고찰-서반체아를 중심으로-」, 『역사학보』 34·36
　　합호.

이태진, 1975, 「15세기 후반기의 '거족'과 명족의식」, 『한국사론』 3.

정해은, 2002, 「조선후기 무과급제자 연구」, 정신문화연구원 한국학대학원 박사학위 논문.

최승희, 1985, 「조선시대 양반의 대가제」, 『진단학보』 60.

최재석, 1994, 「가족제도」, 『한국사』 25, 국사편찬위원회.

하우봉, 1995, 「일본과의 관계」, 『한국사』 22, 국사편찬위원회.

韓忠熙, 1980·1981, 「朝鮮初期 議政府 硏究」 상·하, 『한국사연구』 31·32.

한충희, 1981, 「朝鮮初期 六曹硏究-制度의 確立과 實際機能을 중심으로」, 『대구사학』 20·21.

한충희, 1984, 「朝鮮初(태조 2년~태종 1년) 義興三軍府硏究」, 『계명사학』 5.

한충희, 1985, 「조선 세조대(1455~1468) 원종공신연구-1·2등공신을 중심으로-」, 『조선사연구』 22.

한충희, 1985, 「조선 세조~성종대의 가자남발에 대하여」, 『한국학논집』 12.

한충희, 1985, 「朝鮮初期 判吏·兵曹事硏究」, 『한국학논집』 11.

한충희, 1987, 「朝鮮初期 承政院硏究」, 『한국사연구』 59.

한충희, 1987, 「朝鮮初期 六曹硏究 添補-六曹와 統治機構와의 관계를 중심으로-」, 『대구사학』 33.

한충희, 1990, 「朝鮮初期 議政府 舍人·檢詳의 官人的 地位-舍人·檢詳의歷官과 그 機能의 分析을 중심으로-」, 『(경북대)역사교육논집』 13·14.

한충희, 1990, 「朝鮮初期 六曹正郎·佐郎의 官人的 地位-그 歷官과 機能의 分析을 중심으로-」, 『한국학논집』 17.

한충희, 1991, 「조선전기(태조~선조24)의 권력구조연구-의정부·육조·승정원을 중심으로-」, 『국사관논총』 30, 국사편찬위원회.

한충희, 1992, 「朝鮮初期 六曹硏究」, 고려대학교 대학원 박사학위논문.

한충희, 1994, 「朝鮮初(태조 2년~태종 1년) 義興三軍府硏究」, 『계명사학』 5.

한충희, 1994, 「관직과 관계」, 『한국사』 23, 국사편찬위원회.

한충희, 1995, 「朝鮮初期 淸州韓氏 永矴(~1417이전, 知郡事贈領議政)系 家系硏究-歷官傾向과 通婚圈을 중심으로-」, 『계명사학』 6.

한충희, 1995, 「朝鮮 世祖代(1455~1468) 宗親硏究」, 『한국학논집』 22.

한충희, 1996, 「朝鮮初期 六曹參議硏究」, 『한국학논집』 23.

한충희, 1996, 「朝鮮初期 儀賓硏究」, 『朝鮮史硏究』 5.

한충희, 1997, 「朝鮮初期 韓山李氏 穡(-種德, 種學, 種善)系 家系硏究」, 『계명사학』 8.

한충희, 1998, 「潛邸期(1367~1400) 太宗硏究」, 『대구사학』 56.

한충희, 1999, 「上王期(세종즉위, 1418~세종 4, 1422) 太宗硏究」, 『대구사학』 58

한충희, 1999, 「朝鮮初·中期 廣州李氏 蔚派 家系硏究」, 『한국사연구』 8.

한충희, 2000, 「朝鮮 世祖代(세종 5~14년) 摠制硏究」, 『조선사연구』 9.

한충희, 2000, 「朝鮮 太宗代(정종 2년~세종 4년) 摠制硏究」, 『李樹健敎授停年紀念 韓國中世史

論叢』, 논총간행위원회.

한충희, 2001, 「朝鮮初期 六曹屬衙門研究 1-官員의 性分·官歷과 官職의 地位를 중심으로-」, 『조선사연구』 10.

한충희, 2001, 「朝鮮 太宗王權의 政治的 基盤研究」, 『대구사학』 63.

한충희, 2002, 「朝鮮 成宗代 三司官員의 性分·官歷과 官職的 地位1-堂上官과 正品職을 중심으로-」, 『朝鮮의 政治와 社會』, 集文堂.

한충희, 2002, 「朝鮮 成宗代 三司官員의 性分·官歷과 官職的 地位2-從品職을 중심으로-」, 『조선사연구』 11.

한충희, 2003, 「朝鮮前期 晉州姜氏 啓庸派 家系研究」, 『조선사연구』 12.

한충희, 2004, 「朝鮮初期 官職構造研究」, 『대구사학』 75.

한충희, 2004, 「朝鮮初期 正3~正6品 淸要職研究」, 『조선사연구』 13.

한충희, 2005, 「朝鮮初期 承政院注書 小考」, 『대구사학』 78.

한충희, 2007, 「朝鮮初期 議政府堂上官研究」, 『대구사학』 87.

한충희, 2007, 「朝鮮初期 集賢殿官研究」, 『조선사연구』 16.

한충희, 2009, 「朝鮮 成宗代 議政府研究」, 『계명사학』 20.

한충희, 2010, 「朝鮮中期 議政府堂上官研究」, 『한국학논집』 41.

한충희, 2014, 「端宗代 文·武科 及第者研究-式年·別試 文科及第者를 중심으로-」, 『조선사연구』 24.

한충희, 2017, 「朝鮮初期 官人研究 1-『朝鮮王朝實錄』 기재 姜, 高, 具, 權氏를 중심으로-」, 『조선사연구』 27.

찾아보기

간행 후기

　3년 전에 각고의 노력 끝에 출판한『조선초기 관인 이력』(도서출판 혜안)을 분석하면서 정리하고, 그에 덧붙여 관인과 관련된 인사제도, 경제기반, 혼인, 정치운영을 덧붙이면서 글을 마무리 지었다.

　그간의 집필과정을 되돌아보니 자료의 독파와 정리도 힘들었지만, 그보다도 연로와 당뇨로 인한 집중력과 시력의 쇠퇴로 특히 표의 작성에 애로가 많았다.

　몇 년간 늘 머릿속에 있었던『조선초기 관인 이력』의 내용을 분석하고 정리해야 되겠다는 염원을 이제 이루었습니다. 하느님, 집필하도록 건강을 주셔서 감사합니다. 또 도서출판 혜안의 오일주 사장님, 흔쾌히 출판을 해 주셔서 감사합니다.

2024년 6월

명재 한충희 明齋 韓忠熙

1947년 경북 김천시 아포읍 예리에서 출생
1968. 3~1992. 8 계명대학교 학사·석사, 고려대학교 박사
1983. 3~2013. 2 계명대학교 교수
2004. 7~2008. 6 계명대학교 인문대학장
2013. 2~2024 현재 계명대학교 사학과 명예교수

주요논저
1980·1981, 「朝鮮初期 議政府硏究」(상·하), 『韓國史硏究』 31·32
1994·1995, 『한국사』 권22·23(공저, 국사편찬위원회)
1998, 『朝鮮初期 六曹와 統治體系』(계명대학교출판부)
2006, 『조선초기의 정치제도와 정치』(계명대학교출판부)
2011, 『朝鮮前期 議政府와 政治』(계명대학교출판부)
2014, 『朝鮮의 覇王 太宗』(계명대학교출판부)
2020, 『조선초기 관인 이력(태조~성종대)』(도서출판 혜안)
2022, 『조선 중·후기 정치제도 연구』(도서출판 혜안)
2023, 『조선 중·후기의 정치제도와 정치』(도서출판 혜안)

조선초기 관인 연구

한충희 지음

초판 1쇄 발행 2024년 8월 20일

펴낸이 오일주
펴낸곳 도서출판 혜안

등록번호 제22-471호
등록일자 1993년 7월 30일

주 소 ⑦04052 서울시 마포구 와우산로 35길 3(서교동) 102호
전 화 3141-3711~2
팩 스 3141-3710
이메일 hyeanpub@daum.net

ISBN 978-89-8494-741-2 93910

값 36,000 원